Hendricks · Stübig
(Hrsg.)

Zwischen Theorie und Praxis

Wilfried Hendricks · Heinz Stübig
(Hrsg.)

Zwischen Theorie und Praxis

Marburger Kolloquium zur Didaktik

Athenäum Verlag
1977

CIP-Kurztitelaufnahme der Deutschen Bibliothek

Zwischen Theorie und Praxis / Marburger Kolloquium zur Didaktik. Wilfried Hendricks ; Heinz Stübig (Hrsg.). – 1. Aufl. – Kronberg/Ts. : Athenäum-Verlag, 1977.
ISBN 3–7610–8600–8

NE: Hendricks, Wilfried [Hrsg.]; Marburger Kolloquium zur Didaktik ‹1976›

Gesamtherstellung: Friedrich Pustet, Regensburg
Printed in Germany
ISBN 3-7610-8600-8

Für Wolfgang Klafki

Vorwort

Im Zusammenhang mit der Curriculumforschung und -entwicklung der letzten Jahre ist ein wachsendes Interesse an einer intensiven Diskussion über Konkretisierung und Weiterführung sowie an kritischer Überprüfung vorliegender didaktischer Theorien und Modelle festzustellen. Das Interesse an einer produktiven Auseinandersetzung mit der von *Wolfgang Klafki* in Marburg vertretenen Didaktik, die sich wissenschaftstheoretisch – pointiert verkürzt – als kritisch-konstruktive Theorie von Praxis versteht, war Anlaß für ein Werkstattgespräch im Herbst 1976.

Die Praxisrelevanz theoretisch-didaktischer Aussagen einerseits und die Theorierelevanz praktisch-didaktischer Erfahrungen und Erkenntnisse andererseits – im kritischen Bezug zur Marburger Didaktik – bildeten die beiden Pole des Tagungsthemas, in dessen Rahmen die beteiligten Kollegen, von ihren jeweiligen Arbeitszusammenhängen und Interessen ausgehend, grundlegende Fragen zum Problemkreis Allgemeine Didaktik – Fachdidaktik – Fachwissenschaft sowie gegenwärtige Entwicklungstendenzen in der Didaktik-Diskussion erörterten. Im Zentrum der Gespräche standen Fragen nach dem Selbstverständnis, nach Positionen und Problemen der Didaktik im Spannungsfeld zwischen Theorie und Praxis.

Der vorliegende Band enthält Vorträge und Ergebnisse dieses Kolloquiums sowie einige Aufsätze, die durch die Diskussionen während dieses Treffens angeregt wurden: Im einleitenden Essay wendet sich *Binneberg* gegen diejenigen Sozialwissenschaftler und – in besonderem Maße – gegen diejenigen Didaktiker, die ihre Aussagen in kaum noch verständlicher Sprache präsentieren, und fordert alle Kollegen auf, nach Klarheit und allgemeiner Verständlichkeit ihrer Sprache zu streben, damit die Ergebnisse ihrer Arbeit die Praxis noch erreichen. Der Anfang 1976 erschienene Aufsatz „Zum Verhältnis von Didaktik und Methodik" von *Wolfgang Klafki* war willkommener Anlaß zur Herausarbeitung und Überprüfung der eigenen Positionen, zur Klärung von möglichen Mißverständnissen, zur Weiterführung theoretischer Aussagen, zur Ermittlung praktischer Konsequenzen. Über die ausgiebigen Gespräche gibt der Diskussionsbericht *(Hendricks/Stübig)* Auskunft. Im Anschluß daran erläutert *Diederich* die Bedeutung des Allgemeinen in der Allgemeinen Didaktik. Durch Fragen nach der Verhältnisbestimmung, der Funktion, der Aufgabenabgrenzung von Allgemeiner Didaktik in und gegenüber der Schulpädagogik, der sonderschulpädagogischen Didaktik und der Fachdidaktik werden wesentliche Probleme des Selbstverständnisses und des Stellenwerts nicht nur dieser erziehungswissenschaftlichen Teilgebiete, sondern auch der Allgemeinen Didaktik selbst in Lehrerausbildung und Unterricht diskutiert *(Heinen, Willand, Hendricks)*. Die didaktische Begründung von Ziel- und Inhaltsentscheidungen sowie von Strukturierungsprinzipien wird am Beispiel des politisch-historischen Unterrichts von *Wulf, Frauke* und *Heinz Stübig* und *Sperber* erörtert.

Die Berufsqualifikation des Lehrers sowie Rolle und Funktion von Allgemeiner Didaktik in der Lehrerausbildung werden von *Friedrich* und *Hoffmann* untersucht. In einem abschließenden Beitrag setzt sich *Finckh* mit dogmatisch-marxistischer Kritik an der wissenschaftstheoretischen Grundlegung der Erziehungswissenschaft einschließlich der Didaktik *Klafkis* auseinander.

Der Werkstattcharakter der Beiträge wird in diesem Band bewußt beibehalten, um deutlich zu machen, daß wir unsere Überlegungen als offene, vorläufige, teilweise auch als provokante Stellungnahmen zur gegenwärtigen Didaktik-Diskussion verstehen. Denn unsere Hoffnung geht dahin, daß wir den Kollegen in Hochschule und Schule Anlaß geben, sich in konstruktiver Absicht mit uns auseinanderzusetzen, damit wir alle die Diskussion über Theorie und Praxis der Didaktik in Unterricht und Lehrerausbildung produktiv weiterführen können.

Mai 1977

Wilfried Hendricks · Heinz Stübig

Inhalt

Karl Binneberg

Vom neuerdings erhobenen Ton in der Didaktik

Viele Gelehrte treiben ihre Sache so, als ob sie Vögel wären, die ihr Lied singen und ihre Spekulations anstellen auf einer hohen Stange. (Matthias Claudius)

I

Was den Wandsbecker Boten vor zweihundert Jahren in der Rezension einer Enzyklopädie zu seinem Stoßseufzer veranlaßte, das hat sich seitdem nicht grundlegend geändert. Davon weiß nun seinerseits jedermann ein Lied zu singen, der versucht ist, den heute vielerorts gepflegten Sprechweisen derjenigen Wissenschaften zu folgen, die ihn selbst, als einen denkenden und handelnden Zeitgenossen, unmittelbar angehen: der *Psychologie* und *Soziologie*, der *Politikwissenschaft*, der *Sprach-* und *Literaturwissenschaft* und der *Pädagogik*, wobei auch die *Didaktik*, wie man sich leicht überzeugen kann, nicht auszunehmen ist. „Initiieren", „substantiieren", „marginalisieren" – wir alle kennen diese neue Sprache. „Intrapunitive Reaktionen", „stigmaunbelastete Karrieren", „heterostereotyp global defiziente Individuen" – wer erschrickt eigentlich nicht vor dem Verbalstolz solcher Wortprägungen? „In dieser funktionserforderlichen Limitierung des politischen Zentrums auf administrative, demokratisch nicht motivierbare Regelfunktionen liegt ein Defekt des politischen Institutionensystems, der die Disparität des Entwicklungsniveaus in den verschiedenen Bereichen des gesellschaftlichen Lebens weiter verschärft: denn nur durch die solidarische Formulierung allgemeiner Bedürfnisse in Institutionen der Öffentlichkeit wäre es möglich, den strukturellen Entwicklungsrückstand in jenen Bereichen rational zu verarbeiten und einzuholen, die nicht das Privileg unmittelbarer Relevanz für den Kapitalverwertungsprozeß genießen." – Wer, der eine solche Theorie nicht besser verstünde, als der Autor sie hier vertritt, würde nicht schon vor der Apparatur eines solchen Satzungetüms zurückschrecken – und damit auch vor der Wissenschaft, die solches hervorbringt! Fragen aber sollten wir, ob dieser Sprachgebrauch durch sachliche Gründe gerechtfertigt werden kann. Der große Spötter *Lichtenberg* hätte in diesem Falle wohl kaum gezögert, zu sagen: „Bei wachender Gelehrsamkeit und schlafendem Menschenverstand ausgeheckt."

II

„Gemäß der vorgegebenen Struktur seiner Sprachfähigkeit und den durch erfahrungsgesicherte Rekurrenz in Lernprozessen stabilisierten Verfahrensnormen realisiert der Sprecher intentionserfüllende syntaktische Matrizen, (deren Erfolg wie: Aussage, Frage, Befehl etc. er kennt) als Aktualisierungsrahmen für Nennwortkombinationen."

Was sagt dieser Didaktiker eigentlich und was meint er, wenn er uns, als Sprecher einer Sprache, so angestrengt traktiert? Offensichtlich müssen wir sein Arrangement von Fremdwörtern, um es recht zu verstehen, vom hohen Podest herunterholen und zusehen, wie es von unserer alltäglichen Praxis als Sprechende her mit Sinn erfüllt werden kann.

Wer als Sprecher einer Sprache in bestimmten Situationen bestimmte Redeabsichten verwirklichen will, der braucht dazu bestimmte Sätze; sie müssen seiner Redeabsicht entsprechen und der Sprechsituation zugeordnet werden können. Diese Sätze folgen bestimmten Satzbaumustern; sie geben den in ihnen verwendeten Wörtern und Wortverbindungen einen bestimmten Sinn. So etwa könnte man, im Sinne einer sprachlichen Empfehlung, in einsichtiger und nachvollziehbarer Weise beschreiben, was in unserem fraglichen Ausgangssatz, aus noch ungeklärten Gründen, die Realisierung „intentionserfüllender syntaktischer Matrizen als Aktualisierungsrahmen für Nennwortkombinationen" genannt wird. Der dargestellte Sachverhalt ist leicht einsehbar; ebenso wie die Tatsache, daß nur durch das ständige und ständig korrigierte Zuordnen von sprachlichen Ausdrücken zu entsprechenden Situationen, wie es in Sätzen vorgenommen wird, ein bestimmter Bedeutungsgebrauch von Wörtern und gewisse Bedeutungsregeln unserer Sprache erlernt werden können. Die freie Handhabung solcher Bedeutungsregeln – dies sollen wohl die „durch erfahrungsgesicherte Rekurrenz in Lernprozessen stabilisierten Verfahrensnormen" sein – macht ja einen erheblichen Teil dessen aus, was man als „Sprachfähigkeit" oder als „Kompetenz im sprachlichen Ausdruck" bezeichnen kann. Schon an dieser Stelle, also gleich am Anfang seiner Aussage, hätte der Autor mit dem schlichten Ausdruck „Sprachfähigkeit" den Weg zur Verständlichkeit einschlagen können; er hätte mit diesem Wort den Sachverhalt, um den es geht, durchaus getroffen. Doch dieser Autor, fremdwortstark, wie er sein will, redet sogleich von einer „vorgegebenen Struktur der Sprachfähigkeit", wobei gerade dieser gewählte Ausdruck von der Sache her in keiner Weise begründet ist. Denn unsere sprachliche Kompetenz ist kein statisches Gefüge, ist keine vorgegebene Struktur, sondern ein bewegliches Organ, das uns in dauernder Unruhe hält. Hier läßt sich eine gewisse Zwangsläufigkeit im Sprachverhalten eines Wissenschaftlers nicht übersehen; seine Hermeneutik, so könnte man sagen, arbeitet bei der Auslegung unserer sprachlichen Wirklichkeit wie eine Maschine – eingestellt nach dem Prinzip der größtmöglichen Anhäufung von Fremdwörtern auf kleinstem Raum. Daß man die angestrebte sachliche Einsicht ganz anders erreichen kann, hat *H. Weinrich* in seiner „Linguistik der Lüge" überzeugend gezeigt. Dort wird das Erlernen des Bedeutungsgebrauchs von Wörtern so beschrieben: „Man erwirbt Sprache durch Sätze und Texte. Man hat also am Anfang nur Meinungen, zuerst wenige Meinungen, dann mit zunehmender Sprachpraxis viele Meinungen, die aus den gehörten und erinnerten Sätzen stammen. Aber man hat nicht nur Meinungen, sondern bildet aus ihnen – das ist eine richtige Hypothesenbildung – die

Bedeutung. Damit hat man den zweiten semantischen Pol erworben, und das Wort ist erlernt. Im Wortgebrauch in eigenen Sätzen wird dann die Bedeutungshypothese ständig korrigiert. Es ist interessant, daß wir als Sprecher einer Sprache alltäglich das Spiel der Hypothesenbildung und ihrer Verifikation oder Falsifikation spielen, das gleiche Spiel, auf dessen Regeln sich die Wissenschaft verpflichtet hat." (*Weinrich* 1966, S. 21)

Angesichts der Klarheit und Durchsichtigkeit dieser schlichten Sprache mutet uns das Sprachverhalten des anderen Autors wie das Imponiergehabe eines sprachlich Neureichen an; es geht in erster Linie um „Prestige" und „Image" und erst in zweiter Linie darum, einen Sachverhalt so eindeutig wie möglich zur Anschauung zu bringen.

Nun soll diese neue, so jammervoll leicht verfügbare Sprache, wie man hören kann, auch noch die erstaunliche Eigenschaft besitzen, daß sie unverständlich nur für diejenigen bleibe, die ungebührlich dumm seien. Auf solche Weise werden dann Trennwände zwischen den „Wissenden" und „Unwissenden", den „Experten" und „Dilettanten" errichtet, und dies in Fragen unseres Lebens, an denen wir alle mit unserer ureigensten Erfahrung teilnehmen: Fragen von Leib und Seele, Gesellschaft und Politik, Sprache und Literatur, Erziehung und Unterricht. Wenn eine solche Trennung erst gesellschaftlich honoriert wird, wenn sie sich, wie es mit einem verräterischen Wort heißt, *einbürgert*, dann wächst aus ihr eine handfeste Ideologie hervor. Sie wird dem einzelnen den Mut nehmen, deutlich zu sagen, was er sagen darf und sagen sollte: daß ihm nämlich Wort und Sache, Satz und Tatsache im Dunkeln bleiben. Denn die gesellschaftliche Prämie dürfte nicht der schweigenden Zustimmung gelten, sondern müßte dem entschiedenen Widerspruch zuteil werden: der hartnäckigen Forderung, daß der experte Sachwalter uns verständlich Auskunft gibt über das, was in unseren eigentlichen Lebensfragen vor sich geht. Sonst werden wir, auch gegen unsere bessere Absicht, noch soweit eingeschüchtert, daß wir einen hochgestochenen und dazu gesellschaftlich honorierten Jargon wie den folgenden für die bessere Wissenschaft halten: „Das primäre Interesse staatlicher Politik bleibt der Vermeidung von Systemstörungen und damit der Aufrechterhaltung des Status quo verhaftet. Diesem Interesse lassen sich auch und vor allem die Reformtendenzen innerhalb des Bildungssektors unterordnen. Die sukzessive Organisation und Durchsetzung derjenigen Bildungseinrichtungen, die diese systemnotwendigen Steuerungsfunktionen am optimalsten (!) gewährleisten können, wie z. B. die Gesamtschule oder auch die Gesamthochschule, gehen auf dieses Interesse zurück. Martin Baethge hat an Hand einer Einschätzung der Ergebnisse, die auf den kategorialen Bezugsrahmen der politischen Ökonomie zurückgehen und die die schulischen Reformtendenzen eher unmittelbar aus dem Bereich der gesellschaftlichen Produktion herzuleiten versuchen, überzeugend begreiflich machen können, daß das Interesse an der Sicherung der Loyalität der Massen, also die nunmehr mit dem ideologischen Schein wissenschaftlichen Instrumentariums und von wissenschaftlich ausgebildeten Fachspezialisten vorgenommene gesellschaftliche Auslese und Statuszuweisung, die behördlich bescheinigte und wissenschaftlich legitimierte Vergabe von Lebenschancen, eine gegenüber der Produktion von Ausbildungsqualifikationen für den Produktionssektor zunehmend wichtigere Funktion ist, die dieses nunmehr so differenziert gewordene Schulsystem wahrzunehmen hat."

Es lohnt sich nicht, dies zu übersetzen. Wer so schreibt, wie es hier geschieht und wie es heute Mode zu werden beginnt, ist unklug, und wenn er in der Sache hundertmal recht hätte. Denn was er mit seiner Sprache beim Leser zuallererst bewirkt, ist Abwehr und widrige Empfindung und nicht die vielleicht angestrebte sachliche Einsicht. Wer sich im sprachlichen Ausdruck von vornherein und immerfort gescheiter dünkt als jeder, der ihn anhören könnte, dem wird kaum jemand im Gedanken folgen wollen. So bleibt der Autor ohne Antwort von seiten derjenigen, an deren Antwort ihm gerade am meisten gelegen sein müßte. Denn jeder einigermaßen klar denkende Leser wird solche hochtönende und freischwebende Begriffsapparatur, vom Autor kritiklos weitergereicht, schlichtweg und mit Recht als eine Zumutung empfinden; er sollte sich in diesem Falle einfach ironisch abwenden und, wie *Lichtenberg*, von diesem Autor sagen: „Er exzerpierte beständig, und alles, was er las, ging aus einem Buche neben seinem Kopfe vorbei in ein anderes."

III

Gunnar Myrdal, ein Sozialwissenschaftler im weitesten Sinne, selber vorbildlich und einprägsam schreibend, hat zu unserem Problem einmal ein deutliches Wort gesagt: „Generationen hindurch", so schreibt er in seinem Buch „Objektivität in der Sozialforschung", „haben die größten Gelehrten – ja, sie vor allem – ihrer wissenschaftlichen Arbeit Zeit abgerungen, um ihre Ergebnisse anderen in einfacher, auch dem Laien verständlicher Sprache mitzuteilen. Heute wenden sich allzu viele Sozialwissenschaftler ausschließlich aneinander. Sie isolieren sich durch eine unnötig komplizierte und fremde Sprache; das geht oft soweit, daß sie sich gegenseitig nicht mehr verstehen – und gelegentlich wohl auch sich selbst nicht mehr." (*Myrdal* 1971, S. 42)

Hier werden wir, Schreibende wie Lesende, darauf hingewiesen, daß man die Klarheit und Verständlichkeit der wissenschaftlichen Sprache geradezu als ein Prinzip der Wissenschaft ansehen kann. Denn jede Wissenschaft ist in Anfang und Ursprung an Kommunikation gebunden. Dieser Gedanke eines notwendigen Zusammenhanges von Erkenntnis und Kommunikation ist so bedeutsam und so selbstverständlich zugleich, daß ihn bereits *Platons Sokrates* mit der ihm eigenen Schärfe und Unbefangenheit gefaßt hat; am deutlichsten wohl im Dialog mit dem *Protagoras*: „Doch der einzelne, wenn er etwas bemerkt, geht sogleich umher, bis er einen findet, dem er es vorzeige und mit dem er es sich recht begründe."

Was *Sokrates* hier so erfrischend einfach über das Verhältnis von Erkenntnis und Kommunikation sagt, ist heute von der Pädagogik als das *didaktische Prinzip in der Wissenschaft* wiederentdeckt worden. Dieses Prinzip gibt uns auch eine Erklärung dafür, weshalb die größten Wissenschaftler solange nicht von einer eigentümlichen Unruhe losgelassen werden, bis ihre Einsichten eine Darstellung gefunden haben, die – neben der Zuverlässigkeit und Zweckmäßigkeit – auch ein bestimmtes Maß an Verständlichkeit besitzt. Hierfür mag als Zeugnis dienen, was uns über die Schaffensweise *Justus von Liebigs* durch seinen Neffen *Georg Knapp* überliefert worden ist. Danach liebte er es, das Geschriebene in jeder Fassung vorzulesen, nicht etwa Kennern, sondern jederlei Hörern, und es freute ihn besonders, wenn gerade Unkundige ihn verstanden, denen er dann für ihre Mühe herzlich dankte. – Sollte einem Sozialwissenschaftler, gar einem Didaktiker, nicht recht sein, was *Justus von Liebig* billig war? Sollte nicht gerade er alle Mühe auf eine klare und durchsichtige Sprache verwenden? Er sollte es tun, wenn er nicht, trotz der möglichen Fülle von Worten und Argumenten, fern der wirklich bewegenden Anschauung und denkbar karg in seiner Wirkung sein will.

In all den Fällen, wo Ausdruck und Gedanke uns Verständnis und Wirklichkeitsbezug erwarten lassen, ist unsere erste und beste Reaktion noch immer die beharrliche sokratische Frage danach, was mit einer bestimmten Äußerung eigentlich gemeint ist oder sinnvoll gemeint sein kann. Es gehört zur wirklichen Aufklärung und zur recht verstandenen Emanzipation, daß wir diese Grundfrage nach dem, was wir eigentlich meinen, wenn wir etwas sagen, wieder in ihr volles Recht einsetzen. So fragte Sokrates, so fragen kleine Kinder, so fragen die größten Gelehrten. Diese Grundfrage unseres Sprechens und Denkens hat durch die Entwicklung der *Sprachanalytischen Philosophie* die ihr zukommende Stützung erfahren. *Was ist mit einer Äußerung – ganz gleich, ob sie auf hermeneutischen oder empirischen oder ideologiekritischen Wegen hervorgebracht wird – eigentlich und genau gemeint?* – so fragt letzten Endes auch die *Sprachanalyse*. Wer diese Frage ernst nimmt, der wird sich einer neuen Verantwortlichkeit unseres Sprechens nicht entziehen wollen, die durch die *Sprachanalytische Philosophie* begründet worden ist. Wir sind durch sie erneut und mit schärferen Mitteln auf die Vorsicht und Umsicht aufmerksam gemacht worden, die wir zu üben haben, wenn wir uns der sprachlichen Mittel bedienen, die uns zur Verfügung stehen. Die *Sprachanalyse* hat uns mit allem Nachdruck darauf hingewiesen, daß eine Kenntnis der Wirklichkeit schon dann gestört oder gar unmöglich gemacht wird, wenn eine fehlende Verbindung zwischen Wort und Sache, Satz und Tatsache eine Orientierung erschwert oder gar hinfällig macht. Hierin liegt der unverlierbare Sinn des alten sokratischen Verfahrens, das stets auf der Suche nach dem sachlich Gemeinten in der lebendigen Rede war. Wenn es heute von *Mao* heißt, er lehre das richtige Denken, so muß man dem hinzufügen, daß es ein richtiges Denken nicht ohne rechtes Sprechen geben kann; so wie es einst *Konfuzius* ausgedrückt hat: „Wenn die Sprache nicht stimmt, so ist das, was gesagt wird, nicht das, was gemeint ist. Also dulde man keine Willkür in den Wörtern", oder wie es auch *Goethe* gewußt hat: „Wir haben das unabweichliche, täglich zu erneuernde, grundernstliche Bestreben, das Wort mit dem Empfundenen, Geschauten, Gedachten, Erfahrenen, Imaginierten, Vernünftigen möglichst unmittelbar zusammentreffend zu erfassen. Jeder prüfe sich, und er wird finden, daß dies viel schwerer sei, als man denken möchte; denn leider sind dem Menschen die Worte gewöhnlich Surrogate; er denkt und weiß es meistenteils besser, als er sich ausspricht."

IV

Es war die gleiche beharrliche Suche nach der rechten Verbindung von Wort und Sache, Ausdruck und Gedanke, die *Konfuzius* und *Sokrates*, aber auch *Kant*, *Lessing* oder *Marx* bewegte und die uns Lebende bewegen sollte, wenn wir in Begriff und Urteil ernstgenommen werden wollen. Wort und Sache in jedem Falle so genau wie möglich zu treffen und zu erfassen: das ist nicht immer leicht, und oft genug sucht man, wie es dann heißt, „das rechte Wort am rechten Platz". Beide, der sprachliche Ausdruck und der ihm zugeordnete Gedanke, sind ja aufeinander bezogen und aufeinander angewiesen – nicht im Sinne einer ein für allemal verabredeten Verbindung, sondern durch eine jeweils neu zu stiftende Beziehung. Niemand kann sich gleichsam oberhalb von Wort und Sache ansiedeln, kann sich zwischen Satz und Tatsache stellen, sie miteinander vergleichen und über ihre jeweilige Verknüpfung gebieten. Ausdruck und Gedanke gibt es nur als Momente eines Sprachprozesses, in dem wir prinzipiell zu gleichberechtigten Teilnehmern werden, sobald wir uns auf die Erkenntnis der Wirklichkeit einlassen.

Deshalb ist schon im Irrtum, wer meint, er könne in Wort und Argument von sich aus und allein den Ton angeben – ein privater Irrtum, der freilich häufig im Verborgenen bleibt. Schwerer wiegt der öffentliche Irrtum, wenn jemand in Einsicht und Darstellungsart einer Autorität des Geistes in blindem Eifer nachfolgt und dies in Wort und Schrift nach außen hin bekundet. Im Bereich der Sozialwissenschaften ist diese Tendenz heute offenkundig. *Adorno, Habermas, Horkheimer*, sie werden oft nicht nur herangezogen, um eine übereinstimmende oder abweichende Argumentation zu bezeichnen; ihre Denkfiguren und Darstellungsweisen werden vielmehr häufig als der Weisheit allerletzter Schluß genommen und in immer wieder neuen Variationen durchgespielt. Hier zeigt sich eine ungute Abhängigkeit, die bis zur Imitation besonderer sprachlicher Eigenheiten geht.

Einen Text von *Habermas* zu verstehen und sich von seiner Wahrheit zu überzeugen, das ist sicherlich nicht eben leicht. Nehmen wir z. B. eine Satzperiode, in der von den Regeln gesprochen wird, die in einem Diskurs zwischen freien und gleichberechtigten Partnern befolgt werden: „Ohne diese Möglichkeit der gegenseitigen Kritik und einer zu Einverständnis führenden Belehrung, ohne die Möglichkeit einer Verständigung über die Regel, an der beide Subjekte, indem sie ihr folgen, ihr Verhalten orientieren, könnte von ‚derselben' Regel gar nicht die Rede sein, ja es gäbe, vorausgesetzt, es träten keine weiteren Subjekte hinzu, überhaupt keine Regel. Denn eine Regel muß intersubjektiv gelten." (*Habermas, Luhmann* 1971, S. 189 f.)

Was hier gemeint ist, kann man nach einigem Bemühen verstehen, weil sich Ausdruck und Gedanke letztlich zusammenfinden. Satzbau und Wortfügung helfen dem Leser, daß er schrittweise zu einer geordneten Folge von Vorstellungen geführt wird, die sich an seiner Wirklichkeit als sprechender und diskutierender Mensch prüfen lassen. Wie aber sieht es aus, wenn die Satzbaukunst eines *Habermas* in den Händen eines Nachahmers zur modischen Attitüde und zur bloßen Darstellungstechnik entartet: „Aus alledem erhellt, daß die empirisch greifbare Oberfläche sozialer Strukturen und Prozesse, die sich vorab aus Merkmalen der handelnden und sich verhaltenden Menschen zusammenzusetzen scheint, als

Ausdruck jener antagonistischen Grundfunktionen zu begreifen ist, deren Wechselspiel die jene Oberflächenerscheinungen setzenden Strukturen und Prozesse sich entwickelnder Vergesellschaftung hervorbringt." – Solche Sprache dürfte selbst dem Gutwilligsten die Sprache verschlagen, und auch die Anstrengung des Begriffs will nichts mehr helfen, weil sich alles, wie der monströse Satz selbst, im Kreise dreht; es bleibt nichts als eine ungeordnete Fülle von Assoziationen. Eine Wortautorität nach der anderen rollt auf den Leser zu; eigentlich spricht der Autor ja nur in Haupt- und Schlagwörtern. Der kläglich gekünstelte Satzbau mit dürftigen Verben unterstreicht die dominierende Wirkung der etablierten Termini, eine Wirkung, die durch Wortwiederholungen noch verstärkt wird. Kein Wunder, daß sich die Einzelwörter verselbständigen; sie tragen so kaum etwas zu einer wohlbestimmten Gedankenfolge bei, in der sie dem Gedankengang eingeordnet wären. Hier wird mit einer Formation von Wortautoritäten so hantiert, als wären diese Wörter bereits die Sachen selbst, und der Blick, der durch das Wort die Sache zu treffen sucht, bleibt schon an diesen Wörtern hängen. Damit wird ein Durchblick auf die Wirklichkeit, auf die Menschen und Vorgänge, die eigentlich gemeint sind, verstellt. Eine solche Form von Wissenschaft führt zu dem, was *Kant* seinerzeit der Metaphysik vorwerfen mußte: daß ihr Verfahren ein bloßes Herumtappen unter bloßen Begriffen sei. Manchmal wird dies selbst einem Vertreter des neuen Tones in den Sozialwissenschaften zuviel. Doch leider hört sich das dann so an: „Geistige Reproduktion der Wirklichkeit darf nicht zur Reduktion auf den Zwang zu Abstraktion travestieren." Bei *Kant* las man es anders: „Gedanken ohne Inhalt sind leer, Anschauungen ohne Begriffe sind blind. Daher ist es ebenso notwendig, seine Begriffe sinnlich zu machen, (d. i. ihnen den Gegenstand in der Anschauung beizufügen) als seine Anschauungen sich verständlich zu machen (d. i. sie unter Begriffe zu bringen). Beide Vermögen oder Fähigkeiten, können auch ihre Funktionen nicht vertauschen. Der Verstand vermag nichts anzuschauen, und die Sinne nichts zu denken. Nur daraus, daß sie sich vereinigen, kann Erkenntnis entspringen." (Kritik der reinen Vernunft B 75.)

Was jener Autor eigentlich sagen wollte, ist ja durchaus berechtigt. Es ist *Kants* alte und unverlierbare Forderung, daß Gedanken, die mit dem Anspruch auf Erkenntnis der Wirklichkeit auftreten, nicht ganz ohne jeden Bezug auf eben diese Wirklichkeit sein sollten und daß Begriffe und Urteile sich nicht gänzlich ins Allgemeine verflüchtigen sollten. Warum nur muß der Autor dieses Prinzip in ein sprachliches Gewand kleiden, das seiner eigenen Forderung geradezu Hohn spricht? Man kann ja wohl kaum sagen, daß seine Formulierungen unseren Sinn für Schönheit ansprächen und von daher unser Verständnis fänden. Wie unsinnig die ganze modische Apparatur ist, das läßt sich kaum besser deutlich machen als an dem Gegenbild der „glänzenden Trockenheit" *Kants*, wie *Schopenhauer* sie genannt hat. Es gibt nämlich bei *Kant* einen Satz, in dem auf ganz andere Weise genau dasjenige ausgedrückt wird, was jener andere Autor auf seine Weise eigentlich sagen wollte: „Daher erfordert man auch, einen abgesonderten Begriff sinnlich zu machen, d. i. das ihm korrespondierende Objekt in der Anschauung darzulegen, weil, ohne dieses, der Begriff (wie man sagt) ohne Sinn, d. i. ohne Bedeutung bleiben würde." (Kritik der reinen Vernunft B 299.)

Wir können *Kants* Ansicht der Dinge noch ein wenig verschärfen, indem wir zusätzlich zwischen *Begriff* und *Begriffswort* unterscheiden. *Begriffswörter* sind diejenigen *Wörter*, mit denen eine Wissenschaft die *Begriffe* bezeichnet, durch die sie die *Gegenstände* ihres Sachgebietes ordnet und zusammenfaßt. Ein Begriff ist selbst ja kein Wort, sondern eine Vorstellung des Geistes, die durch das betreffende Wort immer nur bezeichnet wird. Nach dieser Unterscheidung können wir wohl sagen, daß heute im modischen Typ der sozialwissenschaftlichen Literatur fast auf jeder Seite Begriffswörter und Begriffsausdrücke auftauchen, deren Inhalte, die Begriffe selbst, weder exemplarisch eingeführt werden, noch auf eine ausdrückliche Definition gegründet sind. Häufig werden solche Begriffswörter so verwendet, als ergäbe sich ihr bestimmter Sinn allein daraus, daß sie in der Sprache einer Wissenschaft erscheinen. Sie bleiben jedoch solange ohne Sinn, wie sie ohne Kontext dastehen, und solange bleiben auch die zugehörigen Begriffe leer. Erst durch den Hinweis auf einen beobachtbaren Sachverhalt oder durch eine hinreichende Definition erhalten die Begriffe den erforderlichen Grad an Genauigkeit, der für ihren wissenschaftlichen Gebrauch zweckmäßig ist, und damit bekommen auch die entsprechenden Begriffswörter ihren wohlbestimmten Sinn.

Eine vollkommene Eindeutigkeit, wie sie in den strengsten aller Wissenschaften, der *Mathematik* und *Logik*, streckenweise anzutreffen ist, wird man in den *Erfahrungswissenschaften*, zu denen wir auch die Wissenschaft der *Didaktik* zählen müssen, nicht anstreben wollen. Die beiden genannten *Formalwissenschaften* erreichen hier einen Härtegrad der Gewißheit, der ihnen allein vorbehalten ist. Man kann nun einmal in der *natürlichen Sprache* einer *Erfahrungswissenschaft* nicht jede Ritze und jeden Winkel gegen eindringende Zweifel verstopfen. Doch braucht man die Sprache einer Erfahrungswissenschaft nicht gleich zu tadeln, wenn aus ihr nicht jede Ungenauigkeit und Mehrdeutigkeit verbannt werden kann. Die gewisse Weichheit und Veränderlichkeit unserer natürlichen Wissenschaftssprachen bietet nämlich andererseits die Möglichkeit ihrer Entwicklungsfähigkeit und vielseitigen Tauglichkeit. Eine vollkommene Eindeutigkeit der natürlichen Wissenschaftssprache könnte man nur um den Preis erlangen, daß jede wissenschaftliche Darstellung unerträglich umständlich und weitschweifig würde. Auch würde eine solche vollkommene Sprache ja eine vollständige Kenntnis der Wirklichkeit voraussetzen, und wenn wir eine solche vollständige Kenntnis der Wirklichkeit schon hätten, dann brauchten wir keine Sprache mehr, um uns über sie zu verständigen. So werden wir aus prinzipiellen Gründen an einer natürlichen Wissenschaftssprache festhalten müssen, um zu immer genauerer Kenntnis des Wirklichkeitsausschnittes zu gelangen, der uns gerade interessiert.

Doch dabei heißt es, Begriff auf Begriff zuverlässig und tragfähig zu machen. Sprachliche und sachliche Analyse gehen dabei Hand in Hand. Zwar kann eine Analyse der Sprache nicht schon die Analyse der Sache sein, aber die sprachliche Analyse kann die sachliche Analyse vorbereiten und wird sie stets begleiten. Beide streben – um ein passendes Bild zu gebrauchen – wie auf einer Spirale über die gleichen Runden in die Höhe. Dieses Bild ist deshalb besonders geeignet, weil es darauf hinweist, daß wir ein bestimmtes Ende dieses Prozesses nicht vorhersagen können. Niemand kann wissen, ob nicht bald ein Argument oder Gegenargument hinzugefunden wird, das den geschilderten Prozeß weitertreibt. Auch wenn wir auf diesem Wege nur schrittweise vorwärtskommen, so bewegen wir uns dabei wenigstens auf dem Boden tragfähiger Begriffe. Das ist immer noch besser, als wenn wir uns, den strengen Bezug zur Wirklichkeit mißachtend, einer verlockend klingenden, aber ungeschützten Begriffsbildung anvertrauten.

V

Es kommt hinzu, daß derjenige, der in souveräner Weise mit einem klingenden Begriffsapparat hantiert und in überlegener Manier zur Urteilsfindung schreitet, beeindruckend erscheinen mag gegenüber denen, die sich auf eine strenge methodische Entwicklung von Begriff und Urteil einlassen. Das kann sogar bis zur Anmaßung dem Andersdenkenden gegenüber führen: „Seitdem das Bürgertum, nachdem es seine Revolution erfolgreich durchgeführt hatte, die Erfahrung machen mußte, daß sich die Dialektik des Klassenantagonismus nun gegen es selber kehrte, hat es auf jede Weise versucht, die Idee der Revolution zu verdrängen. Dem entspricht es, wenn die spätbürgerliche Philosophie ihre berechtigte Kritik an dem abstrakten Vernunftanspruch und der unreflektierten Traditionsfeindlichkeit der Aufklärung affirmativ wendet, die Realität eines nur revolutionär zu durchbrechenden gesellschaftlichen Zwangszusammenhanges verleugnet und im Traum von einer ‚Solidarität, die alle eint', schwelgerisch Versöhnung feiert. Aus diesem Traum kann sie denn auch wohl kaum durch Gegenkritik, sondern nur durch die Entfaltung des revolutionären Kampfes selber gerissen werden."

Das alles sind, kurz gesagt, abenteuerliche Spekulationen eines ungezügelten wissenschaftlichen Geltungsdranges. Es ist gut, sich daran zu erinnern, daß Wissenschaft nicht von Dämonen für Dämonen, sondern von Menschen für Menschen gemacht wird. In diesem Text hört man keine menschliche Stimme mehr; das wollende Subjekt, das hier eigentlich seine Ansichten vorträgt, hat sich ganz in die menschenleere Objektivität des Geschichtszweckes verflüchtigt – eine dubiose Konstruktion, weil sie die Grenze alles Wißbaren vollkommen übersteigt. Wer sich derart hinter dem Schein der Objektivität versteckt, zeigt nur, daß es ihm an Umsicht und Wirklichkeitssinn mangelt. Auf die hier sichtbar werdende Arroganz im wissenschaftlichen Gewande hat *Kant* in seiner Schrift „Von einem neuerdings erhobenen vornehmen Ton in der Philosophie" (1796) aufmerksam gemacht. Wer eine systematische Entwicklung erfahrungswissenschaftlicher Begriffe anstrebt, muß damit rechnen, daß er fürs erste wenig Staat machen kann. Er mag damit vielleicht, wie *Kant* ihm zugestehen würde und wir ihm wohl nachsehen können, manchmal „auf pedantische Art stolz tun". Aber nur dem anderen, dem der neuerdings erhobene und zur Zeit in manchen Erfahrungswissenschaften – auch in der Didaktik – herrschende Ton zu Gebote steht, kann es einfallen, überlegen zu tun und gar Übereilung und Dünkel zu zeigen. Er kann, um *Kants* Kritik auf unseren Fall anzuwenden, die strenge Arbeit erfahrungswissenschaftlicher – sprich: didaktischer – Begriffsbildung „überfliegen" und „durch eine ihm nichts kostende

Apotheose von oben herab" demonstrieren: „weil er da aus eigenem Ansehen spricht und keinem deshalb Rede zu stehen verbunden ist."

Wissenschaft aber, und damit auch Didaktik, heißt: Rede und Antwort stehen – um den Preis des Rechenschaftgebens bis ins Detail, solange bis Behauptung und Begründung, Hypothese und Argument in befriedigendem Gleichgewicht zueinander stehen. Wer Autoritäten ungefragt an die Stelle von Begründungen setzt, wer Machtsprüche für Hypothesen ausgibt und ihnen den Mantel wissenschaftlicher Begriffsbildung umhängt, erzeugt ein falsches Bewußtsein. Er täuscht das Alibi wissenschaftlicher Sachzwänge vor, wo es um menschliche Herrschaftsstrukturen geht. Dabei wird ihm die Sprache, die sich gegen einen solchen Mißbrauch nicht wehren kann, zum willkommenen Werkzeug der Täuschung. Wir müssen lernen, diesen Mißbrauch der Sprache als ein verkapptes Herrschaftsmittel zu durchschauen. Dabei ist gar nichts gewonnen mit dem Verdammungsurteil, das man für eine bestimmte Klasse oder Schicht bereithält. Der Mißbrauch der Sprache als Medium von Eitelkeit und Herrschaft ist in allen Klassen und allen Schichten bei konkreten Menschen anzutreffen. Deshalb wäre im Irrtum, wer sich in dieser Frage auf die unzulässige Alternative „links" oder „rechts" einstellen wollte. Der neuerdings erhobene Ton kann sich ändern, das Pendel kann jederzeit umschlagen. *Benjamin Franklin* war es, der uns zwei Regeln für den Widerstand gegen jede geistige Gewaltherrschaft im Bereich der Wissenschaften angegeben hat. Er verwandelte die sokratische Ironie, die ihn schon als Junge begeistert hatte, später in eine Methode der Mitteilung oder Entgegennahme von wahren Sätzen. Für diese Methode galten die folgenden Grundregeln: Wer in der Diskussion seine Meinung als feste, kategorische bekundete, zahlte eine kleine Geldbuße; von allen Beteiligten wurde gefordert, sich durch fixierte Meinungen, durch Selbstgewißheit oder Überlegenheitsbedürfnis nicht bestimmen zu lassen.

Hinter diesem Gedanken steht die Überzeugung, daß der Mensch verführbar ist. Möglicherweise sind sprachliche Arroganz und gedankliche Rücksichtslosigkeit eines Wissenschaftlers späte Formen der Vergeltung für früher erlittenes Unrecht. Möglicherweise ist das wissenschaftliche Imponiergehabe mancher Wissenschaftler die Folge von Verletzungen, die in der eigenen Ausbildung erduldet wurden. Wer sich jahrelang der Herrschaft von Pedanterie und Besserwisserei beugen mußte, der muß selbst erst befreit werden, ehe er anderen Befreiung bringen kann. Er muß einen verhängnisvollen Kreislauf sich ständig erneuernder wissenschaftlicher Herrschaftsverhältnisse durchbrechen. Dabei kann er aus eigener Kraft bei seiner eigenen Sprache beginnen – in der Hoffnung, daß sein Bemühen nicht ganz ohne Wirkung bleiben wird. Wer als Didaktiker *Aufklärung*: den Ausgang des Menschen aus seiner selbstverschuldeten Unmündigkeit, und *Emanzipation*: den Ausgang des Menschen aus seiner gesellschaftlich verschuldeten Unmündigkeit, wirklich will, der wird um dieses Zieles willen die Anstrengung zu klarer Sprache und einsichtiger Begriffsbildung nicht scheuen.

Literatur

Habermas, J./Luhmann, N.: Theorie der Gesellschaft oder Sozialtechnologie – Was leistet die Systemforschung. Frankfurt/Main 1971.

Myrdal, G.: Objektivität in der Sozialforschung. Frankfurt/Main 1971.

Weinrich, H.: Linguistik der Lüge. Heidelberg 1966.

Wilfried Hendricks · Heinz Stübig

Diskussion über Wolfgang Klafki: Zum Verhältnis von Didaktik und Methodik

„Trotz der intensiven Didaktik- bzw. Curriculum-Diskussion der letzten zwei Jahrzehnte muß das Verhältnis der Unterrichtsmethodik zur Didaktik als noch wenig geklärt gelten. Der vorliegende Beitrag geht von einigen Bestimmungen des Verhältnisses zwischen „Didaktik" und „Methodik" aus, und zwar vor allem von dem Satz vom Primat der Didaktik im engeren Sinne in der geisteswissenschaftlichen Pädagogik, der These von der Interdependenz aller Unterrichtsfaktoren in der „Berliner Didaktik" und der These vom „Implikationsverhältnis" in der Didaktik-Theorie von Blankertz. Im Anschluß daran wird das relative Recht und die Grenzen solcher und ähnlicher Verhältnisbestimmungen erörtert. Auf diesem Hintergrund und bezogen auf vier Entscheidungsdimensionen der Didaktik im weiteren Sinne (Ziele – Inhalte – Organisations- und Bezugsformen bzw. Methoden des Lehrens und Lernens – Medien), werden sodann einige Thesen und Problemstellungen zum Verhältnis dieser Entscheidungsdimension entwickelt. Dabei werden u. a. die These vom Primat der Zielentscheidungen im Verhältnis zu den anderen Problemdimensionen begründet und ihre Konsequenzen besonders für die Inhaltsdimension des Unterrichts und die Methodenfrage diskutiert. Außerdem werden ansatzweise Folgen skizziert, die sich für die Methodenfrage aus der Erkenntnis ergeben, daß Unterricht ein komplexer Interaktionsprozeß ist." (Z. f. Päd. 22 (1976) S. V.)

Mit diesen Worten faßt *Wolfgang Klafki* seinen Aufsatz „Zum Verhältnis von Didaktik und Methodik", der Anfang 1976 in der Zeitschrift für Pädagogik erschien, zusammen. Die im folgenden dargestellte Diskussion ging von der Thematik dieses Aufsatzes aus und orientierte sich weitgehend an der dort formulierten Position.

Im Verlauf des Gesprächs, in dem Fragen nach der Struktur didaktischer Entscheidungsprozesse und deren Legitimation im Mittelpunkt der Auseinandersetzung standen, wurden schon bald unterschiedliche Interpretationsansätze und Erkenntnisinteressen deutlich, die sich in den vorliegenden Aufzeichnungen teilweise als Theorie-Praxis-Konfrontation widerspiegeln.

Im einzelnen wurden folgende Punkte erörtert:

- die logische und pragmatische Struktur didaktischer und methodischer Entscheidungen
- die Frage der Entscheidungsebenen
- die Konkurrenz der Zielhorizonte
- die Gültigkeit des Satzes vom Primat der Didaktik
- das Verhältnis von emanzipatorischen und instrumentellen Zielsetzungen.

Es versteht sich von selbst, daß es bei der Behandlung dieses Themenkatalogs immer wieder zu Überschneidungen und Wiederholungen in der Argumentation kam – ein Sachverhalt, der sich auch im Protokoll über diese Diskussion niederschlägt.

Nachdem *Klafki* zu Beginn kurz die Motive umrissen hatte, die ihn zur erneuten Beschäftigung mit dem Verhältnis von Didaktik und Methodik veranlaßt hatten – er verwies in diesem Zusammenhang auf Entwicklungen innerhalb der Curriculum-Diskussion sowie auf Erfahrungen, die am Marburger Grundschulprojekt gewonnen wurden –, bezogen sich die ersten Diskussionsbeiträge auf Fragen zur Begrifflichkeit des Aufsatzes.

Dabei ging es im wesentlichen um die dort getroffene Unterscheidung zwischen *Inhalten* und *Gegenständen,* also Sachverhalten, die noch nicht unter pädagogischen Zielvorstellungen ausgewählt worden sind, und dem *Thema*, das einen Inhalt bzw. Gegenstand unter pädagogischen Zielsetzungen als relevant für den Unterricht erachtet. Die kritische Frage, inwieweit diese Unterscheidung nicht bereits mit den Begriffen „Bildungsinhalt" und „Bildungsgehalt" der geisteswissenschaftlichen Pädagogik abgedeckt sei *(H. Stübig)*, wurde von *Diederich* dahingehend beantwortet, daß die traditionelle Terminologie keinen Begriff für den hier mit Inhalt bzw. Gegenstand bezeichneten Sachverhalt habe, sondern nur einen Begriff für das, was hier als Thema definiert sei, nämlich den Begriff Bildungsinhalt. Der Fortschritt in der hier vorgeschlagenen definitorischen Klarstellung liege darin, daß damit – analog zur wissenschaftstheoretischen Diskussion – zwischen der uninterpretierten Realität, den Erkenntnisinteressen und der interpretierten Realität unterschieden werde.

Das weitere Vorgehen wurde wesentlich durch *Diederichs* Vorschlag bestimmt, bei der nachfolgenden Diskussion zwischen der logischen und der pragmatischen Struktur des Verhältnisses von Didaktik und Methodik zu unterscheiden.

Diederich verdeutlichte das Problem, indem er auf die Realität von Unterrichtsplanung verwies, die normalerweise nicht mit der Reflexion über Ziele beginne, sondern zumeist mit der Beschäftigung mit Unterrichtsmaterialien, etwa in der Art: „Das ist aber ein schöner Text für den Deutschunterricht, mit dem könnte man bestimmt etwas machen." (Es seien nicht zuletzt derartige Beobachtungen gewesen, die die Berliner Didaktiker zu ihrer Interdependenzbehauptung geführt hätten, die auf der pragmatischen Ebene auch durchaus zutreffend sei.)

Wenn nun jemand einen derartigen Text für den Unterricht ausgewählt habe, so könne es durchaus geschehen, daß ihm im Gespräch mit Kollegen klargemacht werde, daß ein anderer Text zur Realisierung seiner Ziele besser geeignet sei, als der von ihm herangezogene. In diesem Fall würde also eine Entscheidung auf der methodischen Ebene mit Argumenten, die auf die Struktur des Inhalts abzielten, kritisiert.

Diederich machte an diesem Beispiel deutlich, daß für ihn die logische Struktur des diskutierten Problems auch eine hierarchische sei, nämlich in dem Sinn, daß Diskurse über Ziele als Kriterium bei Entscheidungen über Inhalte, Methoden und Organisationsfragen benutzt würden, entsprechend Ausführungen über Inhalte als Entscheidungskriterium über Methoden und Organisationsfragen und schließlich Erörterungen über Methoden als Kriterium bei Entscheidungen über Organisationsfragen.

In der Beantwortung von kritischen Rückfragen und Einwänden, die auf eine weitere Präzisierung und Konkretisierung der von ihm entwickelten These abzielten *(Sperber, Heinen)*, ging *Diederich* zunächst auf die in *Klafkis* Aufsatz deutlich herausgearbeitete Unterscheidung zwischen Zielen der kategorialen Bildung (d. h. kognitiven Lernzielen) auf der einen Seite und Zielen der Erziehung (hier gedacht als Sozialisationsprozeß) auf der anderen Seite ein und erklärte, daß seines Erachtens der „durchschnittliche" Unterricht oft durch die Widersprüchlichkeit der Zielsetzungen auf der sozialen und der kognitiven Ebene geprägt sei. Jeder kenne die Beispiele, daß etwa Gruppenunterricht nur im Hinblick auf Zielsetzungen des sozialen Lernens oder Frontalunterricht nur mit dem Hinweis auf die kognitive Förderung der Schüler legitimiert würde. Dadurch würden dann entweder inhaltliche Probleme des Unterrichts vernachlässigt („Hauptsache die Schüler arbeiten in der Gruppe schön zusammen") oder Fragen des sozialen Lernens weitgehend ausgeklammert, obwohl man immer wieder den Anspruch erhebe, beide Bereiche zur Deckung zu bringen. Die Kontroverse liege eben darin, daß die Operationalisierung der sozialerzieherischen und der kognitiven Zielsetzungen nicht in Übereinstimmung gebracht würden bzw. nicht zu bringen seien.

Nehme man nun noch das Problem des Hidden-Curriculum hinzu, also den Komplex der „heimlichen" Zielsetzungen, so bestehe die Aufgabe hinsichtlich der Planung und Durchführung von Unterricht darin, einen Inhalt, eine Methode, eine Organisationsform u. a. m. zu finden, die jeweils im Hinblick auf die eben erwähnten drei Zielkomplexe stimmig seien, und das angesichts drei „querliegender" Ziele.

Diederich illustrierte die möglichen Auswirkungen dieser Überlegungen an der Besprechung einer Unterrichtsstunde, für die sich der Lehrer inhaltlich gut vorbereitet hat und die seiner Meinung nach auch gut verlaufen ist. In der Nachbesprechung wird ihm dann das Beteiligungsgefälle in der Klasse vorgehalten, oder er wird mit Problemen der Disziplin u. ä. konfrontiert. Natürlich hat auch der Lehrer bereits während der Stunde gemerkt, daß in dem „anderen Bereich" dauernd etwas passiert, doch ist es ihm nicht möglich gewesen, darauf entsprechend zu reagieren.

Für *Diederich* machte ein solches Beispiel deutlich, daß die von der Theorie geforderte umfassende Kompetenz des Lehrers, gewissermaßen „das ganze Klavier zu beherrschen", immer nur mit Abstrichen realisierbar sei.

Dieser Gedanke wurde noch weiter geführt, indem auf die Auswirkungen dieser „doppelten" Kritik von Unterricht in der Referendarausbildung hingewiesen wurde. Hier könne es durchaus passieren, daß der Referendar und die ihn beobachtende Gruppe in der Stundenbesprechung immer wieder aneinander vorbeiredeten, weil sich die Argumente über die kognitiven und sozialen Lernziele während der Stunde ständig überkreuzten, ohne daß dies den am Gespräch Beteiligten einsichtig sei und der Referendar schließlich die Besprechung mit dem Gefühl verlasse, daß seine Unterrichtsprobleme in dieser Diskussion gar nicht thematisiert worden seien *(H. Stübig)*.

Klafki hob darauf ab, daß die von *Diederich* dargestellte Konkurrenz der Zielhorizonte in seinem Aufsatz zwar implizit enthalten sei, doch von ihm nicht in der Direktheit formuliert worden wäre, wie dies der Verlauf der Diskussion deutlich gemacht hätte. Er betrachte daher diese Hinweise als wichtige Ergänzungen und Erweiterungen zu seinen eigenen Überlegungen.

Der folgende Teil der Diskussion wurde dadurch bestimmt, daß *Sperber* aus der Perspektive eines Lehrbuchmachers *Diederichs* Ausführungen über die logische Struktur des erörterten Problems in Zweifel zog und am Beispiel der Konzeption eines Englischbuches seine Gegenposition verdeutlichte. Er verwies darauf, daß bei einem derartigen Unternehmen, dessen Ziel es sei, Kommunikationsfähigkeit in der englischen Sprache zu vermitteln, zunächst bestimmte Gesetzmäßigkeiten, die beim Sprachenlernen beachtet werden müßten – *Sperber* sprach in diesem Zusammenhang von Normen – einfach nicht verletzt werden dürften. Das Vorhandensein dieser Normen habe mit Zielsetzungen im Sinne *Diederichs* nichts zu tun; vielmehr seien diese Normen ein Maßstab: Richtig sei, was in Übereinstimmung mit diesen Normen geschehe. Jede einzelne Norm gebe dabei das Kriterium zur Überprüfung der Richtigkeit der anderen Normen ab; diese Beziehungen erschienen dann auf der pragmatischen Ebene als Interdependenz der einzelnen Faktoren.

In einem zweiten Ansatz illustrierte *Sperber* seinen Gedankengang an einem Beispiel aus seinem eigenen Unterricht. Er berichtete von einer Stunde, in der nach einem kurzen „Einstieg" einfach diskutiert wurde, wobei folgende Regeln vorgegeben waren: Es sollte so diskutiert werden, daß 1. alle Schüler dem Gespräch folgen konnten, 2. die Schüler die Möglichkeit hatten, jederzeit einzugreifen und 3. jeder der Beteiligten bestimmen konnte, wie es weitergehen sollte. Mit diesen Festlegungen, so *Sperber*, seien zwar bestimmte Verfahrensweisen festgelegt worden, denn alles mußte in Übereinstimmung mit diesen Normen geschehen, doch käme in diesem Beispiel die von *Diederich* angesprochene Zielproblematik, einschließlich der von ihm aufgezeigten Konsequenzen, gar nicht zum Tragen.

In seiner Kritik an dieser Position wies *Klafki* darauf hin, daß *Sperber* bereits in dem Augenblick, in dem er nach dem Sinn dieser Unterrichtsstunde gefragt würde, gezwungen sei, die Prinzipien – und dies könnten nur Zielprinzipien sein –, auf denen die Stunde aufgebaut wäre, darzulegen, d.h. er werde in jedem Fall sein Tun mit Zielsetzungen, wie immer diese auch inhaltlich gefaßt seien, legitimieren.

Im folgenden griff *Diederich* das *Sperbersche* Beispiel nochmals auf, um den von *Erich Weniger* postulierten Satz vom Primat der Didaktik zu problematisieren. An den Festlegungen in dem von *Sperber* zitierten Beispiel machte *Diederich* deutlich, daß es sich hier, also auf der pragmatischen Ebene, um die in methodischen Vorentscheidungen implizierten Zielentscheidungen handele. Dagegen sei der Satz vom Primat der Didaktik auf der logischen Ebene formuliert; er basiere auf der Frage: „Was ist die Voraussetzung für das andere? Oder was dient zur Begründung des anderen?"

Auf die erkenntnisleitende Absicht des Satzes vom Primat der Didaktik wies dagegen *Klafki* hin, der in diesem Zusammenhang feststellte, daß es auch im Sinne *Wenigers* nicht um die nachträgliche Legitimation bereits vollzogener methodischer oder organisatorischer Entscheidungen gehen könne, sondern vor allem darum, Vorgaben jederzeit zu begründen. Dem Lehrer solle mit Hilfe dieses Satzes begreiflich gemacht werden, daß in allen seinen Entscheidungen bereits Zielsetzungen enthalten seien.

In seiner Replik unterstrich *Diederich* nochmals die doppelte Bedeutung des Zielbegriffs in der geisteswissenschaftlichen Pädagogik; einerseits werde er als umfassender Begriff, andererseits als segmentierter Begriff, der nur auf die Inhaltlichkeit bezogen sei, verwendet. Doch würden beide Zielbegriffe nicht unterschieden, ebensowenig wie eine Differenzierung von kognitiven und sozialen Zielen erfolge. Dies sei möglicherweise auch der Anlaß für die Kritik der Berliner Didaktiker an der geisteswissenschaftlichen Pädagogik gewesen.

Diese Ausführungen wurden von *Klafki* energisch bestritten. *Klafki* sah die Gründe für die Argumentation der Berliner Didaktiker in deren Orientierung an einem neopositivistischen Wissenschaftsideal wertfreier, analytischer Forschung, die auf Aufklärung über die Unterrichtspraxis abziele. Die Auswirkungen dieses Vorgehens verdeutlichte *Klafki* an einem Beispiel: Bei der Analyse von Unterricht zeigt sich etwa, daß jemand, der Gruppenunterricht für wichtig hält, seine Inhalte so ausgewählt hat, daß sie dieser Unterrichtsform untergeordnet werden. Daraus könne nun gefolgert werden, daß die Inhaltsentscheidungen in diesem Fall interdependent zu den Methodenentscheidungen seien. Im Hinblick auf die pragmatische Ebene sei diese Aussage auch gültig. Anders verhalte es sich dagegen mit der Planung von Unterricht. Würde die Planungsebene ins Spiel gebracht, so könne noch nicht einmal die These einer „formalen" Interdependenz aufrechterhalten werden, denn hier gehe es zunächst um die Rechtfertigung der Zielsetzungen des Unterrichts. Im übrigen würde dies auch durch den Aufbau der Berliner Planungsbeispiele bestätigt. Es sei also festzuhalten, daß man in diesem Zusammenhang deutlich zwischen der Analyse von stattgefundenem Unterricht und der Planung von zukünftigem Unterricht unterscheiden müsse.

Einen kritischen Hinweis von *Heinen* über die logische Struktur der in der Erziehungswissenschaft verwendeten Begriffe nahm *Finckh* auf, indem er deutlich machte, daß man zwischen Zielen, der Begründung von Zielen und den Zielebenen unterscheiden müsse, wobei festzuhalten sei, daß in der geisteswissenschaftlichen Pädagogik auch für die Begründung von Zielen der Terminus „Ziele" verwendet würde.

Diederich verdeutlichte das Problem der Begründung von Zielen auf verschiedenen Ebenen, indem er auf das Beispiel des Gruppenunterrichts zurückgriff und die Frage nach der Rechtfertigung eines solchen Unterrichts stellte. Eine mögliche Antwort sei beispielsweise, daß die Klasse aufgrund bestimmter Umstände zur Zeit nicht mehr fähig sei, miteinander in sinnvolle Interaktion und Kommunikation zu treten. Aber auch diese Antwort sei noch nicht abschließend und könne durchaus selber auch einer Legitimierung bedürfen. Auf diese Ebene sei allerdings in der geisteswissenschaftlichen Pädagogik explizit nie abgehoben worden, und damit auch nicht auf die Frage der konkurrierenden Ziele, nämlich ob es wichtiger sei, die kognitiven oder die sozialerzieherischen Zielsetzungen in den Mittelpunkt des Unterrichts zu rücken.

Klafki stimmte dem teilweise zu. Zwar wies er nochmals darauf hin, daß es der Absicht nach in der geisteswissenschaftlichen Pädagogik stets um die Legitimierung von Zielen gegangen sei, andererseits räumte er aber ein, daß der Umstand, daß offensichtlich verschiedene Zieldimensionen miteinander konkurrieren, von der geisteswissenschaftlichen Pädagogik nicht gesehen worden sei.

Vielleicht komme man in dieser Streitfrage weiter, so *Diederich*, wenn man anstelle von „Hierarchie" im strengeren logischen Sinne den alten Begriff der „Aufstufung pädagogischen Denkens" verwende.

Diederich führte zur Erläuterung als Beispiel die Diskussion zweier Kollegen über die Auswahl eines Englischtextes an: Deren Entscheidung auf einer rein sprachlichen Ebene liege auf einer Stufe. Träte ein Dritter hinzu, der diesen Text mit Hinweis auf den mittelschichtorientierten Inhalt ablehne, so würde die Diskussion in einer weiteren Argumentationsrunde auf höherer Ebene fortgesetzt, bis schließlich mit der politischen Entscheidung möglicherweise die letzte Stufe erreicht wäre. In wissenschaftlicher, analytischer Hinsicht sei es nun interessant, die Fülle von Argumenten und Fragen im Zusammenhang mit der didaktischen Diskussion dahingehend zu untersuchen, ob Argumente auf einer Ebene ausgetauscht würden oder ob durch neue Argumente die ursprüngliche gemeinsame Ebene verlassen würde. Am Beispiel der Diskussion um den Englischtext: Der dritte Diskutant verlasse die bisherige Ebene und brächte ein höherwertiges Kriterium ein.

Mit der Frage nach der Instanz, die über den jeweiligen Rang der Ebenen und die Wichtigkeit der Argumente in der jeweils konkreten Situation entscheide, erhoben *F. Stübig* und *Heinen* Widerspruch. *Klafki* verwies auf die im Aufsatz getroffene Unterscheidung zwischen instrumentellen und emanzipatorischen Zielsetzungen. Genau dies sei in dem Beispiel der Textauswahl der Fall: Bei den Gesprächsteilnehmern wären emanzipatorische Zielsetzungen ihrer Werthöhe nach höher einzuschätzen als die instrumentellen Zielsetzungen. Die Ranghöhe allerdings sei nur beim Vorhandensein eines gemeinsamen und irgendwie verbindlichen Zielhorizonts klar. Die emanzipatorischen Zielsetzungen seien diejenigen, die es dem einzelnen ermöglichten, seinen Ort im gesellschaftlichen Zusammenhang besser zu erkennen, daher auch auf Situationen reflektierter und bis zu irgendeinem Grad freier im Sinne eigener Ziele zu reagieren. Insofern seien emanzipatorische Zielsetzungen höherwertiger als die instrumentell notwendigen. Die Meinung, sofern man überhaupt instrumentelle Zielsetzungen für legitim erachte, sei auch der größte Unfug im Unterricht zu rechtfertigen, wurde von *Klafki* zurückgewiesen, da er nachdrücklich die absolute Notwendigkeit der instrumentellen Ebene, die einfach nicht zu leugnen sei, betone. Die unterschiedlichen Ranghöhen der beiden Zielsetzungen seien indessen offensichtlich.

Ob der Begriff des Emanzipatorischen eine Hilfe für die Lösung der Zielproblematik sei, wurde von *Neumann* angezweifelt. Er sehe hier vielmehr einen argumentativen Notweg insofern, als die Interpretation des Begriffes individueller

Ausdeutung unterliege. Andererseits sei es jedoch verhängnisvoll, vorzuschreiben, welche Zielsetzungen emanzipatorisch zu sein hätten bzw. welche nicht. Daher sei es besser, die Interpretation offenzuhalten. Möglicherweise könne man emanzipatorische Ziele auf einen Rahmen beziehen, der etwa durch Übereinstimmung mit demokratischen Prozessen zu umschreiben sei *(Heinen).*

Für die Praxis der Unterrichtsarbeit des Lehrers bleibe allerdings das Problem der Umsetzbarkeit der Entscheidungen für emanzipatorische Zielsetzungen noch ungelöst. Überhaupt sei die Frage zu stellen nach den Instanzen, die festlegten, welche Ziele im Unterricht emanzipatorisch, welche Zielsetzungen instrumentell wären. Themen oder Unterrichtsgegenstände seien häufig ambivalent. Sie könnten entweder rein instrumentell oder mit emanzipatorischem Anspruch im Unterricht realisiert werden. Letztlich trage der Lehrer die Verantwortung für die Entscheidung, in welche Dimensionen er vordringen wolle. Unangenehme Konsequenzen könnten ihm in Fächern wie Politik, Geschichte, Arbeitslehre drohen, wenn er seine Schüler möglicherweise „überemanzipiere" *(Hendricks).*

Diederich hingegen faßte das Begriffspaar so auf, daß instrumentell immer bedeute: instrumentell für emanzipatorische Prozesse. Im Grunde müsse eine Diskussion aufkommen über das Problem der Emanzipation. In der Aufstufungsdiskussion der Kollegen im Beispiel der Textauswahl wie auch in allen Curriculumdiskussionen brächen rasch Grundsatzdebatten über Emanzipation aus: Die eine Seite betone die Notwendigkeit, zunächst eine materielle Basis sicherzustellen, von der aus man in den gesellschaftlichen Prozeß eingreifen könne, womit die instrumentellen Ziele gerechtfertigt würden. Die andere Seite hebe die Notwendigkeit der Vermittlung bestimmter Kategorien hervor; hier werde für eher affektive, emotionale Ziele plädiert. Beide Positionen seien gegeneinander abzuwägen und miteinander zu vermitteln – vorausgesetzt sie hätten ein ähnliches Verständnis von Emanzipation. Eine Kontroverse werde mit Sicherheit darüber entstehen, daß die eine Seite eher die kognitiven Dimensionen, die andere hingegen mehr die sozialen, affektiven, emotionalen Dimensionen betone. Entscheidend seien am Ende für alle Beteiligten die Diskussionen über das Ganze des Erziehungs- bzw. Sozialisationsprozesses. Demnach sei diese Dimension das letzte Entscheidungskriterium; von diesem logisch vorgeordneten Punkt betrachteten schließlich alle die voraufgehenden Entscheidungen.

Mit diesen Darlegungen hatte *Diederich* nach Meinung *Finckhs* den ursprünglichen Versuch scheitern lassen, bei Entscheidungen zwischen logischer Struktur einerseits und Rangskala und Wertordnung andererseits zu differenzieren. Jetzt sei das eine mit dem anderen identifiziert worden, obwohl hier zwei Ebenen vorlägen. Man müsse fragen, ob es sich um eine logische Vorordnung oder um eine Höherordnung im Wert, mit allen Problemen gerade hier, handele. Vielleicht solle man bedenken, daß es auf derselben Ebene Ziele anderer Art geben könne. Man gelange erst dann auf eine höhere Ebene, wenn man nach den Begründungen für diese Ziele frage.

Wessler brachte die Interessen und Perspektiven des Lehrers in die Diskussion ein: Für ihn sei die Absicht des Lehrers letztlich entscheidend. Möglicherweise wolle er nur, daß der Schüler englisch sprechen lerne; dann wäre die Anzahl der unbekannten Wörter in einem neuen Text beispielsweise die primäre Frage. Man könne mit kritischem Bewußtsein, aber ohne ausreichende Kenntnisse der englischen Sprache in den USA nichts, im gegenteiligen Falle jedoch sehr viel anfangen. Er wende sich gegen die Auffassung, das emanzipatorische Lernziel sei auf jeden Fall höher als das instrumentelle.

Klafki bekräftigte indessen seine Meinung, daß die emanzipatorischen Ziele gegenüber den instrumentellen als höherrangig gelten müßten. Gleichwohl meinte er, die Frage der Ebenenstruktur sei völlig neu zu durchdenken. Daß es diese Strukturierung gäbe, sei unstrittig; insofern sei diese Logik eine Logik der nicht explizierten bzw. nicht zu explizierenden impliziten Voraussetzungen, die wir immer machten. Am Englischtext-Beispiel lasse sich das verdeutlichen: Träte zu den Kollegen, die sich über Fragen der Grammatik, Lexik, Emanzipation geeinigt hätten, ein weiterer mit dem Hinweis auf die Druckqualität des Textes, dann werde damit einerseits eine elementare Bedingung instrumenteller Art genannt, die quasi auf der untersten Ebene liege, andererseits werde daraus deutlich, daß die anderen Aspekte zu einer höherliegenden Begründungsebene gehörten. *Wessler* bestritt die Höherrangigkeit und hob ab auf Andersartigkeit. Er sah es nicht als bewiesen an, daß hier höherrangige Argumente vorhanden wären. Für ihn waren dies weitere, andere Argumente, aber nicht solche höherer Qualität. Für *Neumann* indessen war die Unterscheidung zwischen der logischen Struktur einerseits und der pragmatischen Struktur andererseits insofern wichtig, als damit erklärt werde, weshalb die höherrangigen Argumente nicht auch diejenigen seien, die sich letztlich durchsetzten. Es gehe in den Diskussionen über Zielentscheidungen um einen Kompromiß, wobei fallweise zu entscheiden sei, wo die Grenze des Vertretbaren für beide Seiten liege.

Diederich verwies auf die Situationslogik solcher Gespräche unter Kollegen, in der Hierarchien auf dem Wege des Konsenses oder Dissenses hergestellt werden. Die Ziele würden dadurch hierarchisch sortiert, daß Argumente ihrer Bedeutung entsprechend weiterverfolgt oder verworfen würden. Mit der Differenzierung in instrumentelle und emanzipatorische Ziele entspräche *Klafki* lediglich der Realität der tatsächlichen Planungsprozesse; wenn nämlich heute über Unterricht gesprochen werde, herrsche zumeist Konsens darüber, daß die Diskussion über emanzipatorische Fragen die höchste Dimension sei im pragmatischen Kontext. In der Logik der Situation sei dies eben die höchste oder oberste Ebene. *Sperber* nahm den Begriff Situationslogik auf, um nachzuweisen, daß damit alle Probleme erschlagen werden könnten. So sei im Rahmen der Situationslogik bei der Gestaltung eines Buches für den Englischunterricht das drucktechnische Argument möglicherweise das letzte, wenn sich nämlich das Argument „der Text paßt nicht mehr auf diese Seite" gegenüber allen emanzipatorischen Gesichtspunkten bei der Textauswahl durchsetze. Zu fragen sei deshalb, ob das Problem der Emanzipation nicht außerhalb der Situationslogik auf höherer Ebene zu diskutieren sei. Da mit dem drucktechnischen Argument lediglich auf Minimalbedingungen der Organisation von Unterricht hingewiesen werde, ließ *Klafki* diesen Einwand nicht gelten.

Er verteidigte die von ihm und *Diederich* getragene These, daß mittels einer logischen Analyse im Sinne des Aufweisens der jeweils gemachten Implikationen in der Mehrzahl der Fälle nachgewiesen werden könne, daß alle Diskutanten ein hierarchisches Bewußtsein hätten. Mit dem Hinweis auf offensichtlich vorhandene Hierarchiegefälle von Zielen über viele Situationen hinweg stimmte *Diederich* dem zu; es scheine eine allgemein gültige Logik für verschiedene Situationen zu geben.

In der Kontroverse über die Zielhierarchie – die Zielebenen *(Finckh)* – sah *Neumann* ein neues Problem: Solange nämlich nicht entschieden sei, ob jeder Zielart die gleichen Zielebenen zuständen oder ob bestimmte Zielarten nur auf bestimmten Zielebenen angesiedelt seien, gäbe es stets die Gefahr der Vernachlässigung der Methodik, weil hier Zielebenen unterer Kategorie vermutet würden, während inhaltliche Entscheidungen von vornherein höhere Niveaustufen hätten.

Das Hierarchisierungsproblem wurde von *Diederich* auf den Ansatz der Göttinger Didaktik zurückgeführt. Die Absicht sei ursprünglich gewesen, situationsunabhängig nachweisen zu können, daß es eine Hierarchie derart gäbe, daß Entscheidungen über Ziele wichtiger seien als über Inhalte, daß Entscheidungen über Inhalte gegenüber Methoden wichtiger seien. Das heiße implizit immer: Wer über Inhalte spricht, argumentiert im Zielbereich, wer über Methoden diskutiert, wählt Argumente aus dem Inhaltsbereich.

Diederich suchte in dem Zusammenhang gewissermaßen nach zwei Sorten Logik:

a) Gibt es eine allgemeine Logik aller Situationen, als wissenschaftliche allgemeine Logik von unterrichtlichen Planungen und Analysen?
b) Gibt es eine Situationslogik, die jeweils verschieden ist, in der sich eine Art hierarchisierenden Bewußtseins (mit *Klafki* evtl. eines der Mehrheiten) herstellt?

Wichtig seien solche Fragen, damit Gesprächsteilnehmer sich über den Gang ihrer Argumentation Klarheit verschafften, damit sie Mißverständnisse erkennen könnten; hierin läge die Pragmatik der Situation.

Die Tatsache, daß Emanzipation heute in allen Zieldiskussionen das letzte Kriterium wäre, sei klar. Heute sei dies die Setzung, der oberste Begriff – was in zwanzig Jahren sei, sähe man noch nicht. Aus pragmatischen Gründen wisse jeder, daß man – sei es in der Schule oder beim Schulbuchmachen – nicht mehr hinter diesen Begriff gelangen dürfe. *Sperber* sah gute Gründe, auf die Unfairneß hinzuweisen, alles mit dem Argument der Emanzipation erklären zu wollen. Dem stimmte *Wessler* sofort zu und forderte eine Trennung der Diskussion: In der Theorie sollte man bis zu Utopien diskutieren können, die Praxis sei davon auszusparen. Es möge sein, daß in der Theorie alles stimme, man müsse aber einfach sehen, daß in der Praxis immense Abstriche gemacht werden müßten. Diesen Zwiespalt solle auch die Lehrerausbildung berücksichtigen. Mit Entschiedenheit verneinte *Klafki* eine Trennung der beiden Betrachtungsdimensionen. Es scheine klar zu sein, daß eine Theorie sehr schlecht aussähe, wenn sie die Bedingungen der Realität einfach ignoriere.

Die Kontroverse über das Problem vom Rang und Art der Argumente wurde von *Klafki* mit der Vermutung weitergeführt, daß es auf derselben Ebene durchaus verschiedene Argumente oder Ziele geben könne, beispielsweise auf der Ebene der Minimalbedingungen drucktechnische Fragen, Fragen der Zeilenlänge, Typen, Bilder usw. Da aber niemand dies als Rechtfertigung für die Entwicklung eines Sprachbuches nennen würde, brächte man den Gesprächspartner durch beharrliches Nachfragen zu einer Legitimation seiner jeweiligen Begründungen durch höherrangige Argumente. Er meine nicht, daß jeder auf jeder Ebene das gleiche sage; es müsse zu ermitteln sein, welche Hierarchien die Diskutanten konkret hätten. Dabei erwiese es sich vermutlich, daß eine solche Analyse mehr als einen nur empirischen Befund brächte, nämlich den Aufweis einer historisch gewachsenen, notwendigen Hierarchie, die aus der Logik pädagogischer Begründungen folge. Es gäbe gewissermaßen eine innere Stringenz des Argumentierens, die im Prinzip intersubjektiv gültig sei, was allerdings nicht heiße, daß dies jederzeit von jedem erkannt werde. Wenn einer sich mit der Entschuldigung, die ständige Begründung seiner Entscheidungen sei ihm zu anstrengend, aus der Diskussion entferne, habe er nicht die Logik der Argumentation als irrelevant erwiesen, sondern lediglich gezeigt, daß er der Logik der Argumentation selbst nicht mehr folgen könne.

Gegen die Konstruktion der Argumentation *Klafkis* wandte sich *Wolf*, absichtlich pointierend, unter Anknüpfung an das Lehrbuchbeispiel: Würde ein Autor seine Entscheidung, ein Lehrbuch mit emanzipatorischen Zielsetzungen zu machen, mit dem Argument begründen, somit am wenigsten kontrollierbar zu sein, dann müßte bei fortgesetzten Rechtfertigungsversuchen die Argumentationskette im Sinne der Erläuterungen *Klafkis* schließlich im Obskuren enden. Der Einwand, so verhielte ein Lehrer sich nicht, sei kaum zu halten, da es zweierlei sei, was ein Lehrer vor sich selbst eingestehe und was er gegenüber *Klafki* sagen würde; denn in diesem Fall entsprächen die Antworten einer durch sozialen Zwang vorgeprägten Wertordnung, von der kaum einer abzuweichen wage. Deshalb dürfe man aus dem Argumentationszusammenhang nicht etwa eine historische Logik, eine intersubjektiv überprüfbare innere Stringenz folgern; vielmehr seien diese durch die Art der Argumentation unter Ausnutzung sozialen Zwanges hineinprojiziert worden. Eine ebenso denkbare andere Argumentation ließe sich nicht als irrational abtun. Was geschähe – im Ernst –, wenn ein Lehrer endlich die erwünschte Begründung für seine Entscheidungen gäbe, indem er den Begriff Emanzipation oder einen ähnlichen Ausdruck passend verwende? Hier müsse aber doch entschieden weitergefragt werden, anstatt die Diskussion für beendet zu halten.

Für *Klafki* hingegen waren solche Diskussionen nur unter der *Habermas'schen* Voraussetzung zu führen, daß nämlich beim jeweiligen Gesprächspartner zunächst die Wahrhaftigkeit der Aussage zu unterstellen sei. Der von *Sperber* vorgetragene Einwand, äußere Rahmenbedingungen mit banalsten Voraussetzungen lieferten häufig die letzten Entscheidungskriterien, wurde nicht als strittig angesehen. Das Problem, so *Klafki*, sei doch, ob solche Gesichtspunkte ihrer Qualität nach anderer Art seien als das, was die Systematik der Zielstellungen ausmache. Die Argumente für die Realisierungsrahmenbedingungen lägen auf der Ebene der pragmatischen Dimension. Dies aber sei prinzipiell etwas anderes als inhaltliche oder zielorientierte Begründungsargumentationen. Es sei ihm aber um die Klärung der Voraussetzungsstruktur von zielorientierten Begründungsargumente, die in praxi immer mit den Realisierungsbedingungen vermittelt werden müßten, gegangen. Die Frage bleibe nach wie vor offen, ob es so etwas gäbe wie eine Begründungshierarchie oder Voraussetzungshierarchie der argumentativen Begründbarkeit von Zielsetzungen.

Jürgen Diederich

Was ist das Allgemeine an der Allgemeinen Didaktik?

So fragt, wer die Allgemeine Didaktik als ein Besonderes ansehen möchte, als ein Teilgebiet (der Erziehungswissenschaft/Pädagogik), ein Teilgebiet, das möglicherweise mit anderen Teilgebieten etwas gemeinsam hat: das Allgemeine nämlich, auf das die Frage zielt. Die Frage ist nur schon definitiver; sie unterstellt, ein solches Allgemeines werde sich finden lassen.

Unter Allgemeiner Didaktik versteht man gemeinhin jene Didaktik, die von besonderen institutionellen Voraussetzungen absieht, die Sachverhalte thematisiert, die unabhängig von solchen Voraussetzungen immer zu beobachten sind, oder wenigstens Ereignisse, die unter beliebigen institutionellen Voraussetzungen eintreten *können*. Unabhängig sollen diese Sachverhalte oder Ereignisse sein insbesondere von:

- Schulformen und Schulstufen
- Schulfächern oder Lernbereichen
- Alter und Geschlecht der beteiligten Personen.

Es gibt sogar eine über die Schule hinausgreifende „Unabhängigkeit“: z.Zt. scheint Hochschuldidaktik (als eine Art Stufendidaktik) der eine Pol zu sein; der andere ist durch jenes Beispiel markiert, das *Klafki* im Funkkolleg gab: eine Mutter kauft ihrem Kind das erste Spielzeug – und trifft damit eine didaktische Entscheidung. Doch spräche nichts dagegen, eine Didaktik des sozialen Lernens in Altersheimen zu entwerfen, eine „fach-“ oder „bereichsbezogene“ Stufendidaktik also, die ebenfalls an Allgemeiner Didaktik orientiert sein könnte.

Weil Allgemeine Didaktik in diesem Sinne allgemein ist, wird es kaum gelingen, den engen Begriff der Göttinger (Didaktik i. e. S.) im allgemeinen Sprachgebrauch durchzusetzen. Läßt man sich aber auf den weiten Begriff ein (Didaktik i. w. S.), könnte leicht in Vergessenheit geraten, daß es bei didaktischen Entscheidungen zumindest auch (wenn schon nicht zuvörderst) um Ziele und Inhalte des Lernens geht. Schon der Göttinger Begriff hatte überdies die Schwäche, daß er nicht deutlich zwischen der WAS-Frage und der WARUM-Frage, also zwischen der Beschreibung der Ziele und Inhalte einerseits und ihrer Begründung andererseits unterschied. Doch klammere ich das Problem, wie man das altehrwürdige Schema „Ziele-Inhalte-Wege-Mittel“ renoviert, hier aus; ich benutze den Begriff Didaktik i. w. S.

Die Formel „unabhängig von“ bedarf nun der Präzisierung. Zunächst wird ja Allgemeine Didaktik selbst gewöhnlich in Institutionen betrieben und ist als ein Stück Wissenschaft gewiß nicht unabhängig von institutionellen Voraussetzungen. In welchem Sinne sind dann aber die Sachverhalte, die sie thematisiert, „unabhängig“? Ein Beispiel ist hier angebracht. Daß beim Lernen Schwierigkeiten entstehen *können*, ist ein in diesem Sinne allgemeiner Sachverhalt. Daß diese

Schwierigkeiten von gewissen Voraussetzungen bedingt sein werden, ist ebenfalls ein in diesem Sinne allgemeiner Sachverhalt. Daß zu diesen Voraussetzungen solche im Lernenden, solche der Institution und solche des Gegenstandes zählen *können*, ist ein solcher „unabhängiger" Sachverhalt.

„Unabhängig von" darf also nicht gelesen werden als „hängt nicht von institutionellen Bedingungen ab", sondern muß gelesen werden als „kommt unter beliebigen institutionellen Bedingungen vor". Allgemein ist die Allgemeine Didaktik also, weil sie sich nicht auf Begrenzungen einläßt, die von Fächern, Altersstufen, Schulformen u. ä. gesetzt sein können. Sie ist damit unabhängig genug, auch die institutionellen Voraussetzungen zu bedenken und zwar gerade jene, die den Intentionen des Lernprozesses entgegenstehen.

1. Das theoretisch Allgemeine: Problematisierungsinstanz

Von dieser Charakterisierung der Allgemeinen Didaktik herkommend, kann ich nun die Frage beantworten, was denn die Allgemeine Didaktik zu bieten hat. Die Antwort kann man auf zwei Weisen geben. Man kann sagen: die Allgemeine Didaktik lehrt Fragen. Man kann sagen: sie entwickelt Checklisten. Man *muß* sagen: sie gibt *keine* Antworten; denn die wären abhängig von der spezifischen Situation – den institutionellen Voraussetzungen, von der Quadriga „Ziele-Inhalte-Wege-Mittel" samt zugehörigen Begründungen und von Eigenschaften der beteiligten Personen.

Es hat also einen guten Grund, wenn die „Didaktische Analyse" aus einer Serie von *Fragen* besteht. Als Fragenkatalog kann sie allgemeine Gültigkeit beanspruchen (im Prinzip jedenfalls – es könnte ja konkurrierende Kataloge geben, die vollständiger, besser gegliedert oder besser handhabbar wären). Als Fragenkatalog darf sie sogar normativ gelesen werden: man kann diese Fragen nicht nur stellen, man sollte sie stellen, wenn einem an möglichst vollständiger Aufklärung der Situation gelegen ist. Die Fragen wollen ja auf Sachverhalte aufmerksam machen, die sonst unbedacht blieben.

Der Unterschied zwischen Fragenkatalog und Checkliste ist theoretisch viel kleiner als praktisch. Die Beliebtheit der Berliner Didaktik beruht ja vor allem auf ihren handlichen Schemata. Betrachtet man das Schema für die Planung einzelner Unterrichtsstunden, so ist es eigentlich eine Anweisung, folgendes in zirkulärer Wiederkehr zu fragen:

a) Wie mögen sich zu diesem Zeitpunkt die Schüler verhalten?
b) Mit welchen Maßnahmen sollte der Lehrer ihnen begegnen?
c) Wie lassen sich diese Maßnahmen begründen?

Daß die Allgemeine Didaktik nur Fragen stellen lehrt, nur Anhaltspunkte dafür gibt, was im Lernprozeß eine Rolle spielen könnte und deshalb bedacht werden sollte, müßte eigentlich beruhigend sein für alle Fach-, Bereichs- und Stufendidaktiker: sie sind die kompetenten Leute, die auch antworten können; die Allgemeine Didaktik ist „bloß formal". Dem steht jedoch die Beobachtung entgegen, daß viele von ihnen die Allgemeine Didaktik nicht als bedeutungslose, weil „bloß formale" Spielerei links oder rechts liegen ließen. Im Gegenteil, sie wiesen die ihnen zugemutete Bevormundung ärgerlich zurück, den Anspruch einer Supra-Didaktik, mißachteten die Allgemeine Didaktik nicht, sondern fürchteten sie. (Die vielen anderen, die ein abgeklärtes Verhältnis zur Allgemeinen Didaktik fanden, erwähne ich hier nicht; sie wissen ohnehin, wann sie sich in Grundlagenfragen äußern, also Allgemeine Didaktik treiben, und wann sie, Grundlegendes voraussetzend, Fach- oder Stufendidaktik treiben.)

So unabhängig die Allgemeine Didaktik ist, so unbequem ist sie deshalb auch; gegenüber allen Fach- und Stufendidaktiken ist sie *Problematisierungsinstanz*, insofern sie Fragen stellt, die über deren Grenzen hinausgehen, Fragen, die allgemeinere Gültigkeit beanspruchen, vor allem aber auch Fragen, die man aus der begrenzteren Perspektive gar nicht hätte stellen können, z.B. die nach dem allgemeinen Bildungswert eines Schulfaches oder die nach den Sozialisationseffekten eines unter rein fachlichen Gesichtspunkten vollkommenen Unterrichts. Unbequem ist die Allgemeine Didaktik, weil sie solche Fragen stellt; unbequem aber auch, weil sie *nur* Fragen stellt. Die Antworten, jedenfalls die auf eine spezifische Situation passenden Antworten, gibt sie nicht. Gerade deshalb fühlen sich Lehrer immer wieder von ihr „allein gelassen".

Das aber nun ist zugleich das erste Allgemeine an der Allgemeinen Didaktik. Sie ist ja nicht das einzige Teilgebiet der Erziehungswissenschaft, in dem es Leuten mit praktischen Problemen, Lehrern, Eltern, so ergeht. Könnten sie bezüglich didaktischer Probleme verstehen lernen, warum die Allgemeine Didaktik sie nur Fragen lehrt, ihnen aber keine Antworten und schon gar keine Rezepte gibt, so fiele es ihnen womöglich leichter, insgesamt besser zu verstehen, aus welchen Gründen sie die Wissenschaft, die sich mit Erziehung zu beschäftigen vorgibt, nicht häufiger mit praktischen Maßregeln versorgt.

2. Exkurs über die eigene Dignität des Formalen

Indem sie nur Fragen stellt, ist die Allgemeine Didaktik im Verhältnis zu den Fach- und Stufendidaktiken formal; d.h. jedoch, wie schon angedeutet, nicht „bloß formal".

Wenn kategoriale Bildung die dialektische Aufhebung der beiden verkehrten Ansätze einerseits nur formaler und andererseits nur materialer Bildung zu sein beansprucht, so heißt das zugleich, daß sie die Verkehrtheit der beiden Ansätze nur in ihrer Isolierung und Verabsolutierung, nicht aber in den beiden Ideen selbst sieht. Anders läßt sich nicht denken, was in der Aufhebung positiv aufgehoben (= bewahrt) sein sollte. Aufgehoben (außer Kraft gesetzt) wird nur der falsche Alleinvertretungsanspruch bezüglich Bildung. Und durch die Wiederverknüpfung der beiden Ideen wird das Problem auf eine neue Ebene gehoben, die aber von der Ausgangssituation noch das Bewahrenswerte enthalten muß.

Seltsamerweise (falls ich nur schlecht gelesen habe, bitte ich um Nachsicht und Belehrung) hat sich *Klafki* die Frage *so* nie vorgelegt: „Warum finde ich als Lösung meiner Frage (nach Bildung) genau die Verknüpfung jener beiden Antworten, die ich als einzelne Antworten soeben als falsch abgelegt hatte?" Platt gesprochen: es muß doch an beiden Ideen, sowohl der materialen Bildung als auch der formalen

Bildung, „was dran sein". Dieses Was zu finden, heißt bezüglich formaler Bildung zugleich, auf den Unterschied zwischen „formal" und „bloß formal" hinzuweisen; es heißt genauer, die Floskel „bloß formal" als dummes Gerede zu entlarven.

Geschäftsordnungen z. B. sind angeblich „bloß formal". Was erklärt nun, daß trotzdem so hartnäckig um Anträge zur Geschäftsordnung gestritten wird, erbitterter meist als um die inhaltliche Frage, um die es zuvor ging? Betrachten wir den Antrag auf Schluß der Debatte. Im Klartext heißt der: es soll nun nichts mehr zur Sache gesagt werden, gleichgültig, wie vernünftig das sein könnte, was noch zu sagen wäre. Das Formale ist hier dem Inhaltlichen haushoch überlegen: ohne Rederecht kein Argument, ohne Form kein Inhalt.

Die Gründe für eine solche Möglichkeit, durch Geschäftsordnungsantrag eine Debatte zu beenden, sind gleichwohl inhaltlicher und zwar übergeordnet inhaltlicher Art. Der Antrag ist ja (seiner Genesis und seiner Bedeutung nach) ein Mittel, die Entscheidung in der Sache mit mehr Gewicht zu versehen als das Reden über die Sache, insbesondere ein Mittel, das verhindern soll, daß vor dem „Reden über" die Sache selbst nicht erledigt werden kann oder sich bereits von selbst erledigt hat, bevor beschlossen werden konnte. Mit der Zustimmung zu einer solchen Geschäftsordnung haben sich die an Debatten Beteiligten ein für allemal in einer Frage geeinigt, die vormals häufig zu Konflikten führte, in der Frage nämlich, wie lange es jemandem erlaubt sein solle, durch das Reden über die Sache die Entscheidung in der Sache hinauszuzögern. Vergleicht man damit wissenschaftliche Diskussionen oder Diskurse, wird der Unterschied in der inhaltlichen Orientierung deutlich: dort geht es um möglichst weitgehende Neuformulierung oder Lösung von Problemen, dort um möglichst vollständige Einigung der Beteiligten, in Debatten hingegen geht es um Mehrheitsentscheidungen angesichts eines begrenzten Wissensstandes in Fragen, deren Dringlichkeit gleichwohl zumindest vorläufige Lösungen erfordert.

Auch eine Verfassung ist formal, aber alles andere als „bloß formal". Was dort niedergelegt ist, sind vormalige gesellschaftliche Konflikte. Entweder sind sie endgültig gelöst, dann gibt die Verfassung Garantien, oder sie sind noch in Schwebe, dann formuliert die Verfassung Postulate (der Unterschied ist manchmal nicht groß, und selbstverständlich gibt es eine Konkurrenz selbst der Grundrechte). In jedem Fall aber geht es um *inhaltliche* Konflikte, sei es um beigelegte oder noch schwelende, die nur in einen Ruhezustand versetzt sind (endgültig oder zeitweilig).

Das Formale ist dem Inhaltlichen nicht entgegengesetzt, schon gar nicht fremd oder unangemessen; es ist vielmehr die höchste Form von Inhaltlichkeit, die verdichtetste, abstrakteste. Kehrt man von dieser Beweisführung auf neutralerem Felde in die Didaktik zurück, versteht man nun besser, warum jene Fachdidaktiker sich bevormundet fühlten, versteht man auch, warum *Klafki* die „Kräfteschulung", die „Vermögenspsychologie" oder die „Fragetechniken" bei Gaudig suspekt erschienen. Er fühlte ganz richtig, daß hier etwas falsch war: heute würde man sagen, die Abstraktion sei verdinglicht worden, das Formale seinem materialen Ursprung entfremdet. Auseinandergerissen ist in solchen Fällen tradierter Inhalt, der schon zu Formen geronnen ist (Regeln oder Institutionen z. B.), und noch flüssiger Inhalt, um den weiterhin gerungen oder gestritten wird. Und beharrt – wie bei der Geschäftsordnung – jemand auf dem Formalen, so verbietet er das Wort, das die geronnenen Inhalte (oft Kompromisse nach Konflikten) wieder verflüssigen könnte. Dann wird die eigene Dignität des Formalen, nämlich daß es hinsichtlich grundlegender Sachverhalte oder Vereinbarungen die Uhren anhält, problematisch.

Hauptfrage III der didaktischen Analyse lautet original: „Worin liegt die Bedeutung des Themas für die Zukunft der Kinder?" – rein formal steht „Zukunft" im Singular. Nach allen Befunden über schichtenspezifische Sozialisation wird man es dabei nicht belassen können. In einigen Hinsichten mögen die Kinder eine gemeinsame Zukunft haben (Frieden oder Krieg z. B.), in vielen Hinsichten werden sich aber ihre künftigen Lebenswege unterscheiden. Die formale Vorgabe wieder zu verflüssigen, würde hier heißen, differentielle Betrachtungen anzustellen, „Zukünfte" statt Zukunft zu lesen.

Gleichwohl ist das Formale normierend. Die Frage nach der Zukunft der Schüler überhaupt zu stellen, das bedeutet, den Themen eine Qualität abzuverlangen, die nicht selbstverständlich ist. Weiß ich z. B. als Mathematiklehrer, daß die Mehrzahl meiner Schüler nach Klasse 9 oder 10 die Schule verlassen wird, so kann ich eine ausführliche Behandlung der Bruchrechnung nicht damit legitimieren, daß man Bruchrechnung zum Verständnis der Analysis benötigen werde. Da Analysis für die Mehrzahl meiner Schüler nicht zu ihrer schulischen oder beruflichen Zukunft gehören wird, bedarf es anderer Gründe, die Bedeutung der Bruchrechnung (oder mancher ihrer Teilgebiete) für die Zukunft dieser Kinder zu erweisen.

In dieser Situation sind nun drei Fälle denkbar. A) Es ist im Kollegium oder unter den Lehrbuchautoren oder zwischen Eltern und Lehrern oder Lehrern und Schülern noch umstritten, ob jedes Thema für die Zukunft der Kinder Bedeutung haben müsse. Dann wird vermutlich vor der Suche nach anderen Gründen eine Diskussion über diese grundlegende Voraussetzung geführt werden: was spricht dafür, was dagegen, von jedem Thema Zukunftsbedeutung zu verlangen? B) Der Grundsatz, die in der Frage III vorausgesetzte Norm, jedes Thema habe Zukunftsbedeutung zu haben (oder sei andernfalls entbehrlich) könnte unter den Beteiligten unumstritten sein. In diesem Fall müßten sie entweder nach anderen Gründen suchen oder ganz oder teilweise auf Bruchrechnung als Thema verzichten. C) Der Grundsatz könnte bis zu diesem Zeitpunkt gegolten haben, nun aber – angesichts der weittragenden Folgen, die er in dem Fall hätte, daß sich keine anderen Gründe für die Bruchrechnung ins Feld führen lassen – wird erneut problematisiert, ob dieser Anspruch an Themen ausnahmslos zu gelten habe. Es könnte z. B. ein Lehrer sagen, solange seine Schüler gerne Bruchrechnung betrieben und Freude daran hätten, möglichst trickreich mit Brüchen zu operieren, wolle er auf dieses Stoffgebeit nicht verzichten; ihm sei die Gegenwart der Schüler wichtiger als ihre Zukunft.

Wie immer eine solche Diskussion in Wirklichkeit verlaufen mag, der Zuhörer könnte jedenfalls deutlich zwei Argumentationsebenen unterschieden, eine, auf der unter stillschweigender oder expliziter Voraussetzung des in Frage III niedergelegtenGrundsatzes nach anderen inhaltlichen Gründen, anderen Zukunftsbedeutungen gesucht wird, und eine fundamentalere, auf der jener Grundsatz selbst umstritten ist und durch andere Kriterien relativiert wird. Wenn ich oben sagte, die eigene Dignität des Formalen liege darin, daß es hinsichtlich grundlegender Sachverhalte oder Vereinbarungen die Uhren anhalte, dann meine ich Fälle wie (B). Und es kann – je nach Situation – von Vorteil oder problematisch sein, daß Grundsatzfragen aus der Diskussion ausgeklammert werden.

Es gibt Fachkonferenzen zur Neuanschaffung von Schulbüchern, in denen außer der Haltbarkeit und dem Preis des auszuwählenden Buches nichts zur Debatte steht. Ein Neuling, der an diese oft stillschweigende Vereinbarung rührt, indem er die Konzeptionen der Bücher vergleicht, führt nicht etwa nur ein drittes Kriterium ein. Er wird vielmehr gesagt bekommen, solche Diskussionen habe die Konferenz hinter sich und die Erfahrung, daß sie bei der beschränkten Zeit für Fachkonferenzen ergebnislos ausgingen; einzige Folge sei ein schlechtes Gewissen bei allen Teilnehmern. Im Bewußtsein der Überforderung, die in der Anwendung inhaltlicher Kriterien läge, beschränkt sich die Konferenz (aus übergeordneten psychohygienischen Gründen) auf das äußerst Formale.

Eine Geschäftsordnung, eine Institution, eine Kategorie sind zunächst „flüssig" gewesen. Da waren sie ein dauernder Streit darum, wer jetzt reden darf (und wie lange), wer welche Aufgaben übernehmen darf/muß (wen anweist, wem berichten muß), oder ein (häufig personinterner) Streit darüber, unter welchen Hinsichten man etwas sehen oder sagen könne. Damals, im flüssigen Zustand, waren alle drei jetzt geronnenen Sachverhalte in dem Sinne zeitabhängig und zeitaufwendig, als es jeweils eine heimliche oder offene Konkurrenz gab zwischen einerseits dem Zeitbedarf für die Regelung des Rederechts, der Aufgabenverteilung oder die Ordnung der Gedanken und andererseits der Zeit für die inhaltlichen Ausführungen selbst, die Erledigung der Aufgaben und das praktische Ausführen des Gedachten. – Nun, in geronnenem Zustand, haben alle drei vormaligen Konfliktbereiche keinen Zeitbedarf mehr: es wird inhaltlich geredet (unter stillschweigender Anerkennung der Geschäftsordnung), es werden Aufgaben erledigt (unter Duldung oder Anerkennung der Aufgabenverteilung), es wird gleich in Kategorien gedacht (ohne jedesmal in Zweifel zu ziehen, ob die Kategorien auch in diesem Fall anwendbar sind). Hinsichtlich des Zeitbedarfs für Metaprozesse sind die Uhren angehalten.

Die Rolle der Allgemeinen Didaktik gegenüber den Fach- und Stufendidaktiken ist demnach eine doppelte. Einmal beschreibt sie nur, welche Voraussetzungen in fach- oder stufenbezogenen didaktischen Diskussionen unbefragt gelten, welche Grundsätze dort selbstverständlich beachtet werden. Sie kann diese Beobachtungen für verschiedene Fächer, Stufen und Situationen vergleichen und dabei möglicherweise zu durchgängigen Beobachtungen kommen. Der Aufsatz „Didaktische

Analyse als Kern der Unterrichtsvorbereitung" ist aus einer solchen systematisierenden Absicht entstanden. Er zählt auf, welche Kriterien im Zuge vieler Unterrichtsvorbereitungen und -nachbesinnungen immer wieder in die Diskussionen eingeführt wurden. Solche Beobachtungen sind aber nicht nur systematisierend, sondern – wie alle – auch selektiv, d.h. es wurden jene Kriterien in Frageform gefaßt, die von den Beteiligten, darunter auch *Klafki*, als die wesentlichen akzeptiert wurden – wesentlich in Bezug auf einen dahinterstehenden Bildungsbegriff, der anderweitig expliziert wurde. Damit jedoch gerät die Allgemeine Didaktik in ihre zweite Rolle. Was nun zu fragen empfohlen wird, ist nicht mehr nur der empirische Durchschnitt der in solchen Diskussionen beobachteten Kriterien (schon der wäre vollständiger als der in jeder einzelnen Diskussion beobachtbare), sondern es ist der gefilterte Durchschnitt: angesichts jenes Bildungsbegriffes sind nur bestimmte Kriterien haltbar.

Normierend ist die Didaktische Analyse also nicht nur dadurch, daß sie bestimmte Fragen empfiehlt, sondern vor allem auch dadurch, daß sie bestimmte (die in den Diskussionen vielleicht sogar überwogen haben mögen) nicht stellt. Dazu zählen vor allem die im engeren Sinne methodischen Fragen. Der Satz vom Primat der Didaktik i.e.S. wird von der didaktischen Analyse auf rein formale Weise durchgesetzt: in diesem Sinne methodische Fragen werden einfach nicht gestellt (wenn auch in Frage II, IV und V vorbereitet). Der Duktus der Didaktischen Analyse akzentuiert (vermutlich als Entgegnung auf das vorwiegende Interesse der an den zugrundeliegenden Diskussionen Beteiligten), daß man vor den „Wie-Fragen" (Methodik) die „Was-Fragen" (Didaktik i.e.S.) bedenken solle. In „flüssigem" Zustand mag das auch oft Ergebnis jener Diskussionen gewesen sein, eine Einsicht (in die Geltung des Satzes vom Primat), die sich immer wieder im Diskussionsverlauf herstellte. Nun, gedruckt und gar schematisch verwendet, kommt es dem Benutzer wie eine unbegründete Einseitigkeit vor. Und es kann geschehen, daß das Uhren-Anhalten in der Grundsatzfrage (Primat ja oder nein) zur Folge hat, daß sich Benutzer einem anderen Schema zuwenden, ohne in der Grundsatzfrage Positionen bezogen zu haben. Nicht umsonst kam es im Rahmen der Auseinandersetzung mit der Berliner Didaktik zur „Wieder-Verflüssigung" des Streits um das Primat-Theorem, das der Didaktischen Analyse unbefragt vorausgesetzt wurde und sich formal darin niederschlug, daß bestimmte Fragen nicht gestellt wurden.

3. Das praktisch Allgemeine: Didaktische Kompetenz

Allgemeine Didaktik wird vielerorts im Studium gelehrt. Warum plage ich meine Studenten mit Didaktischer Analyse? Sie werden sie nie wieder anwenden, höchstens anläßlich einer Probelektion, und auch dort wird sie – vordergründig gesehen – nicht den Unterricht steuern, sondern nur seiner Legitimierung im anschließenden Bewertungsgespräch dienen. Ich sehe zwei Gründe, der erste ist bereits im vorigen Abschnitt enthalten.

Was bedeutet das Formale für einen Neuling, einen Neuling im Parlament, in der Versandabteilung, in der Schule? Wenn er verstehen will, nach welchen Regeln die Tätigkeiten sich vollziehen, die nun auch zu seinen Aufgaben gehören, wird er auf Schritt und Tritt auf Formales stoßen, das wie selbstverständlich vorausgesetzt wird: auf Traditionen und Formalitäten, auf Sprachspiele und Umgangsformen, auf Ordnungen und Erlasse. Wenn er das alles verstehen will, muß er einen Wieder-Verflüssigungsprozeß einleiten, muß er das Geronnene in der Zeit vor seinem Gerinnen in Erinnerung rufen (deswegen betonen Historiker immer, man könne keinen Sachverhalt ohne seine Entstehungsgeschichte verstehen), er muß nun zum Erlernen des Formalen einen großen Teil der Zeit aufwenden, die damals darauf verwendet wurde, das Flüssige zum Gerinnen zu bringen. Und zwar muß er das so oder so, ob er nun versucht, sich „einzuleben" (seine Erfahrungen zu machen) oder sich bewußt einzulernen (seine neue Umgebung, vor allem ihre Geschichte ernsthaft zu studieren). In beiden Fällen kommt ihm danach die im Formalen liegende Zeitersparnis zugute; bei bewußtem Einlernen gewinnt er aber noch eine zusätzliche Qualifikation: er kann nun mitreden, wenn es darum geht, das Geronnene wieder zu verflüssigen, also mitreden in Grundlagenfragen.

Der zweite Grund ist viel strittiger. Er beruht auf der Behauptung, ein Studium der Allgemeinen Didaktik komme nicht nur der Planung und Analyse von Unterricht, sondern auch dem Unterrichten selbst zugute. Diese Behauptung steht zunächst in offenkundigem Gegensatz zu der Beobachtung, daß Lehrer selten Unterricht so planen und analysieren, daß sie Schritt für Schritt nach der Didaktischen Analyse, dem Strukturgitter oder sonst einer Planungsempfehlung oder einem Analyseschema vorgehen. Nehmen wir nur *Klafki* selbst. Glaubt jemand, daß er, wenn er eine Vorlesung oder Übung vorbereitet, seinen Aufsatz heraussucht, sich seine sechzehn Fragen vorlegt und dann, hübsch eine nach der anderen beantwortend, zu seinem Konzept kommt? Ja, wird jeder sagen, dem ist das natürlich in Fleisch und Blut übergegangen, der braucht nicht extra nachzusehen, wie die zweite Unterfrage zur vierten Frage lautet (sie heißt: In welchem Zusammenhang stehen diese einzelnen Momente?).

Fleisch und Blut – oder in neuerer Wissenschaftssprache: Internalisierung – das ist der Kern der Behauptung. Niemand könnte (mangels Zeit) die vier Unterrichtsstunden des nächsten Tages planen, indem er wirklich einen Fragenkatalog oder eine Checkliste der Allgemeinen Didaktik neben sich legt. Ganz und gar nicht aber könnte er im Verlauf der Unterrichtsstunde didaktische Entscheidungen nach diesem Verfahrensmuster revidieren oder angesichts unerwarteter Ereignisse neu treffen. Was also versprechen wir uns von Lehrveranstaltungen in Allgemeiner Didaktik? – Offenbar doch dies, daß dem Studenten etwas in Fleisch und Blut übergehe, daß etwas zu selbstverständlicher Denkweise werde, und zwar in einem solchen Maße, daß es auch noch unter extremem Zeitmangel und bei erheblichem sozialpsychischem Druck gedacht werden kann. Wir rechnen also damit, daß solche Lehrveranstaltungen dazu verhelfen, etwas auszubilden, was man „Didaktische Kompetenz" nennen könnte. Darunter sollen kognitive Strukturen verstanden sein, die es gestatten, kurzfristig und situationsangemessen aus einem

Grundbestand an Formalem inhaltliche Entscheidungen abzuleiten. Die Behauptung, es gebe so etwas wie „Didaktische Kompetenz" und sie lasse sich durch Lehrveranstaltungen in Allgemeiner Didaktik ausbilden, grenzt sich gleichzeitig gegen andere Lehrerausbildungskonzepte (micro-teaching z.B.) ab.

Die Hoffnung, man könne künftige Lehrer für einzelne spezifische Situationen trainieren, braucht nicht empirisch falsifiziert zu werden: allein die ungeheure Vielfalt der Situationen und obendrein ihr vermutlicher Wandel im Laufe von mehr als dreißig Lehrerdienstjahren spricht dagegen – verglichen mit der verfügbaren Trainingszeit. Wenn trotzdem auch solches Trainung und nicht nur andere Lehrveranstaltungen in Allgemeiner Didaktik (i.w.S.) sich Erfolge versprechen, dann nur in der Annahme, der Student würde wenige, aber vielfältig verwendbare Konzepte, Kriterien oder Prinzipien internalisieren. Ist dies das Ziel der Lehrveranstaltungen, so ist aber nichts naheliegender, als daß diese Konzepte usf. auch explizit genannt werden. Der Begriff „Didaktische Kompetenz" meint das, aber noch etwas anderes. Er setzt voraus, daß die Studenten dreizehn Jahre lang Schüler waren, das Studium also bereits als Experten für Unterricht beginnen. Als Experten für das Erleiden von Unterricht allerdings, nicht als Experten für das Erteilen, das Planen und Analysieren, kommen sie, und so besteht die Ausbildung didaktischer Kompetenz im wesentlichen aus zwei Aufgaben: aus dem Wechsel der Perspektive und aus der Reflexion auf Erfahrenes oder Erlittenes.

Die beiden Gründe treffen sich darin, daß sie dem Studenten helfen wollen, die Schulzeit zu verstehen: seine vergangene als Schüler und seine künftige als Lehrer. Strittig ist, ob dieses Bewußtmachen und das Befähigen zum Sprechen über Unterricht und Schulleben auch dem Unterrichten zugute kommt oder eben nur der Planung und Analyse, nur der Legitimation und sekundärer Rationalisierung.

4. Drei Anregungen aus der Diskussion

In der Diskussion war denn auch zuvörderst dieses umstritten: wie groß ist der Überschneidungsbereich zwischen didaktischer und unterrichtlicher Kompetenz (wenn man hier die Frage ausklammert, ob der Kompetenzbegriff angemessen und überhaupt zulässig sei). Diese Frage kann man aus mehreren Richtungen stellen.

Es gibt die Erfahrung, daß Erstsemester die Aufgabe, ihre Kommilitonen zu „unterrichten", durchaus angemessen bewältigen, in manchen Fällen mit einer fast schlafwandlerischen Sicherheit, anschließend aber kaum in der Lage sind (und zwar weder als Akteure, noch als Beobachter), das Geschehen zu beschreiben und zu reflektieren. Dient also die Lehrveranstaltung nur dazu, wissenschaftlich über das Denken und Sprechen zu lernen, was man ohnehin kann? – „Stört" möglicherweise dieses Bewußtmachen sogar die „natürliche" Kompetenz, welche die Studenten mitbringen?

Dem Begriff „natürliche Kompetenz" gegenüber ist Mißtrauen angebracht. Sie kann entstanden sein aus Erfahrungen mit Unterricht, den schon Herbart als Schlendrian bezeichnete, sie ist auf jeden Fall entstanden im Zeitabstand von zehn und mehr Jahren zu dem Unterricht, den der Student später halten soll. Man tut gut daran, jene „natürliche Kompetenz" als neutralen Begriff zu denken, der nur eines besagen will: die Studenten bringen bereits – wie immer verkürzte oder verkehrte – „Alltagsdeutungen" über Unterricht zum Studium mit.

Unterricht besteht nicht nur aus didaktischen Entscheidungen, vor allem wird er als – durchaus spannungsgeladenes – Interaktionsgeschehen erlebt. Selbst wenn man mit didaktischer Kompetenz bei Lehrern rechnen dürfte, ist doch die Frage, welches relative Gewicht sie im Unterrichtsverlauf gewinnen kann.

Schließlich ist die Korrelation zwischen didaktischer Kompetenz außerhalb des Unterrichts (bei Analyse und Planung) und im Unterrichtsverlauf strittig. Kreuzfälle sind jedem in Erinnerung: sowohl Lehrer, die erstaunlich „guten" Unterricht hielten, aber nicht darüber sprechen konnten, als auch Lehrer, die in theoretischen Gesprächen brillierten, aber mit Abstand dürftiger unterrichteten (bezogen auf ihre eigenen Kriterien).

Diskrepanzen letzterer Art könnten aber auch damit erklärt werden, daß dem Lehrer sein „Verhaltensplan" zwar durchaus präsent sei, das Klassengeschehen (was das Unterrichten so schwer macht, ist die Anwesenheit von Kindern) aber den Lehrer daran hindere, sich planmäßig zu verhalten.

Wenn also nicht Aufklärung allein Ziel der Lehrveranstaltungen in Allgemeiner Didaktik ist, bedarf es der empirischen Prüfung des an zweiter Stelle genannten Grundes für solche Lehrveranstaltungen. Empirie beginnt bestenfalls mit Kasuistik, die liegt hier in Form eines Gesprächsbeitrages von *Klafki* vor: „Das heißt doch jetzt nicht, daß dieser Reflexionsprozeß, den ich in der Unterrichtsnachbesinnung . . . vollzogen habe, jetzt weg ist, sondern 'es ist in Fleisch und Blut übergegangen' heißt – das ist auch nicht unbewußt, kann man eigentlich nicht sagen – sondern es ist eben ‚vermittelte Unmittelbarkeit' (Hegel) geworden. Und das ist das eigentliche Problem: in welcher Weise es gelingen könnte, Planungskategorien, Interpretationskategorien, die ich mir zunächst einmal immer wieder theoretisch reflexiv klarmachen muß, daß sie mir so handhabbar werden, daß ich sie in der Situation eigentlich unmittelbar ins Spiel zu bringen weiß; nicht so, daß ich überhaupt nicht mehr weiß, was ich dabei tue, auch nicht so, daß ich offenbar distanziert in der Unterrichtssituation reflektiert habe, sehr wohl aber so, daß jemand, der mich unmittelbar im Anschluß an dieses Handeln darauf anspricht und sagt, wie kommt das eigentlich, daß dir das so gut gelingt, daß ich dann sehr wohl sagen kann, na ja, dazu gehört beispielsweise dieses Prinzip, ich habe mir ziemlich mühsam angewöhnen müssen, zu warten nach einer Aufgabenstellung; das ist mir anfangs gar nicht gelungen, ich weiß sehr genau, was ich da tue, obwohl ich dir sagen muß, das ist jetzt so internalisiert worden, daß ich es mir nicht dauernd reflexiv erst bewußt machen muß. Ich erinnere mich aus meiner Junglehrerzeit – die Kinder waren sehr nett, das zu akzeptieren, daß ich immer sehr genaue schriftliche Unterrichtsvorbereitungen hatte und mitten im Unterricht bisweilen sagte: Moment, äh, jetzt kommt ein nächster Schritt, und den habe ich jetzt nicht mehr im Kopf, was wir jetzt machen müssen, wartet mal bitte 'n Augenblick, ich muß nachgucken in meiner Vorbereitung – das war eben nicht so internalisiert. Und die wunderten sich anfangs immer und fragten: darf man denn Lehrer sein, wenn man das nicht alles gleich weiß? Sie gehen . . . an ihren Tisch und gucken in ihr Heft rein, und müssen jetzt nachgucken. Und dann habe ich ihnen erklärt, deutlich zu machen versucht, daß Unterrichten ein sehr reflektiertes Geschäft ist, und gesagt, das kann ich noch – ich mache das hier im ersten Jahr – das kann ich noch nicht. Wenn ich ein paar Jahre weiter bin, dann brauche ich das sicher nicht mehr. Das akzeptierten sie allmählich. – Das war für mich so ein Beispiel, daß mir das eben noch nicht in Fleisch und Blut übergegangen war, was hier jetzt in dieser Situation und angesichts dieser Unterrichtsphase zu tun ist, sondern ich erst nochmal Distanz aufnahm, sagte, ich muß nochmal nachgucken; zu Hause habe ich es mir überlegt, aber jetzt habe ich es nicht mehr im Kopf."

Die zweite Anregung stammt aus einer Diskussionspassage, die kritisch zu der Behauptung Stellung nahm, die Begrifflichkeit der geisteswissenschaftlichen Pädagogik sei vermittlungsfreundlicher gewesen als die Sprache, in der wir uns derzeit über Unterricht unterhalten. Selbst wenn dieser Teil der Behauptung zutreffe (es könnte ja jene Sprache, weil verwaschener und unklarer, wechselseitiges Verständnis nur vortäuschen), sei doch zu fragen, wie die Lehrveranstaltungen zu den genannten Fragenkatalogen usw. kämen und ihre Gültigkeit bewiesen. Das damit aufgeworfene Problem des Übergangs von (eventuell geisteswissenschaftlicher) Hypothesenbildung zu empirischer Forschung und von deren Ergebnissen wieder zu (eventuell in geisteswissenschaftlicher Terminologie gehaltenen) Lehrveranstaltungen wurde besonders deutlich an den Begriffen „pädagogischer Takt" versus „Unterrichtsstil".

Zwar knüpfe der Begriff Takt an alltagssprachliches Vorverständnis an, dies könne andererseits aber durchaus schichtspezifisch geprägt sein, so daß vor dem Transfer auf „pädagogischen Takt" Mißverständnisse auszuräumen seien, die unter Takt nur bestimmte Gesittungsformen und Anstandsregeln bürgerlichen Umgangs sähen. Ironischerweise hat sich die Forschung zum Begriff Unterrichtsstil zunächst an dergleichen Äußerlichkeiten gehalten. Trotzdem stellt sich damit die Frage, welche Begriffe *heutiger* Umgangssprache in die Funktion treten könnten, die vormals erfüllt wurde, wenn es der geisteswissenschaftlichen Pädagogik gelang, sich den in der Reformpädagogik engagierten Lehrern verständlich zu machen.

Der Unterschied in der Begrifflichkeit weist außerdem darauf hin, daß eine Aufklärung des Verhältnisses von Hermeneutik, Empirie und Ideologiekritik zwar an den Nahtstellen als besonders neuralgischen Punkten ansetzen muß, damit aber bei weitem nicht am Ende sein dürfte: die verschiedenen Sprachen konstituieren eben auch verschiedene „Realitäten", und es ist von daher fraglich, ob eine Theorie zugleich kritisch und konstruktiv sein kann. Einstweilen liegen jedenfalls noch Welten zwischen der geisteswissenschaftlichen Didaktik, von der dieses Gespräch seinen Ausgang nahm, und sich selbst als empirisch verstehenden Formen der Allgemeinen Didaktik.

Lehrveranstaltungen haben – unter diesem Aspekt – die Mindestfunktion, Studenten mit den verschiedenen Sprachen vertraut zu machen, die in der Schule gesprochen werden, von dem „Jargon der Eigentlichkeit" bis zu den scheinbar objektiven „Techniken der Lernplanung", eine Aufgabe, die – zählt man die konkurrierenden „Schulen" – bald babylonische Ausmaße annimmt.

Die dritte Anregung bezieht sich auf die „normierende Kraft des Formalen", und zwar in doppelter Form. Einmal wurde problematisiert, ob sich die Allgemeine Didaktik damit bescheiden dürfe, Fragen zu stellen, ob sie nicht auch – wenn auch sehr abstrakten – allgemeinen Zielen, wie dem der Emanzipation, verpflichtet sei. Über die Diskussion hinausgehend, habe ich in dieser Frage am Beispiel der Didaktischen Analyse zu zeigen versucht, daß die Allgemeine Didaktik sehr wohl Präferenzen ausspricht, am deutlichsten vielleicht dort ausspricht, wo sie schweigt, Fragen als weniger relevant oder – wie im Fall der Methodik – als logisch nachgeordnet zeitweise ausklammert.

Normierend ist die Allgemeine Didaktik, sofern sie, wie behauptet, nur Fragen stellt, also sehr wohl, allerdings nicht in der Form, daß sie bestimmte Handlungsanweisungen für den Unterricht gäbe. Zu unterscheiden ist zwischen den in den Fragenkatalogen oder Checklisten enthaltenen Anweisungen zur Einhaltung eines bestimmten Planungshorizontes, strategischen Anweisungen zur Planungsabfolge (wenn etwa in der didaktischen Analyse die Reihenfolge der Fragen vorgeschrieben wäre – was sie nicht ist) und Anweisungen, aus bestimmten in der Planung festgestellten Konstellationen angesichts bestimmter Ziele bestimmte Maßnahmen „abzuleiten". Die Variante Allgemeiner Didaktik, mit der sich das Gespräch beschäftigte, praktiziert – so betrachtet – die mildeste, aber auch versteckteste Form von Normierung.

Fragt man abschließend und die Diskussion einbeziehend noch einmal, was das Allgemeine an der Allgemeinen Didaktik sei, so ordnen sich die Antworten nach dem Grad ihrer Gewißheit in dieser Reihenfolge:

- Sie ist Problematisierungsinstanz und darin exemplarisch für die Erziehungswissenschaft überhaupt; möglicherweise ist das Verhältnis von didaktischer und unterrichtlicher Kompetenz „prägnanter Fall" für das Verhältnis von Erziehungswissenschaft treiben und Kinder erziehen.
- Die Inhaltlichkeit des Formalen ist ein Zug der Allgemeinen Didaktik von hohem Allgemeinheitsgrad, allerdings läßt sich dieser Sachverhalt an Beispielen aus dem politischen Bereich oder dem anderer formaler Organisationen leichter veranschaulichen.
- Wie im Bereich der Allgemeinen Didaktik ist auch anderswo noch weitgehend Geheimnis, auf welche Weise praktisches Handeln von theoretischer Reflexion profitiert; einiges spricht dafür, daß die Ähnlichkeit der in beiden Situationen benutzten Sprachen, die Möglichkeit, zeitweise Distanz aufzunehmen und die durch Routine eintretende Entlastung daran beteiligt sind.
- Nach allem müßte sich eine empirische Untersuchung der Wirkung von Lehrveranstaltungen im Bereich Allgemeine Didaktik mehr auf Fern- als auf Nahwirkungen richten, was freilich die Kontrolle der unabhängigen Variablen bedeutend erschwert.

Nachwort: Bemerkenswert einig waren wir uns im Gespräch, was das Stichwort „guter Unterricht" angeht. Da sind uns im Laufe unserer universitären Sozialisation doch wohl einige abhängige Variablen ziemlich in Fleisch und Blut übergegangen. – Beobachtungslernen?

Klaus Heinen

Allgemeine Didaktik und Schulpädagogik – ein problematisches Verhältnis – Primat der Allgemeinen Didaktik vor der Schulpädagogik oder umgekehrt?*

I. Problemstellung

Die Thematisierung des Verhältnisses Allgemeine Didaktik – Schulpädagogik mag auf den ersten Blick überflüssig erscheinen, weil dieses Problem in der Didaktikdiskussion nicht nur der vergangenen 25 Jahre häufiger angesprochen worden ist. Da beide Disziplinen meist von Lehrstuhlinhabern in Personalunion vertreten werden, koexistieren bzw. koinzidieren diese Wissenschaften entsprechend problemlos miteinander. Hier herrschen anscheinend klare Verhältnisse.

Augenfällig jedoch wird die begriffliche Unklarheit der Beziehung Schulpädagogik – Allgemeine Didaktik beim Blick auf den merkwürdigen Tatbestand, daß es an vielen Pädagogischen Hochschulen – z. B. an der PH-Rheinland – Lehrstühle für Allgemeine Didaktik und Schulpädagogik gibt, während die Seminare, denen diese Lehrstühle zugeordnet sind, Seminar für Schulpädagogik heißen. Daraus könnte man u. a. schließen, die Schulpädagogik sei der Allgemeinen Didaktik übergeordnet. Wie dem auch sei, auch die Universitäten schreiben oft begriffsunscharf Lehrstühle für Schulpädagogik bzw. Schultheorie aus, wobei inhaltlich m. E. der Didaktik zuzuordnende Themenbereiche als Arbeitsgebiete genannt werden. Ähnlich unklar bleibt die Beziehung zwischen Schulpädagogik und Allgemeiner Didaktik in Veröffentlichungen mit Titeln wie „Theorie der Schule", in denen didaktische Sachverhalte angesprochen werden; „Einführungen in die Allgemeine Didaktik" behandeln – allerdings seltener – schulpädagogische bzw. schultheoretische Probleme mit entsprechenden Kapitelüberschriften. Man wird auch in kaum einem Kollegium von mehreren Lehrstuhlinhabern, die sich mit „schulpädagogisch-schultheoretisch-didaktischer" Problematik befassen, eine einhellige Meinung über Reichweite und Zusammenhang der benannten Bereiche finden. Auch in der Vergangenheit hat sich eine Vielzahl z. T. kontroverser Deutungen von Schulpädagogik, Allgemeiner Didaktik und ihres Zusammenhangs herausgebildet; das gilt ähnlich für Verhältnisbestimmungen aus jüngster Zeit.

Deshalb dürfte der Versuch nicht unberechtigt sein, das Verhältnis von Allgemeiner Didaktik und Schulpädagogik begrifflich und inhaltlich erneut zu bestimmen. Dabei werden wissenschaftsorganisatorische und -politische Aspekte nur gestreift.

* Ausgearbeitete Fassung eines Vortrags anläßlich des Kolloquiums im Herbst 1976, dessen Teilnehmern ich Kritik und neue Aspekte verdanke, die in die vorliegende Fassung eingegangen sind. Der Sprachstil des Referats wurde bewußt beibehalten.

Die folgenden Überlegungen beanspruchen nicht, das Problem zu lösen. Sie können aber hoffentlich einige Aspekte des Verhältnisses verdeutlichen und eine weiterführende Diskussion anregen.

II. Vielfalt der Interpretationen von Schulpädagogik

Die Unklarheit bezüglich des Verhältnisses Schulpädagogik – Allgemeine Didaktik ergibt sich zunächst auch aus der Vielfalt des vorerst isoliert betrachteten Begriffes Schulpädagogik. Gemeinsam ist der Vielfalt lediglich, daß sich pädagogisches Denken auf die Schule richtet. Gegenwärtig lassen sich nach *Steindorf* (1976) etwa fünf Auffassungen von Schulpädagogik unterscheiden, die hier zum Verständnis der Problemlage in Kürze dargestellt werden sollen:

a) Schulpädagogik als Teildisziplin der Allgemeinen Pädagogik
Dieser Auffassung nach ist Schulpädagogik in die Allgemeine Pädagogik integriert und stellt ein Arbeitsgebiet der Allgemeinen Pädagogik dar. Eine relative Sonderung gibt es nicht wie z.B. bei der Heilpädagogik, Sonderpädagogik, Sozialpädagogik. Vertreter dieser Position sind *H.-H. Groothoff* (1964, S. 221) und *E. Reimers* (1964, S. 255) sowie *W. Kramp* (1965, Sp. 844), die gemeinsam mit kleinen Nuancen die Auffassung vertreten, die Schulpädagogik sei – um mit *Kramp* zu sprechen – in die Allgemeine Pädagogik „inkorporiert" (Sp. 844).

b) Schulpädagogik als praktische Pädagogik
Grundlage dieser Definition ist die Trennung der Pädagogik in eine theoretische und eine praktische Pädagogik, die prinzipiell z.B. *W. Rein* (1907) und *G. Simmel* (1922) vornehmen. Auch *A. Reble* (1958) besteht auf einer Identität von praktischer Pädagogik und Schulpädagogik. Hier übersieht man, daß Schulpädagogik auch theoretische Pädagogik ist. Schulpädagogik und praktische Pädagogik sind auch inhaltlich nicht kongruent. Zwar wurde der Terminus „Praktische Pädagogik" durch „Schulpädagogik" ersetzt; insofern ist die moderne Schulpädagogik aus der Praktischen Pädagogik entstanden. Heute jedoch strebt man eine Verbindung von Theorie und Praxis in der Schulpädagogik an.

c) Schulpädagogik als Theorie der Schulerziehung
Die relative Eigenständigkeit der Schulpädagogik will man dadurch erreichen, daß man Schulpädagogik als Theorie der Schulerziehung definiert, z.B. als Abgrenzung von der Allgemeinen Didaktik. Nach *H. Ruppert* ist Gegenstand der Schulpädagogik die „ganze Schulerziehung schlechthin" (S. 29). Diese Position beschränkt die Schulpädagogik auf den Bereich der Schulerziehung unter Einschluß des Gemeinschaftslebens in der Schule. Didaktische Probleme werden nicht berücksichtigt.

d) Schulpädagogik als Zweig der Schulwissenschaft
G. Preissler fordert eine „Wissenschaft von der Schule“ bzw. „Schulwissenschaft“ (1968, S. 8). Er will ferner die Zusammenarbeit mit den Nachbarwissenschaften. Aus ihr ergeben sich Aussagen über die äußere, sodann Aussagen über die innere Schulverfassung. Schulpädagogik befaßt sich hier immerhin auch mit didaktischen Problemen, bleibt schließlich aber auf schulorganisatorische sowie unterrichtsorganisatorische Probleme der inneren Schulverfassung eingeengt. Demnach wäre sie ein Teilgebiet der Schulwissenschaften. Zwischen den beiden Polen der äußeren und inneren Schulverfassung zu trennen sowie hernach zu vermitteln, ist sicherlich problematisch, wobei offen ist, wer diese Rolle übernehmen soll. Außerdem ist das Wort Schulwissenschaft bereits historisch belastet.

e) Schulpädagogik als eigenständige Disziplin der Erziehungswissenschaft
Schulpädagogik ist dieser Auffassung nach ein Teilgebiet der Allgemeinen Pädagogik, aber ein Spezialgebiet mit eigenen Forschungsanliegen und eigener Lehre. Die Konstituierung von Schulpädagogik als relativ eigene Disziplin ergibt sich aus der Spezialisierung und Arbeitsteilung. Spezialgebiete müssen aus dem Gesamtbereich der Erziehungswissenschaft ausgegrenzt werden. Der Bereich der Schule birgt eine solche Menge von Problemen, daß sich eine Spezialforschung vertreten läßt, zumal die traditionelle Allgemeine Pädagogik einen historischen und philosophischen Überhang hatte. Heutige Probleme der Schule können sowohl quantitativ als auch qualitativ von der Allgemeinen Pädagogik nicht mehr bewältigt werden. Die Anliegen der Berufspädagogen forderten u. a. eine Vielzahl von Methoden, um die Schulwirklichkeit als Gegenstand zu erforschen. Die Selbständigkeit der Schulpädagogik ist jedoch immer nur relativ gemeint, weil sich die schulpädagogische Fragestellung nicht aus dem erziehungswissenschaftlichen Gesamtzusammenhang herauslösen läßt, wie bereits die Auffassung deutlich machte, die Schulpädagogik als Teilproblem der Allgemeinen Pädagogik ansah (vgl. a). Gemeint ist bei dieser Arbeitsteilung immer nur eine Schwerpunktbildung. Die Mehrheit der Schulpädagogen, unter ihnen *G. Steindorf* (1976, S. 22 ff.), vertritt diese Position.

Weniger einhellig ist die Meinung der Schulpädagogen indessen bezüglich Inhalt und Umfang des zugrundegelegten Begriffs „Schulpädagogik“. Strittig ist z. B., ob Schulpädagogik nur Theorie der Schulerziehung sein oder ob Theorie des Schulunterrichts einbegriffen sein soll.

Fraglich bleibt ferner, ob die Theorie des Schulunterrichts auch die Bildungstheorie bzw. Schultheorie in weitestem Sinne der Curriculumtheorie umgreift, worauf *Adl-Amini* (1976) und ähnlich *W. Schulz* (1972) verweisen. Kulminationspunkt der Schulpädagogik ist für *A. O. Schorb* die „Theorie der Schule und die Theorie und Praxis des Schulunterrichts“ (S. 190).

Einer der weitreichendsten und frühesten Gliederungsversuche ist von *E. Lippert* (1952, 1960) vorgelegt worden, weitere stammen von z. B. *Kramp* (1965), *J.-G. Klink* (1966) und *Steindorf* (1976). Im Gegensatz zu *Lippert* teilen *Steindorf* und *Kramp* die Ansicht, didaktische Probleme nicht in die Schulpädagogik mitaufzunehmen, bei *Steindorf* mit Ausnahme des Schulunterrichts und der Schulgestaltung, in denen sich Schulpädagogik und Allgemeine Didaktik überschnitten.

Dieser gedrängte Überblick über Definitionsversuche von Schulpädagogik zeigt bereits, daß neben anderen, uns in unserem Zusammenhang nicht interessierenden Problemen, besonders die Frage kontrovers ist, ob didaktische Aspekte im Rahmen der Schulpädagogik zu behandeln seien.

III. Definition und Gegenstandsbestimmung der Allgemeinen Didaktik

Obwohl es eine Vielzahl von didaktischen Ansätzen und Modellen gibt (vgl. *Nipkow* 1968; *Blankertz* 1975; *Ruprecht* u.a. 1975; *Maskus* 1976; *Ausubel* 1974; *Stachowiak* 1965; *Popp* 1972; *Salzmann* 1974; *Hiller, Giel* 1976; *Flechsig* 1975; *Himmerich* u. a. 1976 u. a. m.), läßt sich im Gegensatz zur Schulpädagogik relativ leicht eine wohl für alle Richtungen zutreffende Definition von Didaktik finden, die einen Bezugsrahmen für die z.T. mit unterschiedlichen Schwerpunkten arbeitenden Richtungen darstellt. *W. Klafki* hat unlängst eine Definition von Didaktik vorgelegt, die m.E. dieses Kriterium erfüllt:

„Das Gebiet der Forschung und der Theoriebildung der Didaktik im weiteren Sinne dieses Wortes ist der Gesamtkomplex der Entscheidungen, Entscheidungsvoraussetzungen, Entscheidungsbegründungen und Entscheidungsprozesse für alle Aspekte des Unterrichts. In diesem Sinne ist Didaktik Theorie des Unterrichts." (*Klafki* 1976, S. 77) Und weiter heißt es: „Im einzelnen umfaßt Didaktik im weiteren Sinn als Forschung und Theoriebildung *vier Hauptdimensionen* (diese Gliederung ist entscheidend von der „Berliner Didaktik" beeinflußt): Didaktik i.w.S. umfaßt Entscheidungen, Entscheidungsvoraussetzungen und Entscheidungsbegründungen (1) über Ziele (Intentionen) des Unterrichts; (2) über seine Inhalte; (3) über Organisations- und Vollzugsformen unterrichtlichen Lehrens und Lernens (wobei der Zusammenhang zwischen Lehr- und Lernprozessen als Interaktionszusammenhang verstanden werden muß) – dies ist die Perspektive der Methodik; (4) über Medien des Unterrichts." (S. 78; ähnlich 1977, S. 65)

Ganz eindeutig wird hier Didaktik auf Unterricht bezogen. Eine Beziehung zum Bereich Schulpädagogik – hier ohne didaktische Komponenten verstanden – deutet sich nur darin an, daß bei allen vier Aspekten von Entscheidungsvoraussetzungen gesprochen wird, die durchaus in Sachbereichen zu suchen sein könnten, die die Schulpädagogik – ohne didaktische Komponenten – für sich reklamiert. Andererseits ist über Aus- bzw. Rückwirkungen der Didaktik auf die Schulpädagogik i.e.S. bzw. auf andere Bereiche außerhalb von Unterricht keine Andeutung gemacht. Das lag an dieser Stelle sicher nicht im augenblicklichen Interesse des zitierten Autors, mag aber für die Beziehungslosigkeit von Didaktik und Schulpädagogik symptomatisch sein.

IV. Probleme einer Bestimmung des Verhältnisses Allgemeine Didaktik – Schulpädagogik

Beschäftigen sich die beiden vorausgegangenen Abschnitte überwiegend mit der Ausbreitung vorhandener Positionen, ohne sie über *Steindorf* hinaus kritisch zu betrachten, so ergeben sich im folgenden jedoch im Hinblick auf die Absicht, das Verhältnis von Didaktik und Schulpädagogik zu bestimmen, zumindest einige Probleme und Fragen.

Die leichteste und zugleich problematischste Version, dieses Verhältnis zu bestimmen, dürfte die von *Kramp, Steindorf* u. a. sein, die der Auffassung sind, Schulpädagogik und Allgemeine Didaktik seien zwei arbeitsteilig zu trennende Problembereiche. Diese Auffassung erscheint zunächst plausibel; jedoch wird zugleich z. B. von *Steindorf* eingeräumt, es sei selbstverständlich unmöglich, Schule zu denken ohne Unterricht, ohne Lehren und Lernen. Und auch ein Zusammenhang von Unterrichtsgestaltung und Schulleben sei nicht zu übersehen. So ergibt sich trotz aller Arbeitsteilung in dieser anscheinend einfachen Konzeption eine Überlappung von Schulpädagogik und Allgemeiner Didaktik im Phänomen des Schulunterrichts – wenngleich nicht im Unterricht schlechthin. Darüber hinaus räumt *Steindorf* sogar ein, es wäre durchaus gerechtfertigt, den Schulunterricht als ein Teilgebiet in die schulpädagogische Systematik aufzunehmen. Wenn man das jedoch tue, müsse man auch Ausführungen über die Ziele, Inhalte, Prinzipien, Formen, Verfahren und Medien machen. Das heiße, eine ganze Unterrichtstheorie entfalten. Nur sozusagen aus Gründen der Arbeitsteilung würde es zu einer unangemessenen Verkürzung der didaktischen Fragestellung kommen, wenn man sie in der schulpädagogischen Thematik auf- bzw. untergehenlassen würde (vgl. *Steindorf* 1976, S. 36).

Interessant für unsere Frage nach dem Verhältnis beider Disziplinen zueinander wäre eine Erörterung der Frage gewesen, ob es ähnlich zu einer unangemessenen Verkürzung der schulpädagogischen *und* didaktischen Fragestellung kommen muß, wenn man beide Aspekte wegen ihrer Nähe nicht ständig enger aufeinander bezieht. Didaktische und schulpädagogische Reflexionen – so lautet die in der vorangegangenen indirekten Frage enthaltene Gegenposition – müssen verbunden sein, damit jeder Aspekt erst voll zur Geltung kommen kann. Die bloße Aufforderung zur Kooperation beider Wissenschaften verändert die leider übliche Praxis ihrer Isolation voneinander kaum.

Als Beispiel sei die Problematik des „schlechten Schülers" angeführt, die man wohl nur sinnvoll behandeln kann, wenn zugleich die Zielproblematik mitbehandelt wird, also beispielsweise die Zielsetzung der Schule und des Unterrichts, der Leistungsbegriff sowie andere didaktische Aspekte, die etwa *Steindorf* wohl aus Gründen der Arbeitsteilung nur ganz knapp berücksichtigt (vgl. *Steindorf* 1976, S. 267 f.), wodurch allerdings die gesamte Problematik verkürzt wird. Weitere kritische Anmerkungen zu diesem Beispiel von Desintegration zwischen Schulpädagogik und Allgemeiner Didaktik finden sich in einer Rezension von *H. Heiland* (1974). Auf die Position *Steindorfs* verweise ich hier besonders wegen ihres meinungsbildenden Einflusses, da seine „Einführung in die Schulpädagogik“, die 1972 erschien, 1976 bereits in 3. Auflage vorlag.

Das Verhältnis von Allgemeiner Didaktik und Schulpädagogik läßt sich m. E. vorerst kooperativer gestalten und damit einleuchtender von der Tatsache aus bestimmen, die *P. Natorp* formuliert hat: „Die zentrale Aufgabe der Schule ist der *Unterricht*“ (1909, S. 231). Da sich die Didaktik mit dem Unterricht befaßt, heißt das, daß das Verhältnis vom Primat der Didaktik aus gefaßt werden soll.

V. Versuch einer Begründung des Primats der Didaktik vor der Schulpädagogik

Zur Begründung dieser These beziehe ich mich auf die Curriculumtheorie *S. B. Robinsohns*. In seiner 1967 erstmals erschienenen Schrift „Bildungsreform als Revision des Curriculum“ findet sich sinngemäß die Aussage, daß vor allen organisatorischen Maßnahmen, etwa Problemen des Schulaufbaus und der Schulgliederung usf., die Frage und ihre Klärung vorauszugehen hätten, was zuallererst die Ziele von Erziehung, Schule und Unterricht seien; andere Probleme wie die genannten seien nachgeordnet (vgl. *Robinsohn* 1972, S. 7ff.). Die Frage nach den Zielen pädagogischen Bemühens ist also Voraussetzung für die Klärung sich daraus ergebender Probleme, die, wenngleich nicht unbedeutend, erst geklärt werden können, wenn die Zielfrage geklärt ist.

Im „Strukturplan für das Bildungswesen“ heißt es: „Die Fragen des Curriculum haben gegenüber den Fragen nach dem Gefüge der Institutionen einen Vorrang. Das Bildungswesen muß in seinen Formen so beweglich sein, daß es den curricularen Anforderungen gerecht zu werden vermag. Die Leistungsfähigkeit der Strukturen wird unter diesem Gesichtspunkt ständig zu überprüfen sein.“ (*Deutscher Bildungsrat* 1970, S. 60)

Die Zitate belegen folgende These, mit der versucht wird, *Wolfgang Klafkis* Satz vom „Primat der Zielentscheidungen gegenüber allen anderen Entscheidungsdimensionen“ auf das Verhältnis von Allgemeiner Didaktik und Schulpädagogik zu übertragen:

Ähnlich wie es innerhalb der Didaktik einen „Primat der Zielentscheidungen gegenüber allen anderen Entscheidungsdimensionen“ gibt, muß man generell der Zielebene solch einen Primat einräumen. Dieser Verhältnisbestimmung steht nicht entgegen, daß die Didaktik im engeren Sinne und die Didaktik im weiteren Sinne, d. h. unter Einschluß der Methodik und anderer Komponenten von Unterricht, aufeinander verwiesen sind; doch ändert diese Feststellung nichts daran, daß die Didaktik i. e. S. den Primat vor der Methodik hat. Ein ähnlich konsekutives und subordiniertes Verhältnis gilt nach meiner Meinung auch für die Beziehung zwischen Allgemeiner Didaktik und Schulpädagogik.

Eine ähnliche Auffassung wie die dargelegte hat bereits 1969 (^{2}1972) *Wolfgang Schulz* mit seinem „Umriß einer didaktischen Theorie der Schule“ geäußert. Ähnlich, aber noch radikaler, vertritt 1976 erst wieder *Bijan Adl-Amini* in seiner

„Schultheorie" die hier vertretene Position bezüglich des Verhältnisses Allgemeine Didaktik – Schulpädagogik.

Unsere Leitfrage wird lauten, wie der von uns behauptete Primat der Didaktik über die Schulpädagogik inhaltlich ausgefüllt werden kann. Wie muß diese Didaktik beschaffen sein, welchen Umfang wird sie haben müssen, damit sie den Bereich von Didaktik und Schulpädagogik wird abdecken können?

Um einem Mißverständnis vorzubeugen: Die These vom Primat der Didaktik ist nicht so zu verstehen, als wollte ich eine Identifizierung von Schulpädagogik und Allgemeiner Didaktik vornehmen, wie dies *A. Reble* getan hat, indem er Allgemeine Didaktik definiert als „nicht bloß Theorie des Unterrichts im engsten Sinne, sondern als Pädagogik der Schule" (1958, S. 204). Entsprechend behandelt er auch Themenkreise wie Schullandheim, Koedukation, Schulhaus, Schulaufbau usw. Abgewehrt werden muß auch die Einordnung der Allgemeinen Didaktik in die Schulpädagogik als eines ihrer Untergebiete. Schulpädagogik wäre dann der Oberbegriff für schulpädagogische Sachbereiche im engeren Sinne und die didaktische Thematik. Vertreter dieser Richtung sind *E. Reimers* (1964), *J.-G. Klink* (1966), bei dem selbst Fachdidaktik und Methodik in der Schulpädagogik aufgehoben sind. *Kramp* (1965) dagegen sondert die Didaktik von der Schulpädagogik.

Auch ich selbst würde mich der Position anschließen, die für eine relative Sonderung beider Disziplinen eintritt, und sei es nur aus Gründen der Arbeitsteilung. Leider aber wird – wie ein Beispiel zeigte – aus der relativen Trennung in praxi oft eine fast absolute Trennung beider Bereiche. Allgemeine Didaktik, die sich im Kern auf den Schulunterricht konzentriert, ist meistens weder in der Lage, die exogenen Faktoren, die das Curriculum beeinflussen, zu reflektieren, noch die i. e. S. schulpädagogischen Problembereiche zu bedenken und mit schulunterrichtlichen Überlegungen in Zusammenhang zu bringen.

Vielleicht deshalb hat *W. Schulz* (1972) gefordert, die Didaktik müßte eine Theorie der Schule entwickeln. Es sei hier angeknüpft an seine Auffassung, daß die Didaktik insbesondere die Voraussetzungen und die Folgen des Unterrichts zu bedenken haben sollte. Und das kann folglich bedeuten, daß von der Intentionalität her sämtliche Folgen, sprich auch die schulpädagogisch i. e. S. zu betrachtenden Maßnahmen und Kategorien, zuerst einer didaktischen Überprüfung unterworfen werden müßten. So versteht sich seine zweite These, eine erziehungswissenschaftliche Theorie der Schule sei nur als eine primär didaktische Theorie denkbar. Ein Beispiel von *Schulz* sei genannt: Das Thema Tagesheim – und Ganztagsschulen als Schulorganisationsform wird primär von der Schulpädagogik beansprucht. Es mag scheinen, als sei das sich dort entwickelnde Sozialleben außerhalb des Unterrichts sozusagen didaktisch unbesetzt. Aus Untersuchungen zur schichtenspezifischen Sozialisation weiß man jedoch, daß ein derartiges schulisches Sozialleben geradezu die Voraussetzung für die Gleichheit der Chancen im Unterricht darstellt. Weil folglich diese Form der Organisation von Schule didaktisch gesehen weder gleichgültig sein kann noch unerwünscht, sondern im Gegenteil gewollt ist, z. B. als Ausgleich für entfallende Unterrichtsstunden in einer Fünftagewoche, oder weil sie mehr Bildungsmöglichkeiten bietet, kann man *Schulz* zustimmen, daß sie ein primär unterrichtsbezogenes, also didaktisches Problem ist. Das widerspricht nicht der obigen Formulierung, daß Ganztagsschule Voraussetzung für Gleichheit der Chancen im Unterricht sei, denn der Unterricht ist dennoch der Maßstab, an dem dieses Organisationsmoment gemessen und für gut befunden wird. Schulorganisation ist für *Schulz* Fortsetzung der Unterrichtsplanung mit anderen Mitteln.

Von hier aus drängt sich die Frage auf, ob die von *H. Rumpf* (1966) konstatierte „administrative Verstörung der Schule“ vielleicht das Ergebnis einer in der Schulpraxis erfolgten Umkehrung des hier geforderten didaktischen Primats vor der Schulpädagogik ist. Zwar bedürfen nach *Schulz* die Unterrichtsprozesse zu ihrer dauernden Sicherung der Schule als Unterrichtsorganisation; aber zugleich seien sie in der Schule laufend in Gefahr, von einer sich verselbständigenden Organisation zweckfremd kanalisiert zu werden. Die Anwendung einer didaktischen Theorie der Schule führe zur Kontrolle der Zweckmäßigkeit der Mittel, d. h. also zur Effektivitätsprüfung, wie es umgekehrt auch zu einer Diskussion der Zwecke selbst führen könne. Die Grenze der Anwendbarkeit dieses didaktischen Modells dürfte dort liegen, wo es über Unterricht und Schule hinausgeht und sich – wie Schulz fordert – auf gesellschaftliche Strukturen beziehen soll.

Aufgrund der gravierenden Unterschiede von Unterrichts- und Gesellschaftsstruktur vermag das didaktische Modell letztere auch nicht zu analysieren, und folglich kann man mit diesem Modell auch keine Gesellschaftskritik betreiben; es sei denn, es verfügte über Kategorien, die über die Analyse der Schule hinausgehen.

Ein solches, auch die exogenen Kräfte, Bedingungen, Voraussetzungen und Konsequenzen bedenkendes Modell, das zudem der These vom Primat der Didaktik am weitesten entgegenkommt, könnte mit *Adl-Amini* (1976) in der Curriculumtheorie gesehen werden. Für ihn soll Schultheorie letztlich didaktische Theorie sein. Schultheorie als didaktische Curriculum-Theorie reflektiere über die Bedingungen der Möglichkeit von Schule und folglich über die Bedingungen ihrer Veränderungsmöglichkeit. Solche Schultheorie habe mithin keinen eigenen Objektbereich; dieser sei mit dem Objektbereich der Curriculumtheorie identisch und somit in der Curriculumtheorie aufgehoben, was konsequent für *Adl-Amini* Verzicht auf den Begriff Theorie der Schule bedeutet.

Wenn ich auch nicht ganz so weit gehen würde wie *Adl-Amini*, so überzeugt mich jedoch sein Vorschlag der Aufhebung von Schulpädagogik in den Rahmen der Didaktik, den *Adl-Amini* sehr weit als Curriculum-Theorie faßt, womit auch dieser Autor für den Primat der Didaktik vor der Schultheorie votiert.

Problematisch ist an dieser Position jedoch u. a., daß sie den von mir bereits benannten relativen Eigenwert einer schulpädagogischen Betrachtungsweise völlig negiert. Demgegenüber hat die relative Trennung der Schulpädagogik von der Didaktik m. E. dann, aber auch nur dann Sinn, wenn die Schulpädagogik stets und zuerst von didaktischen Zielsetzungen ausgeht und von daher ihre Ergebnisse und Maßnahmen prüft und auf die Didaktik zurückbezieht.

VI. Aspekte der Primatsthese

Über die Darstellung vorhandener Positionen, ihrer kritischen Würdigung und den Versuch hinaus, ein problematisches Verhältnis – vielleicht noch problematischer – vom Primat der Didaktik aus anders zu strukturieren, müssen im folgenden einige unterschiedliche begriffliche Ebenen unterschieden werden, die bisher vermischt worden sind.

a) Es wurde zunächst versucht, den Unterricht als Arbeitsfeld der Didaktik zuzuordnen, der Schulpädagogik all das, was nicht direkt Unterricht in der Schule ist, ihn aber betrifft, mehr als einem Unterrichtenden meistens lieb ist. Weil dadurch der Unterricht als Kern der Schule, die nach *H. Roth* „als optimale Organisation von Lernprozessen" (1969) aufgefaßt werden soll, häufig von seinen ursprünglichen Zielen abweicht, wäre das ein Grund, die Primatsthese z. B. im Sinne von *Schulz* so zu verstehen, daß die Schule in ihrer gesamten Organisation einzig nach dem Unterricht auszurichten wäre, um damit „Störfaktoren" auszuschalten, die sich aus weiteren Zielen der Schule ergeben, die nicht im engeren Sinne den Unterricht betreffen. Dieses ist der *unterrichtszentrierte, „normative" Aspekt* der Primatsthese: Unterricht sozusagen als oberster „Wert", als Zentrum der Veranstaltung Schule, der allem anderen vorgezogen würde und Kriterium für die Gestaltung bzw. Veränderung der Schule „um den Unterricht herum" wäre. Da sich die Didaktik mit Unterricht befaßt, müßte ihr folglich der Primat vor der Schulpädagogik eingeräumt werden. Ob die Wahl der Bezeichnung treffend ist, mag hier wie bei den folgenden Bezeichnungen gerne bezweifelt werden. Man könnte z. B. auch die Bezeichnung *Aspekt A* wählen.

Aspekt A der Primatsthese ist von der Einschätzung der „normativen Kraft des Faktischen" in der Schule und ihrer Wünschbarkeit abhängig. Das soll heißen: Will man Unterricht so in den Mittelpunkt der Schule stellen, dann ist diese Absicht sowie ihre Durchsetzung davon abhängig, ob man über den Unterricht hinausgehende Ziele der Schule von ihr fernhalten kann oder will. Es ist nämlich fraglich, ob alteingebürgerte außerunterrichtliche Ziele der Schule so einfach abgeschafft werden können oder sollen; denn faktisch war und ist Schule meistens mehr als bloß Unterricht, schon gar nicht Stätte optimalen Unterrichts. *Aspekt A* kann bzw. muß je nach Einschätzung des „Faktischen" und seiner Veränderbarkeit zu einer Revision von Zielen, Thematiken, Methoden, Medien usw. führen, wenn z. B. die Schulorganisation oder das Schulrecht – als von der Schulpädagogik zu bearbeitende Bereiche – die ursprünglichen didaktischen Zielvorgaben nicht realisierbar erscheinen lassen. Sie müßten sich durch die schulpädagogische Betrachtungsweise eventuell eine Modifizierung gefallen lassen. Schulpädagogik wäre dann der Didaktik „irgendwie" gleichgeordnet. Dafür spricht, daß eine bloß auf Unterricht zielende Didaktik solcher Probleme, wie sie der Schulpädagogik „zustehen", infolge der damit einhergehenden Blickverengung eventuell nicht ansichtig würde. Hierzu gehörte z. B., daß Schule Verteilungsinstanz für sozialen Status, Sozialisationsinstanz, Mittelschichtinstitution, Arbeitsplatzregulator, Disziplinierungs- und Selektionsinstrument und vieles mehr sein kann bzw. ist. Die relative Trennung von Schulpädadogik und Didaktik mag dann deshalb sinnvoll bleiben, um die mit diesen Stichworten bezeichneten Probleme überhaupt zu erkennen und zu bearbeiten. Die Didaktik vergißt auf diese Weise nicht, daß Schule immer mehr und anderes als Unterricht war und ist. Hieraus ergäbe sich eine Art Interdependenzverhältnis zwischen Allgemeiner Didaktik und Schulpädagogik, darstellbar durch zwei einander überschneidende Kreise. Dennoch bleibt m. E. der Didaktik ein Vorrang einzuräumen, worauf erneut eingegangen werden soll.

Immerhin aber könnte der „normative" Aspekt der Primatsthese zum Nachdenken darüber veranlassen, ob sich Schule auch zukünftig mit so vielen über den Unterricht hinausgehenden Aufgaben belasten *sollte.* So gesehen erweist sich die Primatsthese als Kern einer hier im guten Sinne verstandenen „reduktionistischen" Schulkritik nach dem Motto „non multo sed multum".

b) Kann man über *Aspekt A* der Primatsthese streiten – eben weil im normativen Bereich –, so dürfte die *„struktur-formale" Ebene* dieser These, der *Aspekt B*, weniger Anlaß dazu bieten. Ich gehe dabei von Überlegungen aus, die *Wolfgang Klafki* in seiner Dissertation (1964) behandelt hat. Er versuchte dort, den Begriff der kategorialen Bildung auf Erziehungsprobleme allgemein zu übertragen und daraus eine kategoriale Erziehung abzuleiten. Hier werden Zielprimatsüberlegungen in einem Sinne „allgemein", die über Unterricht weit hinausgehen. Im „Funk-Kolleg Erziehungswissenschaft" (1970) wird das Beispiel genannt, wie eine Mutter für ihr Kind ein Spielzeug kauft und angesichts mehrerer Möglichkeiten sich für ein bestimmtes Spielzeug entscheidet. Dies wird als eine im weitesten Sinne didaktische Entscheidung verstanden. Solche didaktische Grundstruktur läßt sich über „Schuldidaktik" hinaus in beliebigen Bereichen der Erziehung wiederfinden. Es gäbe dann keinen pädagogischen Bereich, der nicht seine Didaktik hätte. Z. B. wären dann Didaktik der Familienerziehung, der Schulerziehung, Sozialerziehung usf. Bereiche der Erziehungswissenschaft, auf die alle didaktischen Überlegungen, die bereits für Unterricht angestellt wurden, übertragen bzw. für sie analog geführt werden könnten.

Dieser Ansatz müßte nun in Beziehung zum „struktur-formalen" Satz vom „Primat der Didaktik i. e. S. gegenüber der Methodik" gebracht werden. Er gilt sicher nur dort, wo absichtsvolles, planvolles, zielorientiertes Handeln als „Wert" akzeptiert wird. Auch insofern hat dieser anscheinend bloß die formale Struktur absichtsvollen Handelns beschreibende Satz eine „normative" Komponente. Sofern jedoch, z. B. in westlichen Zivilisationen auch im Bereich der Erziehung, zweckrationales Handeln als „Wert" gebilligt wird, müßte dieser Satz gelten, der schlicht besagt: Trotz aller Interdependenz zwischen Unterrichtsziel(en) und -methoden sind unbewußt oder bewußt schon immer Zielentscheidungen implizite, denknotwendige Voraussetzung für methodische Entscheidungen. Unterrichtsmethoden dienen erfolgreichem Lehren und Lernen. Lehren und Lernen jedoch richten sich unter der oben gemachten Voraussetzung immer auf zielorientierte „Gehalte" wie Wissen, Erkenntnisse, Verhaltensformen, Einstellungen, Fähigkeiten und Fertigkeiten. Aussagen über die Zweckmäßigkeit bestimmter Methoden lassen sich sinnvoll nur dann treffen, wenn man die Ziele und die an ihnen orientierten „Bildungsinhalte" kennt.

Wenn dieser Satz richtig ist, dann müßte, da in jedem Bereich der Erziehung Zielentscheidungen bewußt oder unbewußt getroffen werden, auch in jedem Erziehungsbereich der Satz vom Primat der Zielebene gelten. Da sich Didaktik mit Zielentscheidungen befaßt und zwar denknotwendig vorgängig vor anderen Dimensionen von Unterricht, müßte auch bei allen auf Schule bezogenen Entscheidungen der Primat der Zielebene gelten. Da solche Entscheidungen in der Zielebene unter dem oben benutzten weiten Didaktikbegriff, der für alle pädagogischen Bereiche ein Strukturmerkmal ans Licht brachte, als didaktische angesehen wurden, müßten alle auf die Schule bezogenen Zielentscheidungsprobleme didaktische sein, für die der formale Primat beansprucht werden muß. Ordnet man solche Zielfragen der Schule dem Arbeitsfeld der Didaktik zu, die im weitesten Verständnis und traditionsgemäß schon immer – und häufig nur – „Bildungstheorie" war, welche meistens – und meistens nur – die Zielebene von Erziehung, Schule und Unterricht behandelte, dürfte der Didaktik im „struktur-formalen" Sinne auch der Primat vor der Schulpädagogik einzuräumen sein.

c) Das dürfte dann unter *Aspekt C, dem „wissenschaftsorganisatorischen" Aspekt* der Primatsthese sehr schnell dazu führen, der Didaktik auch den Vorrang im Sinne der Bevorzugung gegenüber der Schulpädagogik einzuräumen. Bevor diese Probleme und Lösungen anböte, müßte sie sich zuerst immer bei der Didaktik eines Ziel- oder Sinnrahmens vergewissern, bevor sie ihre Arbeit aufnähme und sich ggf. nachher eine Revision ihrer interpretierten Ergebnisse von der Didaktik aus gefallen lassen. Entsprechend wären Lehrstühle und Seminare niemals als solche für ausschließlich Schulpädagogik zu benennen. Die Freiheit des Schulpädagogen in Forschung und Lehre wäre in dem Sinne zu beschränken, daß der Schulpädagoge nicht nur die Schulpädagogik i. e. S. zu behandeln hätte, sondern daß eine organisatorisch vorgeschriebene Kooperation zwischen dem Didaktiker und dem Schulpädagogen über die freiwillig-zufällige Zusammenarbeit hinaus erfolgen müßte. Vice versa hätte sich der Didaktiker mehr um Bedingungsfaktoren sowie Auswirkungen seiner auf Unterricht bezogenen Bemühungen zu kümmern.

VII. Schlußbemerkung

Keineswegs sollten in der Schule nur Ziele verfolgt werden, Schule sollte also nicht nur zweckrationalem Handeln unterliegen. Nur dort, wo dieses gelten soll – die Gültigkeit hätte folgerichtig die Didaktik zu bestimmen – wäre der Primat der Didaktik vor der Schulpädagogik zu beanspruchen. Der didaktisch „freie" Raum innerhalb der Schule, aber auch der übrige „Freiraum" außerhalb der Schule fielen insoweit nicht unter die Primatsthese.

Einem Einwand ist abschließend noch kurz nachzugehen, der bereits angeklungen ist. Es wäre immerhin denkbar, daß sich im Raum der Schule Aufgaben stellten, die nicht primär im Unterricht zu behandeln wären, wenn z. B. das gesamte

Umfeld des Unterrichts in der Schule zunehmend an Gewicht gewinnen würde. – Dieser Einwand prinzipieller und abstrakt formulierter Art wäre eventuell ein Grund, die Primatsthese fallen zu lassen oder sie zugunsten der Schulpädagogik neu zu interpretieren.

Dem Einwand ist erneut mit dem Hinweis zu begegnen, daß Schule seit ihren Anfängen bis heute – wohl in allen Regionen der Erde – immer wesentlich durch den Unterricht bestimmt worden ist. Das schließt nicht aus, daß neue Inhalte und Ziele für die Schule von der Gesellschaft festgelegt wurden, denen bisher noch immer durch Unterricht und eine entsprechende Schulorganisation weitgehend entsprochen werden konnte. Gerade die jüngste Zeit weist mit vielen Beispielen auch für die Zukunft in diese Richtung. Die Frage ist andernfalls, ob Schule ihr Ende gefunden hat und durch eine andere Institution oder eine Nicht-Institution – die moderne Schulkritik weist auch in diese Richtung – ersetzt wird. Hierüber werden zukünftige Gesellschaften entscheiden müssen. Die Didaktik als Wissenschaft würde dann ohnehin ihrem Ende entgegensehen, entsprechendes gilt auch für die Schulpädagogik. Das hier aufgeworfene Problem des Verhältnisses beider Disziplinen zueinander wäre mithin ein akademisches im schlechten Sinne.

Literatur

Adl-Amini, B.: Schultheorie. Geschichte, Gegenstand und Grenzen. Weinheim 1976.
Ausubel, D. P.: Psychologie des Unterrichts. Bd. 1, 2. Weinheim 1974.

Blankertz, H.: Theorien und Modelle der Didaktik. München [9]1975.

Deutscher Bildungsrat: Strukturplan für das Bildungswesen. Stuttgart 1970.

Flechsig, K.-H.: Didaktische Modellbildung. Manuskript. (Göttingen 1975).

Giel, K.: Der konstruktive Aufbau der Realität in Modellen. In: *Groothoff, H.-H.* (Hrsg.): Pädagogik. Frankfurt/M. 1964.
Halbfas, H. u. a.: Neuorientierung des Primarbereichs. Bd. 4. Stuttgart 1976. S. 230–261.

Heiland, H.: Zum Selbstverständnis der Schulpädagogik. In: Päd. Rundschau 28 (1974), S. 451–471.
Hiller, G. H.: Alltägliche Modellvorstellungen und didaktische Rekonstruktion. In: *Halbfas, H.* u. a.: Neuorientierung des Primarbereichs. Bd. 4. Stuttgart 1976. S. 144–169.
Himmerich, W. u. a.: Unterrichtsplanung und Unterrichtsanalyse – ein didaktisches Modell. Bd. 1, 2. Stuttgart 1976.

Klafki, W.: Das pädagogische Problem des Elementaren und die Theorie der kategorialen Bildung. Weinheim[3/4] 1964.
ders. u. a.: Funk-Kolleg Erziehungswissenschaft. Eine Einführung in drei Bänden. Bd. 1–3. Frankfurt/M. 1970.
ders.: Zum Verhältnis von Didaktik und Methodik. In: Z. f. Päd. 22 (1976), S. 77–94; dazu

auch: bte-Interview mit *H. Blankertz* und *W. Klafki*: Probleme und Perspektiven der Didaktik. In: b:e (1977) 3, S. 61–65.
Klink, J.-G.: Ort und Inhalt der Schulpädagogik. In: LS 1966, S. 1–8.
Kramp, W.: Schulpädagogik. In: *Groothoff, H.-H.; Stallmann, M.* (Hrsg.): Pädagogisches Lexikon. Stuttgart ³1965. Sp. 843–845.

Lippert, E.: Lehrerbildung. Ein Programm. Wiesbaden 1952.
dies.: Anmerkungen zur Bestimmung des wissenschaftlichen Ortes der Didaktik in der Lehrerbildung. In: *Adl* 5 (1960).

Maskus, R.: Unterricht als Prozeß. Dynamisch-integratives Strukturmodell. Bad Heilbrunn/Obb. 1976.

Natorp, P.: Sozialpädagogik. Stuttgart ³1909.
Nipkow, K.-E.: Allgemeindidaktische Theorien der Gegenwart. Gegenstandsfeld und Theoriebegriff. In: Z.f.Päd. 14 (1968), S. 335–365.

Popp, W.: Die Funktion von Modellen in der didaktischen Theorie. In: *Dohmen, G.* u.a.: Unterrichtsforschung und didaktische Theorie. München ²1972. S. 49–60.
Preissler, G. (Hrsg.): Raumordnung und Bildungsplanung. Frankfurt/M. 1968.

Reble, A.: Lehrerbildung in Deutschland, Ratingen 1958.
Reimers, E.: Schule. In: *Groothoff, H.-H.* (Hrsg.): Pädagogik. Frankfurt/M. 1964. S. 254–268.
Rein, W.: Pädagogik im Grundriß. Leipzig 1907.
Robinsohn, S. B.: Bildungsreform als Revision des Curriculum Neuwied, Berlin ⁴1972.
Roth, H.: Schule als optimale Organisation von Lernprozessen. In: ders.: Revolution der Schule? Die Lernprozesse ändern. Hannover 1969. S. 56–76.
Rumpf, H.: Die administrative Verstörung der Schule. Essen 1966.
Ruppert, H.: Wissenschaft und Wirklichkeit. Zur Hochschulreform der Lehrerbildung. Oberursel o.J. (1958).
Ruprecht, H. u.a.: Modelle grundlegender didaktischer Theorien. Hannover ²1975.

Salzmann, C.: Die Bedeutung des Modellbegriffs in Unterrichtsforschung und Unterrichtsplanung. In: *Roth, L.* u.a.: Unterrichtsanalysen in der Diskussion. Hannover 1974.
Schorb, A. O.: Pädagogisches Taschenlexikon. Bochum o.J.
Schulz, W.: Umriß einer didaktischen Theorie der Schule. In: *Fürstenau, P.; Furck, C. L.* u.a.: Zur Theorie der Schule. Weinheim ²1972. S. 27–45.
Simmel, G.: Schulpädagogik. Vorlesungen. Hrsg. v. *K. Sauter*. Osterwiek/Harz 1922.
Stachowiak, H.: Gedanken zu einer allgemeinen Theorie der Modelle. In: Studium Generale 1965.
Steindorf, G.: Einführung in die Schulpädagogik. Bad Heilbrunn/Obb. ³1976.

Hartmut Willand

Zum Verhältnis von Allgemeiner und sonderpädagogischer Didaktik

I

In diesem Beitrag wird versucht, das Verhältnis zwischen Allgemeiner und sonderpädagogischer Didaktik, problematisiert am Beispiel der Lernbehindertendidaktik, unter der von der Bildungstheorie behaupteten unauflösbaren Beziehung zwischen Allgemeiner Didaktik und der Besonderen Didaktik einer Schulart (*Klafki* 1975, S. 89, 1976, S. 79) zu erörtern. Dabei läßt sich nachweisen, daß die Didaktik einer bestimmten Schulart, z. B. die der Sonderschule für Lernbehinderte, die von der bildungstheoretischen Didaktik beschriebene unauflösbare Beziehung zur Allgemeinen Didaktik und Bildungstheorie nur unter schwerwiegenden Folgen, nur um den Preis des Verlusts ihres eigentlichen pädagogischen Themas, von der Allgemeinen Didaktik isoliert betrachtet werden kann. Dies kann gleichzeitig als Bestätigung der von der bildungstheoretischen Didaktik vertretenen These gewertet werden.

II

Das Verhältnis von Allgemeiner und sonderpädagogischer Didaktik nimmt innerhalb der Beziehungen zwischen Allgemeiner Didaktik und den Didaktiken bestimmter Schularten, der Bereichs- und Fachdidaktiken, eine Sonderstellung ein. Während Allgemeine Didaktik und die Schul-, Fach- und Bereichsdidaktiken in einem fruchtbaren wechselseitigen, zum Teil spannungsreichen Bedingungsverhältnis zueinander stehen, vollzogen sich didaktische Überlegungen im Lernbehindertenbereich dagegen weitgehend unabhängig von Fragestellungen der Allgemeinen Didaktik. Die Tatsache, daß die wenigen Ansätze zur fruchtbaren Auseinandersetzung zwischen Allgemeiner und sonderpädagogischer Didaktik nicht aufgegriffen wurden, könnte man geradezu als das Charakteristikum sonderpädagogischer Didaktik bezeichnen. So wurden weder die Warnung von *Witte* (1901) über „Die mehrfach bedenkliche Einrichtung von Hilfsschulen als Schulen nur für Schwachbegabte Kinder“ vor der endgültigen rechtlich-organisatorischen Sicherung der Hilfsschulen (1905) und seine Forderung, Schwachbegabte „in dem Rahmen der normalen Schule, vor allem der Volksschule“ zu fördern, noch die Kritik von *Langermann* (1910) am „Normwidrigen der neuzeitlichen Hilfsschulbewegung“ und sein Gegenkonzept beachtet. Auch die von *Peter Petersen* (1927) durch seinen „Kleinen Jena-Plan“ ausgelöste Diskussion über die Förderung Lernschwieriger in der Jena-Plan-Schule wurde nicht als Herausforderung zum kritischen Gespräch zwischen Allgemeiner und sonderpädagogischer Didaktik im Interesse der Kinder genutzt, sondern polemisch zurückgewiesen.[1] Dem entsprach besonders die in der Zeit der Reformpädagogik typisierende, im Gegensatz zur Normalschule konzipierte Hilfsschuldidaktik (vgl. hierzu *Möckel* 1976 a,

S. 89ff.; *Willand* 1977). Auch in neueren didaktischen Entwürfen im Bereich der Lernbehindertenpädagogik, wie z.B. in denen von *Bleidick/Heckel* (1970) und *Klauer* (1975), wird im Grunde die Diskussion mit der Allgemeinen Didaktik, aus der sich neue Perspektiven eröffnen könnten, nur insoweit gesucht, als der Eigencharakter der Sonderschule, das „sonderschulgemäße Profil" (*Bleidick*, S. 7), das in „*besonderen* pädagogischen Akten erziehungswissenschaftlich begründet" wird, die als eigencharakteristisch aufgefaßte Sinngebung der pädagogischen Arbeit in der Lernbehindertenschule nicht gefährdet.[2] Selbst innerhalb des curriculumtheoretischen Ansatzes in der Lernbehindertendidaktik, der die mit dem Terminus Didaktik bezeichneten Problemfelder unter dem Aspekt der konsequenten, mit wissenschaftlichen Hilfsmitteln durchgeführten und unterstützten Planung und Kontrolle rationalisiert und systematisiert akzentuiert, ist das Verhältnis zwischen Allgemeiner und sonderpädagogischer Didaktik nicht explizit und systematisch erörtert worden. Die curricularen Überlegungen und Entwürfe im Lernbehindertenbereich, wie sie vor allem von *Langenohl* (1972a, b, 1973), *Bleidick* (1972a, b), *Bleidick/von Pawel* (1974) entwickelt wurden, wenden zwar Leitsätze, Methoden und Verfahrensweisen der Allgemeinen Curriculumtheorie, der Fachdidaktik bzw. Fachcurriculumtheorie im Hinblick auf begrenztere Arbeitsbereiche, z.B. Fächergruppen (z.B. „naturwissenschaftliche Fächer") oder Einzeldisziplinen (z.B. Geschichte) an, der Ausgangspunkt und die Grundlage für all diese didaktischen und curriculumtheoretischen Überlegungen bleibt jedoch nach wie vor das dichotomisierende Verständnis von Lernbehinderung bzw. Nichtlernbehinderung im Sinne des Alles-oder-nichts-Prinzips, das Ausgehen von „lernbehinderten Menschen und seiner Gegenwart und Zukunft" *(Langenohl)*, so, als ob Lernbehinderung im Vergleich zu Nichtlernbehinderung als anthropologischer Gattungsbegriff für eine besondere species Mensch aufzufassen sei. Lernbehinderung wird auch hier statisch und nicht veränderbar gefaßt; ihre Genese innerhalb des Normalschulsystems wird in keiner Weise berücksichtigt (vgl. *Möckel* 1976a, S. 124ff.). Die Chance der Neueröffnung von Perspektiven für die Lernbehindertendidaktik, die sich aufgrund eines kritischen Gesprächs zwischen Allgemeiner und sonderpädagogischer Didaktik durch die Einbeziehung der Genese von Lernbehinderungen innerhalb der Normalschule sowie des breiten Spektrums der Übergänge zwischen Lernbehinderung und Nichtlernbehinderung zwangsläufig ergeben hätten, wurde nicht genutzt.

III

Dieser Sachverhalt liegt wesentlich darin begründet, daß der Bezugspunkt und das zentrale Regulativ für die Konstituierung der didaktischen Konzeptionen im Bereich der Lernbehindertenpädagogik im Gegensatz zur Allgemeinen Didaktik nicht zuerst in „der Frage nach den von der Didaktik zu erschließenden Inhalten und Aufgaben" (*Klafki* 1975, S. 102) besteht, „die den zukünftigen Erwachsenen befähigen, sich in den verschiedenen Wirklichkeitsbereichen zurechtzufinden, auf ihn zukommende Anforderungen und Belastungen menschlich zu bestehen, ihm auferlegte Verantwortung zu bewältigen" und in systematischer didaktisch-psychologischer Tatsachenforschung entsprechende differenzierte Zugangsweisen und Methoden zur Realisierung dieser didaktischen Zielsetzung unter Berücksichtigung der spezifischen Frage-, Interessen-, Verstehens- und Handlungsmöglichkeiten der Kinder zu entwickeln. Trotz des Versuchs von *Bleidick/Heckel*, diese didaktische Leitfrage im Kontext der bildungstheoretischen Didaktik zur Grundlage einer Lernbehindertendidaktik zu machen, blieben weiterhin die unter dem Begriff Lernbehinderung angenommenen psychischen Besonderheiten und Merkmale von Kindern zentrales Kriterium für die Auswahl und Behandlung von Unterrichtsstoffen. Die vom Hintergrund der schulischen Lehr- und Lernbedingungen isoliert betrachteten Schwierigkeiten und Behinderungen im Lernen stellen das zentrale Regulativ für Planung und Durchführung von Lernprozessen dar, was zwangsläufig zu einem Inhaltsverzicht führt. „Zentrale Voraussetzungen für eine Unterrichtslehre der Sonderschulen für Lernbehinderte ist die Abgrenzung des Personenkreises, da durch ihn die Grenzen der Unterrichtsmöglichkeiten grundsätzlich abgesteckt sind" (*Bach* 1971, S. 8). Je nach Bestimmungsversuchen von Lernbehinderung und den daraus folgenden Grundannahmen über eine möglichst homogen zu bestimmende Schülergruppe und deren psychische Merkmale erfolgten deduktiv zwingende Ableitungen, wobei die so gewonnenen didaktischen Konzeptionen einander in der Regel ausschlossen, da ihre Grundannahmen als Exklusionskriterien wirkten (vgl. hierzu *Kanter* 1976, S. 118). Die auf dieser Basis konzipierten didaktischen Entwürfe setzen, wie *Klein* (1975, S. 300f.), *Gehrecke* (1971, S. 76) und *Begemann* (1975, S. 67) vermuten, in ihrer Isolierung von allgemeindidaktischen Überlegungen einen Prozeß in Gang, der nachträglich die unabhängig von den allgemeindidaktischen Überlegungen konzipierten „eigencharakteristischen" didaktischen Konzeptionen zu rechtfertigen scheint: Die an den Schwächen und Mängeln einer Personengruppe orientierte Lernbehindertendidaktik, die sowohl die didaktisch-inhaltlichen Überlegungen als auch das methodische Vorgehen ganz an der Behinderung als normgebende Instanz orientiert, wirft die Frage auf, ob dadurch die Mängel und Schwächen lernbehinderter Kinder nicht geradezu fixiert werden, d. h. ob nicht die beschriebenen Merkmale lernbehinderter Kinder z. T. als Ergebnis der ständigen Anwendung eigencharakteristischer hilfsschulspezifischer Prinzipien angesehen werden müssen; diese Vermutung konnte von *Westphal* (1975) in wesentlichen Teilen empirisch bestätigt werden. In diesem Zusammenhang werden die didaktischen Konzeptionen und Prinzipien in der Lernbehindertendidaktik zunehmend in Frage gestellt:

1. Empirische Untersuchungen (*Ferdinand, W./Uhr, R.* (1968); *Basler, F./Basler, H.-D.* (1973); *Topsch, W.* (1975). *Fischer, J.* (1975). *Kutzer, R.* (1973)) über den Erfolg einer nach den lernbehindertendidaktischen Prinzipien erfolgten Beschulung zeigten entgegen den Zielsetzungen dieser Didaktik keinen besseren Erfolg im Vergleich zur Beschulung Lernschwieriger in der Volksschule, ja es hat nach vorliegenden Untesuchungen sogar den Anschein, „es sei für lernbehinderte Kinder günstiger, an der Volksschule zu bleiben" (*Basler/Basler* 1973, S. 14).

2. Die Prinzipien der Lernbehindertendidaktik beruhen im wesentlichen auf deduktiv zwingenden Ableitungen aus den diagnostisch ermittelten Merkmalen

einer bestimmten Schülergruppe. In dem Bestreben, eine immer bessere Homogenität dieser Schülergruppe zu erreichen, wurden zur immer genaueren und vollkommeneren Beschreibung der Eigenarten und Besonderheiten lernbehinderter Schüler zahlreiche Untersuchungen durchgeführt, in denen Regelschüler mit lernbehinderten Schülern verglichen wurden. Die dabei als Ergebnisse erhaltenen Unterschiede, die didaktische Überlegungen und Maßnahmen für Lernbehinderte verbessern helfen sollen, könne aber, worauf *Schlee* hingewiesen hat (1977, S. 129f.), keineswegs als Kennzeichen einer Lernbehinderung gewertet werden. Sie stellen lediglich Kriterien dar, nach denen die Schüler in der Normalschule in die beiden Gruppen getrennt worden sind.

Untersucht werden daher in Wirklichkeit die Vorstellungen von Lehrern und Diagnostikern über Lernbehinderungen. Die Erhebungen bringen als Ergebnis lediglich die vorher in sie hineingesteckten Annahmen; derartige, die Lernbehindertendidaktik wesentlich konstituierenden Forschungsergebnisse beruhren auf einem Zirkelschluß (vgl. Abb. 1).

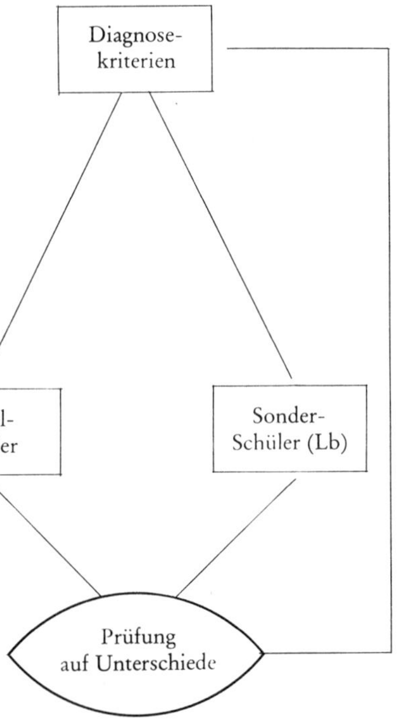

Abb. 1: Zirkelschluß bei Vergleichsuntersuchungen zwischen Regel- und Sonderschülern (nach *Schlee* 1977, S. 130)

3. Auf der Grundlage einer im Lernbehindertenbereich erstmals vorgelegten realgeschichtlichen Erforschung der Gründungsvorgänge der ersten Hilfsschulen von *Möckel* (1976 a, b) konnte ein für das Verhältnis von Allgemeiner und sonderpädagogischer Didaktik zentraler Sachverhalt herausgearbeitet werden: Die ersten Hilfsschulen stellten innerhalb des didaktischen Strukturzusammenhangs der Volksschule verbleibende Differenzierungen dar, in denen die jeweils besondere Bildsamkeit und Erziehbarkeit, die „anthropogenen Bedingungen", besonders stark berücksichtigt wurden (vgl. *Willand* 1977). Die für den erfolgreichen Volksschulbesuch notwendigen Anfangskenntnisse der Schüler wurden hier nicht vorausgesetzt, sondern in der die Volksschule differenzierenden Zusatzeinrichtung zunächst entwickelt und geschaffen. Durch differenzierenden Unterricht, für den in der Gründungszeit der Hilfsschulen (Lernbehindertenschulen) keine Besuchspflicht bestand und der auf freiwilligen Mehrausgaben der Gemeinden und Städte beruhte, wurde in wesentlich kleineren Klassen mit engagierten Lehrern unter starker Berücksichtigung musischer und handwerklicher Bereiche das Ziel der Rückführung in die Volksschule erstrebt und nach den von *Möckel* (1976 a, S. 73) erstmals dargestellten Statistiken in großem Umfang auch erreicht. Die Hilfsschule als differenzierende Zusatzeinrichtung der Volksschule stellte selbst das Diagnostikum dar, nach dessen Inanspruchnahme noch am ehesten begründet entschieden werden konnte, ob eine Rücküberweisung in die Volksschule, ein Verbleib in der Zusatzeinrichtung oder eventuell eine Überweisung in eine Idiotenanstalt(schule) angebracht war (S. 74).

Die im Zusammenhang mit der differenzierenden Volksschuleinrichtung entwickelten didaktischen Maßnahmen können als produktive Protestbewegung gegen die Erstarrung der Schule im 19. Jahrhundert und die damit verbundene Nichtberücksichtigung lernschwacher Schüler verstanden werden. In dieser Unzufriedenheit mit dem bestehenden Schulsystem, mit dem Unterricht, mit der Erziehung in Haus und Schule, besteht der gemeinsame Bezugspunkt der Hilfsschulbewegung mit der späteren Reformbewegung; *Möckel* wertet sie daher als ihren Vorläufer. Ihr fehlte allerdings die die Reformpädagogik auszeichnende scharfe Kritik am Bestehenden.

Die trotz der mit dieser differenzierenden Einrichtung verbundene verstärkte Bemühung um die in der Volksschule nicht berücksichtigten lernschwachen Kinder im Einzelfall immer noch auftretenden, grundsätzlich unvermeidlichen Fehlentscheidungen über den weiteren Schulbesuch waren das Motiv, im Erlaß der preußischen Regierung von 1905[3] die Rückversetzungen in die Volksschule endgültig zu verbieten. Die Begründung dafür lag in der Annahme, daß dort, wo Kinder aus der Hilfsschule wieder in die Volksschule zurückversezt wurden, bei der Aufnahme in die Hilfsschule fehlgegriffen worden sei. Auf diese Weise sollten die Schulen gezwungen werden, so scharfe Maßstäbe bei der Zuführung in die Zusatzeinrichtung Hilfsschule anzulegen, daß durch eine genaue Entscheidung über die Schullaufbahn *vor* Eintritt in die differenzierende Einrichtung Fehlentscheidungen auch im Einzelfall vermieden werden sollten.

Dies bedeutete, daß die Einweisung „wirklich schwachbegabter" Kinder ohne den intensiven differenzierenden Beschulungsversuch vorgenommen werden mußte; im gleichen Jahr entwickelten *Binet* und *Simon* das erste Instrumentarium für die Erfassung solcher Kinder.

Mit dieser sich seit dem Eingreifen der preußischen Regierung seit 1892[4] anbahnenden Entwicklung zeigte sich ca. 25 Jahre nach der Gründung der ersten Hilfsschule eine Umkehrung ihres Begründungszusammenhangs: Die für die Didaktik zentrale Frage lautete nicht mehr, was mit den Kindern geschehen sollte, die in der Volksschule zu wenig gefördert wurden und welche als die besten Unterrichtsbedingungen für diese Kinder angesehen werden konnten, sondern welche Art von Kindern für die nun durch die Erlasse gesicherten Einrichtungen, die Hilfsschulen (Lernbehindertenschulen), ausgewählt werden sollte. Nun entschied die richtige Auswahl der Schüler unter Verschärfung des medizinischen Aspekts darüber, ob die neue Schule ihre Funktion würde erfüllen können (vgl. *Möckel*, S. 75).

Die mit der rechtlichen Sicherung der Hilfsschulen parallel gehende dogmatische Verfestigung der Schulideologie ist in ihrer Tragweite für das Verhältnis von Allgemeiner und sonderpädagogischer Didaktik kaum zu unterschätzen. Seit dieser Zeit entwickelten sich die beiden Didaktiken nebeneinander, ja z. T. bewußt gegeneinander (vgl. *Fuchs* 1912; *Schade* 1962). Die Legitimität dieser Entwicklung versuchten die mit der Verfestigung der Schulideologie nach 1900 einsetzenden historischen rückblicke auszuweisen. Ihre Funktion bestand weniger im Herausarbeiten und Aufweisen der gemeinsamen Gesprächs- und Problembasis für didaktische Überlegungen für in der Volksschule nicht entsprechend berücksichtigte Kinder, sondern wie *Möckel* (1976 a) und *Ellger-Rüttgart* (1973) herausgestellt haben, im Verstehen und damit Rechtfertigen der getrennt voneinander bestehenden Schulformen. Diese zugunsten einer schulpolitischen Absicht einseitig beschriebenen geschichtlichen Darstellungen stellen einen von der Volksschule scharf getrennten Eigencharakter der Hilfsschule heraus (vgl. u. a. *Beschel* 1965; *Klauer* 1975; *Kanter* 1970; *Hofmann* 1966; *Myschker* 1969; *Schomburg* 1963).

4. Diese Absicherungsfunktion findet ihre Entsprechung auf wissenschaftstheoretischer Ebene. *Bleidick* (1972, S. 196) bestimmt in der ersten vorgelegten Theorie der Behindertenpädagogik die Gegenstandsbestimmung der Sonderpädagogik mit dem „organisatorischen Niederschlag der Entwicklung", der „rückwirkend aus(sagt), welche Behinderungen es unter pädagogischer Betrachtungsweise ‚gibt'". Der Gegenstand der Sonderpädagogik deckt sich damit „zum großen Teil mit dem der Sonderschulpädagogik". Gegen diese Einschränkung des Begriffs Behinderung hat *Möckel* (1973 a, b) kritisch eingewandt, daß damit die Organisation, die historisch gewordene Wirklichkeit der Schulverwaltung zum „Richter über die Genese der erziehungswissenschaftlichen Teildisziplin Sonderpädagogik und „Wissenschaft zur Funktion der amtlichen Schulpolitik gemacht" werde. *Willand* (1974) hat in einem wissenschaftstheoretischen Beitrag zur Standortbestimmung der Heilpädagogik die Folgen dieser Sichtweise herausgestellt und betont, daß eine so verstandene Sonderpädagogik z. B. die Zwangsläufigkeit des

Zirkels, der bereits lange vor Schulbeginn durch soziale Benachteiligung beginnt und sich über die zu einseitig mittelschichtorientierte Sozialisationsinstanz Schule mit entsprechender Lehrereinstellung verstärkt, durch Diskriminierungen und Stigmatisierungen fortsetzt, erst gar nicht untersuchen darf. Die ständige Reproduktion von Sonderschülern als „Versager" im heutigen Schulsystem, und der Versuch, durch entsprechende Veränderung der Schule und die Sonderschüler reproduzierenden Bedingungen stellen jedoch als pädagogisches Problem eine dringende und notwendige Gesprächsbasis zwischen Allgemeiner und sonderpädagogischer Didaktik dar.

Diese geradezu zwangsläufig erscheinende Zusammenarbeit zwischen Allgemeiner und sonderpädagogischer Didaktik, die die feinen Verästelungen und Übergänge der Behinderung von Erziehung in Regelschulen und im scheinbar unauffälligen Familienalltag (*Möckel* 1973, S. 1016) verfolgt und zum Ausgangspunkt eines kritischen Gesprächs zwischen beiden Didaktiken macht, wird jedoch durch die wissenschaftstheoretische Konstituierung und Gegenstandsbestimmung der Sonderpädagogik von *Bleidick* systematisch verhindert. Das in seinem Konstituierungsversuch enthaltene Verständnis von Theorie und Praxis beinhaltet nämlich einen normativen Zirkel: Durch die Beschreibung der Praxis erfolgt ihre Rechtfertigung. Da die Verantwortung des Theoretikers nach diesem Verständnis als die des Praktikers bestimmt wird, wiederholt sich in der Theorie die normative Befangenheit. Eine solche Theoriebildung bleibt ohne Erkenntniswert, denn eine auf diesen Konstituierungsversuch festgelegte Sonderpädagogik induziert eine Neutralitätstheorie, die als Deskriptionismus Erklärung und Kritik weit von sich weist und Sonderpädagogik durch die Ausklammerung des möglichen Beitrags der schulischen Lehr- und Lernbedingungen zur Entstehung von Lernbehinderungen zu einem esoterischen und für den gezielten Abbau von Lernbehinderungen in ihren ersten Anfängen folgenlosen Unternehmen macht. Erst wenn das Versagen des Kindes im Unterricht der Normalschule eine gewisse Schwelle überschreitet und in einem förmlichen, peinlich genau geordneten Prozeß, gegebenenfalls in mehreren Instanzen, festgestellt und definiert wird, wird nach diesem Verständnis von Sonderpädagogik das Versagen überhaupt erst zum Gegenstand didaktischer Bemühungen eigencharakteristischer Art. Für die auf diese Art und Weise ‚festgestellte' Lernbehinderung tritt der von der Gesellschaft beauftragte zuständige Anwalt, der Fachmann, der Sonderschullehrer ein, untersucht das Versagen des Kindes, erklärt es und verbürgt damit die Integrität der schulischen Verhältnisse (vgl. *Möckel* 1976, S. 132). Ein kritisches Gespräch zwischen Allgemeiner und Lernbehindertendidaktik über Prophylaxe, Abbau von Versagen, rechtzeitige Förderung im Unterricht der Normalschule durch differenzierende didaktische Maßnahmen müßte ein derartiges Verständnis von Sonderpädagogik und Lernbehindertendidaktik in Frage stellen. Vertreter eines derartigen Verständnisses von Sonderpädagogik und Lernbehindertendidaktik müssen daher befürchten, daß ein solches Gespräch „sowohl in schulorganisatorischer als auch in wissenschaftlich deskriptiver Hinsicht in erheblichem Maße den Gegenstand einer Pädagogik der Behinderten verschieben" (*Bleidick* 1972, S. 213; vgl. auch *Klauer* 1975, S. 76ff.).

In Untersuchungen über erkenntnistheoretische Implikationen in der Lernbehindertendidaktik weist *Nestle* (1975 a, b, 1976) nach, daß das bisherige Vorgehen, zunächst sonderpädagogische Begriffe wie Lernen, Lernfähigkeit, Schulversagen und Intelligenz u. ä. zu beschreiben, zu entwickeln und daraus didaktisch relevante Schlüsse abzuleiten, wobei Sonderpädagogik als Voraussetzung für Sonderschuldidaktik logisch vorgeordnet aufgefaßt wird und der Reihenfolge: Begriff-Urteil-Schluß folgt, nach neuzeitlichen Erkenntnis- und Wissenschaftstheorien nicht mehr aufrecht erhalten werden kann. Dort gilt die Reihenfolge: Urteil-Begriff-Schluß (*Bloch* 1975, S. 40). Bei der Reihenfolge Begriff-Urteil-Schluß gehen Begriffe zwangsläufig als relativ invariante, statische Kategorien in die Urteile ein; die Kategorien verändern sich im aktuellen Prädizieren nicht mehr (*Nestle* 1976, S. 168). In Urteilen wie „Lernbehinderung ist gekennzeichnet durch herabgesetzte Lernleistung" u. ä. stellt „Lernbehinderung" das logische Subjekt und „herabgesetzte Lernleistung" das logische Prädikat dar, wobei Subjekt und Prädikat durch die Kopula „ist" miteinander verbunden wird. Bei einer solchen Urteilsform mit statischen Kategorien erscheint aber das Urteil nicht mehr als Annahme, sondern wird als Seinsurteil mißverstanden, aus dem Subjekt „Lernbehinderung" wird zu entfalten versucht, was anscheinend a priori in ihm enthalten ist. Das in derartige Begriffe Gefaßte wird nicht mehr überschritten und unter Einwirkung historischer Bedingungen sowie aktueller Fähigkeiten und Bedürfnisse von Kindern nicht mehr relativiert; die defizitäre Praxis der Schule wird zum Ausgangspunkt sonderpädagogischer Begriffs- und Urteilsbildung, aus der didaktische Schlüsse gezogen werden mit der Folge, daß reduktive Didaktik und Praxis ständig reproduziert werden. Auf die Zukunft gerichtet wird nur das aufgrund gegenwärtiger schulischer Lernformen zu Erwartende, nämlich die Wiederholung des faktisch Gegebenen, erfaßt und weitgehend auf die Entwicklung alternativer Formen didaktischer Theorienbildung und anderer Formen des Lehrens und Lernens verzichtet (vgl. *Nestle* a.a.O.).

IV

Der Begriff der Lernbehinderung als zentraler Bezugspunkt für sonderdidaktische Ableitungen eignet sich wenig zur eindeutigen Beschreibung von Sachverhalten, denn er enthält als praeskriptiver Begriff Wertentscheidungen und Relativierungen. Die ihm für eine theoretische Erfassung fehlenden wissenschaftslogischen und begriffstheoretischen Grundlagen bewirken immer neue, im Grunde aber vergebliche Bemühungen, das, was man unter „Behinderung" versteht, präziser zu fassen. Dies wird sich prinzipiell so lange nicht ändern, wie sich die Lernbehindertendidaktik isoliert von der Allgemeinen Didaktik an dem relativierenden Begriff der Lernbehinderung orientiert und damit den Bereich, der als Bezugspunkt der Relativierung dient, nämlich das schulische Lernen und die mit ihm verbundenen entsprechenden Normen, nicht gleichgewichtig in ihre Betrachtungen mit einbezieht. „Bevor Schülern sogenannte Lernbehinderungen zugeschrieben werden, muß geklärt werden, wie denn das schulische Lernen im Regelfall, also nichtbehindert abläuft oder ablaufen sollte" (*Schlee* 1977, S. 132). Daß in der bisherigen Lehr- und Lernforschung der Ablauf des schulischen Lernens weitgehend ausgeklammert und nach der Art einer black box betrachtet wurde, wobei lediglich die eingehenden Variablen, möglichst noch außerschulische, und der entsprechende output kontrolliert wird, ohne die zwischendurch ablaufenden Prozesse, die subjektiven Interaktionen des Schülers mit dem Lehrstoff und seinem Lehrer (vgl. *Schlee* 1977 a.a.O.), soll hier nicht weiter verfolgt werden. Wichtig im vorliegenden Problemzusammenhang ist vor allem, daß die sogenannte Lernbehinderung der Schüler und ihre Funktion als zentrale Grundlage für die Lernbehindertendidaktik nicht länger isoliert vor dem Hintergrund der schulischen Lehr- und Lernbedingungen verstanden und interpretiert werden kann, ohne ihr eigentliches pädagogisches Thema zu verlieren. Die Stagnation in der sonderpädagogischen und didaktischen Theörienbildung kann, wie *Schlee* zu Recht betont, „nur über den scheinbaren Umweg der Erforschung des schulischen Lernens überwunden werden“ (S. 132). Dies bedeutet aber zugleich das problematisierende, kritische Gespräch zwischen Allgemeiner und sonderpädagogischer Didaktik, als dessen Ergebnis die Entwicklung einer oder mehrerer Theorien gelten sollte, die erfolgreiches Lernen ebenso zu beschreiben und zu erklären vermögen wie ein gescheitertes, bzw. behindertes, denn die Notwendigkeit zu einer getrennten Theoriebildung für das Lernverhalten von guten und schlechten Schülern ist nicht einzusehen. „Eine Theorie muß nicht nur die Regel, sondern auch die Abweichungen erklären können“ (*Schlee*, S. 133).

V

In der Aufgabe des globalen Lernbehindertenbegriffs und der Notwendigkeit der Hinwendung der Lernbehindertendidaktik zur Erforschung und theoretischen Durchdringung des schulischen Lernens ganz allgemein sind erhebliche Veränderungen in der bisherigen Gegenstandsbestimmung und Funktion der Lernbehindertendidaktik enthalten. Es besteht einerseits die Gefahr, daß der bisherige Forschungsbereich der sonderpädagogischen Didaktik verschwimmt und völlig in den Bereichen aufgeht, die sich mit der Untersuchung schulischen Lernens überhaupt befassen. Es ist jedoch nicht vertretbar, daß wegen dieser Gefahr auf irgendeinen Fortschritt in der Wissenschaftsentwicklung verzichtet wird. Sonderpädagogik und sonderpädagogische Didaktik sind kein Selbstzweck, sondern haben als Wissenschaft wie als Praxis die optimale Gestaltung schulischen Lernens bei Kindern mit Lernschwierigkeiten zum Ziel. Sollte sich dieses Ziel nach Aufgehen der Lernbehindertendidaktik in dem Forschungsbereich, der das schulische Lernen überhaupt zum Gegenstand hat, besser erreichen lassen, dann ist für eine schnelle Liquidierung der Lernbehindertendidaktik einzutreten (vgl. *Sander* 1974).

Zum anderen besteht die Möglichkeit, daß durch die Erweiterung des Forschungsbereiches der sonderpädagogischen Didaktik ihr Forschungsgegenstand an Eindeutigkeit und Genauigkeit im Sinne einer klareren Funktionszuweisung gewinnt. Der Gegenstand sonderpädagogischer Didaktik bestand bisher faktisch aus den Kindern und Jugendlichen, die die sonderpädagogische Institution Lernbehindertenschule besuchten. Der personale Gegenstand der Lernbehindertendidaktik war also durch die Aufnahmepraxis der Institution Lernbehindertenschule bestimmt, ein, wie die neuere Diskussion zeigt (*Möckel, Nestle, Sander* u. a.), nicht länger haltbares Kriterium der Gegenstandsgewinnung. Solange sich die sonderpädagogische Didaktik an der Schulform Sonderschule orientierte und an ihr ihr Kriterium hatte, teilte sie die Bedrohung von der Bedeutungslosigkeit all jener Didaktiken, die sich an Schulformen orientierten (vgl. auch *Möckel, Sander*). Durch die notwendige Umorientierung und Verlagerung auf die Erforschung des Ablaufs schulischen Lernens durchbricht die sonderpädagogische Didaktik „die Fesseln der traditionellen Bindung an die sogenannten ‚sonderpädagogischen Einrichtungen'"; dann wird sie sich endlich ihrem personalen Gegenstand in voller Breite widmen können, nämlich allen Kindern und Jugendlichen, die Schwierigkeiten im schulischen Lernen zeigen (*Sander* a.a.O., S. 101).

VI

Dies gilt in besonderem Maße für den Unterricht in der Elementarschule, denn Lernbehinderungen können nach *Möckel* (1976a, S. 133) als „Formen gestörten Unterrichts in der Elementarschule", in den Anfängen des schulischen Lernens in der Sprache, der Schrift, im Rechnen und im Erlernen der für den Schulalltag notwendigen Umgangsformen aufgefaßt werden, die sich auf späteres Lernen in der Schule auswirken und die Schüler in eine schlechte Startposition bringen. Schüler mit Lernstörungen, Lernschwierigkeiten und Lernbehinderungen im Bereich der Elementarschule zeichnen sich gerade dadurch aus, daß sie die Grundschule mit Erfolg, wenn auch langsam und mit Mühe aller Beteiligten bewältigen, während bei geistig behinderten Kindern auf die Fächer der Elementarschule verzichtet werden müsse. Das bisher in der Sonderpädagogik zu lange geltende Verständnis von Lernbehinderung hat ganz den Blick dafür verstellt, daß sich Lernbehinderungen auf ganz konkrete, potenzierte Lernschwierigkeiten in den Elementarfächern beziehen. In der Lernbehindertenpädagogik wird dagegen bis heute die gesamte Schulzeit unter dem Eindruck des verzögerten und erschwerten Lernens gesehen, mit dem globalen Terminus Lernbehinderung belegt und davon ausgegangen, daß dieses Problem mit einer nach eigencharakteristischen Grundsätzen modifizierten additiven Behandlung von Volksschulfächern und einer Umschulung gelöst werden könne. Statt dessen wären Untersuchungen anzusetzen, die die Bedeutung der einzelnen Unterrichtsinhalte ermitteln mit der von *Möckel* explizierten Folge, daß nicht mehr von Lernbehinderten, sondern nur noch von Lernbehinderungen gesprochen werden könne.

Dies hat u. a. Konsequenzen für die Änderung der Ausbildung von Sonderschullehrern, die sich nun nicht mehr auf den scheinbar klaren Tatbestand einer allgemeinen Lernbehinderung beziehen kann, sondern sich entsprechend den Bereichen 1. Schrift, Lesen, Schreiben, 2. Rechnen, Mathematik, 3. Soziales Verhalten, 4. Sprache und Sprechen, 5. Berufsvorbereitung, Berufsberatung, Berufsfindung, in denen schwerpunktmäßig zu helfen ist, spezialisieren muß. Dies bedeutet aber auch gleichzeitig eine Tätigkeitsverlagerung der Sonderschullehrer in die Normalschule, wo in der Unterrichtspraxis Schwierigkeiten im Lernen auftreten.

VII

Einen Ansatz, der im Sinne der Forderungen von *Schlee* (1977) sowohl den normalen Ablauf schulischen Lernens als auch Schwierigkeiten und Behinderungen im Lernen auf didaktisch-theoretischer und praktischer Ebene mit der subjektiven Interaktion des Schülers, dem Lehrstoff und dem Lehrer systematisiert verknüpft, hat *Nestle* (1976) im Entwurf einer „Didaktik als differenzierte und sinnhafte Realitätserschließung" entwickelt. *Nestle* sieht Lernbehinderung nicht mehr so stark als objektiv meßbare Größe, sondern weit stärker als bisher als ein von der Qualität des schulischen und außerschulischen Angebots abhängigen Variablen. Lernbehinderung, die *Nestle* sehr weit faßt, sieht er vor allem verursacht durch den Faktor „Entwicklungsgrad der Gesellschaft", der primär durch den Stand der Technik, der Wissenschaft, der Demokratisierung und den Interdependenzen zwischen diesen sozialen Subsystemen bestimmt wird. Je komplexer und differenzierter die gesellschaftlichen Verhältnisse entwickelt sind, desto schwieriger werde es, die Realität zu erkennen, zu verstehen und in dieser Realität sinnvoll zu handeln. Dies wird außerdem noch dadurch erschwert, daß die Strukturen der Realität und die Funktionen ihrer Elemente der unmittelbaren Erfahrung immer unzugänglicher werden, d.h. die Realität verliert an Direktheit und unmittelbarer Anschauung. *Nestle* vertritt unter Berücksichtigung dieser Gegebenheiten die These, daß „in der Diskrepanz zwischen schulischen Lernprozessen und den Anforderungen in hochindustrialisierten Gesellschaften mit ihren komplizierten Symbol- und Handlungssystemen wichtige Ursachen für Lernbehinderungen liegen" (1976a S. 169), denn für die Schule stellt sich das schwierige Problem, der nachwachsenden Generation diese komplexe, differenzierte Realität zu erschließen, in der „Sinn und Ich-Identität zunehmend schwieriger zu entwickelnde Erziehungsziele sind" (1975, S. 523). So wird z.B. die Einführung in die hochabstrakten Zeichensysteme der Zeit, des Raumes, der Zahlen, der Normen und Werte immer schwieriger, da die ursprüngliche Einbettung von Zeichen und deren Sinn in den unmittelbaren und vielseitigen Gebrauch, wie z.B. das Ablesen der Zeit nach der Schattenlänge, am Sandglas sowie am natürlichen Rhythmus des Jahres, das unmittelbare Lesen nichtgenormter Zeichen von jedermann der rein quantitativen Reduzierung auf Maß und Zahl in den hochabstrakten Systemen der Uhren und Kalender gewichen ist. Zeichen werden immer stärker konventialisiert, der einzelne kann daher immer weniger entscheiden, wofür sie stehen. Das Verständnis und das Erlernen dieser Art von Zeitmessung und anderer Zeichensysteme und Abstraktionen wie Fahrpläne, Modelle, Maßsysteme u. dgl. erfordern für Kinder einen sehr schwierigen Lernprozeß, für deren Vermittlung noch keine adäquaten didaktischen Formen entwickelt und eingesetzt werden. Die methodische Objektivierung des Wissens in abstrakten Zeichensystemen und die unzulängliche Vermittlung können aber Ursachen von Entfremdungen und Behinderungen werden, da infolge unqualifizierter Vermittlung der Zeichensysteme der Kontakt zur Realität erschwert wird bzw. verlorengeht (1976a, S. 170). Die mangelnde Berücksichtigung des pragmatischen Aspektes infolge des bisher hoch bewerteten Absehens von den Anwendungsformen des Wissens, die dadurch bedingte Trennung des Wissens von seinem Ursprung und damit meist auch seiner

Anwendung im Sinne eines vom handelnden Menschen entfremdeten Schulwissens wendet sich „schließlich gegen die Institution Schule und gegen die Schüler selbst: Der langjährige Beschulungsorozeß, der die Schüler von realen Erfahrungen und Verwertungszusammenhängen ihres Schulwissens fernhält und in das Zentrum des Vermittlungszusammenhangs stellt, ist ein wesentliches Moment der Verursachung von Lernbehinderungen und sogenannten Disziplinschwierigkeiten und zwar *in allen Schularten*" (1976 a, S. 170).

Die dieser Auffassung von Lernbehinderung zugeordnete Sichtweise von Didaktik muß daher nicht nur von allen bisherigen Ansätzen in diesem Bereich prinzipiell verschieden sein, sondern auch Schwierigkeiten im schulischen Lernen überhaupt berücksichtigen. Für die Frage, wie man Individuen lehren kann und wie Individuen lernen können, an den Symbol- und Handlungssystemen der Gesellschaft zu partizipieren, und wie Individuen Handlungsfähigkeit erwerben, bedeutet dies für den Unterricht die stärkere Berücksichtigung des pragmatischen Aspektes gegenüber den bisher überwiegenden syntaktischen und semantischen Sichtweisen.

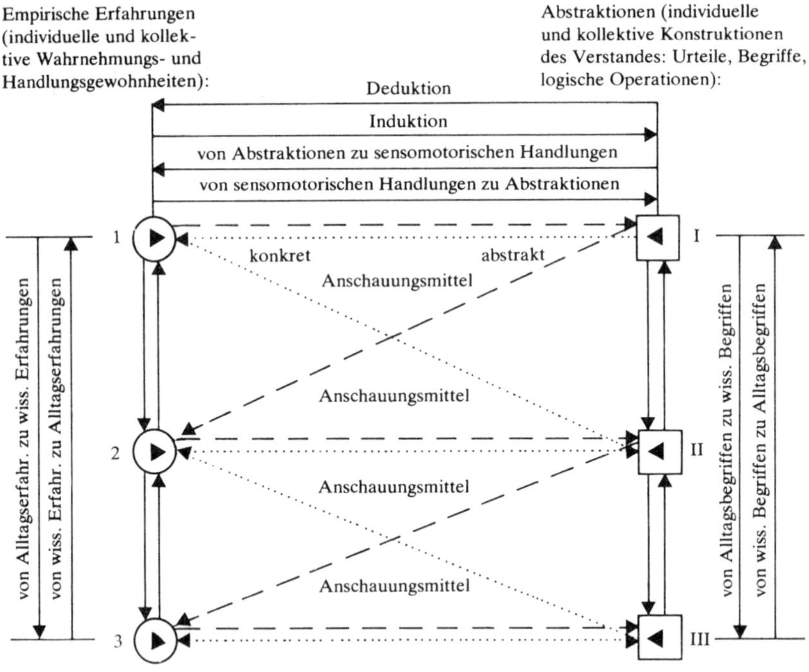

Legende: ▶ didaktische Induktion
◀ didaktische Deduktion

Abb. 2:
Modell zur differenzierten Realitätserschließung und zur Elaboration von Handlungsfähigkeit (NESTLE 1976 S. 173)

Dies soll mit Hilfe von drei von *Nestle* entwickelten didaktischen Instrumentarien geschehen, 1. der Ebene didaktischen Handelns, 2. der Realitätserschließung als Didaktik zwischen didaktischer Induktion und Deduktion und 3. der Modellcharakter didaktischer Instrumentarien. Es kann hier nicht im einzelnen auf die sehr differenzierte didaktische Theorie von *Nestle* und die entsprechenden Unterrichtsversuche und Projektplanungen (1973a, b, 1976b) eingegangen werden, sondern nur das 2. didaktische Instrumentarium abgehoben werden, das den konstitutiven Zusammenhang und damit das Verhältnis von allgemeiner und sonderpädagogischer Didaktik besonders deutlich werden läßt (vgl. Abb. 2).
Mit diesem didaktischen Instrumentarium kann *Nestle* Lernbehinderungen weitaus differenzierter erfassen als dies bisher mit den Begriffen „herabgesetzte Lernleistung" oder „Intelligenzschwäche" je möglich war, denn dieses didaktische Instrumentarium stellt ein komplexes Modell didaktischer Realitätserschließung dar, mit dessen Hilfe Lehr- und Lernprozesse analysiert und konstruiert sowie spezielle Lernfähigkeiten und Lernschwächen erkannt werden können. Der besondere Vorzug dieses Modells liegt darin, daß weder Lehren noch Lernen, weder empirische Erfahrungen noch Konstruktionen des Verstandes isoliert gesehen werden. Sollen z.B. Begriffe gebildet werden, dann müssen immer auch die Anschauungsformen und Erfahrungen miteinbezogen werden, auf die sich die Begriffe beziehen. Soll das Lernen bestimmt werden, dann muß auch immer die Lehre mit einbezogen werden als spezifische Funktion didaktischer Induktion, die über bekannte Beispiele neue Erkenntnisse in Gang setzt sowie die Lehre als didaktische Deduktion, die Begriffe als Denkwerkzeuge vorgibt, um neue Erfahrungen zu ermöglichen. Im Gegensatz zu der noch vorwiegend von der aristotelischen Urteilslogik und idealistischen und positivistischen Postulaten geprägte Lernbehindertendidaktik liegt diesem Verständnis von Realitätserschließung die neuzeitliche Fassung des Abstraktionsbegriffs in der Tradition von *Kant* und *Hegel* zugrunde. Realitätserschließung und Handlungsfähigkeit erfolgen hier als wechselseitiger Prozeß zwischen empirischen Erfahrungen und Konstruktionen des Verstandes, wobei beide durch Anschauungsmittel, die zwischen dem Operieren mit den Begriffen von den Dingen liegen, verbunden sind. Anschauungsmittel stellen sowohl Wiederspiegelungen individueller und/oder gesellschaftlicher empirischer Erfahrungen, als auch individueller und/oder gesellschaftlicher Konstruktionen des Verstandes dar. Anschauungsmittel wie Bilder, Collagen, Modelle, Karten, Pläne, Simulationen usw. lassen sich nach neuen empirischen Erfahrungen und neuen kognitiven Mustern nach vielen Kriterien verändern; ihre Intension und Extension kann z.B. erweitert oder beschränkt, ihre Konstruktionsprinzipien auf neue Sachverhalte transferiert oder ihr Informationsgehalt und ihre Sinnbezüge modifiziert werden.

Indem *Nestle* die besonder didaktische Bedeutung der *Entstehung* von Begriffen und die Dialektik zwischen Wahrnehmung und Begriffen als Momente der Erkenntnisgewinnung hervorhebt, gelingt es ihm, die für die Entstehung von Lernschwierigkeiten und ihre didaktische Entsprechung wichtige Aufgabe und Funktion des Lehrers innerhalb des Prozesses der Erkenntnisgewinnung differenzierter zu bestimmen. Die noetische Funktion des Lehrers wird deutlich als vermittelnde Instanz zwischen den beiden Positionen, über didaktische Induktion und Deduktion, die neue Erkenntnisse ermöglicht, „indem er die jeweils notwendige, aber dem Schüler fehlende Gegenseite, entweder die Wahrnehmung und Anschauung des empirischen Gegenstandes oder den Begriff bzw. die logische Operation ersetzt“ (S. 174).

Der in diesem Modell enthaltene zentrale Begriff der Anschauung wird hier in einem fundamental anderen Bedeutungszusammenhang als in allen anderen didaktischen Konzeptionen der Lernbehindertenpädagogik gesehen, in denen sie im Sinne eines naiven Anschauungsbegriffs nahezu ausschließlich als sinnliche Wahrnehmung, als ein „Vor-die-Sinne-stellen“ von Phänomenen verstanden wird (vgl. bes. *Bach* 1971). Durch seine Funktion der Verknüpfung von Erfahrungen und Begriffen sowie Lehr- und Lernprozessen wird vermieden, daß Lernen auf den Aufbau inhaltsneutraler Strukturen und Operationen oder auf blinde Reproduktion der Alltagserfahrungen reduziert wird. Außerdem bestehen, wie in der Abbildung ersichtlich ist, noch vertikale Beziehungen, Alltagserfahrungen können nämlich zu intersubjektiv geregelten wissenschaftlichen Erfahrungen weiterentwickelt werden, und mit wissenschaftlichen Erfahrungen kann man sich für neue Alltagserfahrungen sensibilisieren.

Der große Vorzug dieses Modells besteht darin, daß Lernbehinderung hier auch als Folge einer Sinnfindungsschwäche erkannt werden kann, z. B. wenn schulisches Lernen bedeutungslos ist, oder als Lehrschwäche des Lehrers, d. h. als dessen Unfähigkeit zu didaktischer Induktion und Deduktion. Ferner ist Lernbehinderung faßbar als Erfahrungsverlust, als Lücke in ganz bestimmten Begriffssystemen, als Subsumptionsschwäche von Besonderem unter Allgemeines, als Schwäche des Konkretisierens von Allgemeinem in besonderen Fällen, als einseitige oder unzulängliche Anschauungsgewohnheit u. dgl. m. (*Nestle* a.a.O.)

Mit dem von *Nestle* dargestellten didaktischen Konzept werden nicht ‚Lernbehinderte‘ voreilig nach Kriterien einer stark reduktiven Forschung klassifiziert und selektiert, sondern konkret lokalisiert und dadurch über entsprechend zu konzipierende didaktische Hilfsmittel angehbar. Es wird unter dieser Sichtweise deutlich, daß die bisher durch das gänzliche Absprechen anspruchsvoller Qualifikationen als statisch meßbare Größe nach dem Alles-oder-nichts-Prinzip erfolgte Definition und Trennung von ‚Lernbehinderten‘ und ‚Normalschülern‘ nicht länger haltbar ist, denn es gibt z. B. nicht *das* Abstraktionsvermögen oder *die* Urteilsfähigkeit. Solche Fähigkeiten sind immer bezogen auf bestimmte Inhalte und Sachbereiche und durch spezifische Methoden gewonnen und bleiben, wie u. a. die Arbeiten von *Bergius* (1969, S. 229ff.) und *Foppa* (1968, S. 236ff.) zeigen, mehr oder weniger auf diese oder ähnliche Bereiche beschränkt.

Damit wird dieser Didaktik im Gegensatz zu andern didaktischen Konzeptionen der Lernbehindertenpädagogik die gesamte Breite der Störungen und Schwierigkeiten im Lernen eröffnet. Dadurch wird aber auch die Betrachtung der gesamten Wirklichkeit der Erziehung unter sonderpädagogischem Aspekt ermöglicht.

Es wird dabei keineswegs behauptet, daß dem Unterricht im allgemeinen und dem Unterricht mit lernbehinderten Schülern keine Grenzen gesetzt sind. Diese Grenzen „sind aber weder vor dem Unterricht bestimmbar, noch unveränderlich; sie sollten auf jeden Fall eine Herausforderung an die Didaktik sein" (*Nestle* 1975 a, S. 39).

Didaktische Überlegungen und Planungen in der von *Nestle* entwickelten Sichtweise müssen zwangsläufig auch für die Hauptschule gelten. Der erste didaktisch-systematische Entwurf im Kontext der Didaktik als sinnhafte und differenzierte Realitätserschließung von *Nestle* (1975 a) ist daher konsequenterweise auch für die Hauptschule mit konzipiert.

Bildungstheoretisch gesehen wird in diesem Ansatz Nestles die unauflösbare Beziehung zwischen Allgemeiner Didaktik und der Didaktik einer Schulart wieder beachtet und damit unter Aufhebung der isolierten Entwicklung der sonderpädagogischen Didaktik das eigentliche pädagogische Thema wieder ins Blickfeld gerückt. Nur unter Berücksichtigung der engen Beziehung zwischen beiden Arten von Didaktik scheint es möglich zu sein, den Blick nicht von vornherein einseitig auf die bisher weitgehend autonome, durch Tradition legitimierte und neben der Regelschule bestehende Institution Lernbehindertenschule und die ihr zugeordnete Didaktik zu beschränken, was ohnehin, wie *Sander* (1976, S. 3) nachweist, nur eine Eigenart der deutschen Bildungsorganisation zu sein scheint.

Anmerkungen

1 *Rössel* (1928 S. 90) führte in einer kritischen Rezension zum „Kleinen Jena-Plan" in der Zeitschrift „Die Hilfsschule" dem Organ des Verbandes der Hilfsschulen Deutschlands, aus: „Die Angabe, daß es ‚ausgesprochene' Hilfsschüler gebe, die nicht zu den pathologischen Kindern, nicht einmal zu den leichtesten Fällen zu rechnen seien, sollte heute keinem Pädagogen mehr unterlaufen, am allerwenigsten einem Hochschullehrer für Pädagogik."

2 Die systematische Darstellung und Erörterung dieses Verhältnisses findet sich in *Willand, H.*: Didaktische Grundlegung der Bildung und Erziehung Lernbehinderter in Sonder- und Normalschulen. Ravensburg 1977.

3 Vgl.: Preußische Bestimmungen, das Hilfsschulwesen betreffend. In: *Klink, J.-G.* (Hrsg.): Zur Geschichte der Sonderschule. Bad Heilbrunn 1966.

4 Vgl.: Preußische Bestimmungen . . ., a.a.O.

Literatur

Bach, H.: Unterrichtslehre L. Allgemeine Unterrichtslehre der Sonderschule für Lernbehinderte. Berlin 1971.

Basler, F./Basler, H.-D.: Führt der Besuch einer Sonderschule für Lernbehinderte zu einer Erhöhung der Intelligenz? Ergebnisse einer Kontrolluntersuchung. Z. Heilpäd. 24 (1973) 1, S. 1–11.

Bleidick, U.: Pädagogik der Behinderten. Berlin 1972.

ders.: Curriculumforschung und Curriculumentwicklung im Bereich der Lernbehindertenpädagogik. Z. Heilpäd. 23 (1972), S. 393–407 (a).
ders.: Zur Stellung der Fachdidaktik in der Ausbildung von Sonderschullehrern. Z. Heilpäd. 23 (1972), S. 697–702 (b).
ders./*Heckel, G.*: Praktisches Lehrbuch des Unterrichts in der Hilfsschule (Lernbehindertenschule). Berlin ²1970.
ders./*Pawel, B. v.*: Curriculumentwürfe für die Lernbehindertenschule. Berlin 1974.
Begemann, E.: Die Bildungsfähigkeit der Hilfsschüler. Berlin ³1975.
Beschel, E.: Der Eigencharakter der Hilfsschule. Weinheim ³1965.
Bergius, R.: Analyse der „Begabung": Die Bedingungen des intellektuellen Verhaltens. In: *Roth, H.* (Hrsg.): Begabung und Lernen. Stuttgart 1969, S. 229–268.
Binet, A.: Das Problem der abnormen Kinder. In: EOS 1 (1905), S. 114–130.

Ellger,Rüttgart, S.: Methodologische Überlegungen zur erziehungsgeschichtlichen Forschung im Bereich der Lernbehindertenpädagogik. Z. Heilpäd. 24 (1973) 7, S. 600–614.

Ferdinand, W./Uhr, R.: Entlassung aus der 6. Klasse oder Sonderschulabschluß? In: Schule und Psychologie 15 (1968), S. 332–336.
Fischer, J.: Über den Lernerfolg bei Verwendung affektiv getönter Anschauungsmittel im Rechenunterricht an der Sonderschule für Lernbehinderte. In: *Kanter, G./Langenohl, H.* (Hrsg.): Didaktik des Mathematikunterrichts. Berlin 1975, S. 62–87.
Foppa, K.: Lernen, Gedächtnis, Verhalten. Köln 1968.
Fuchs, A.: Schwachsinnige Kinder – ihre sittlich-religiöse, intellektuelle und wirtschaftliche Rettung. Versuch einer Hilfsschulpädagogik. Gütersloh ²1912.

Gehrecke, S.: Hilfsschule heute – Krise oder Kapitulation? Berlin 1971.

Hofmann, W.: Hilfsschule (Sonderschule für Lernbehinderte). In: *Lesemann, G.* (Hrsg.): Beiträge zur Geschichte und Entwicklung des deutschen Sonderschulwesens. Berlin 1966, S. 65–101.

Kanter, G.: Neuere Ergebnisse der Entwicklungspsychologie und ihre Konsequenzen für die Didaktik und Methodik der Sonderschule für Lernbehinderte. Z. Heilpäd. 21 (1970), S. 248–264.
ders.: Lernbehindertendidaktik. In: Kluge, K.-J. (Hrsg.): Einführung in die Sonderschuldidaktik. Darmstadt 1976, S. 101–132.
Klauer, K. J.: Lernbehindertenpädagogik. Berlin ⁴1975.
Klafki, W.: Studien zur Bildungstheorie und Didaktik. Weinheim 1975 (1963).
ders.: Zum Verhältnis von Didaktik und Methodik. In: Z. f. Päd. 22 (1976), S. 77–94.
Klein, G.: Kritische Analyse gegenwärtiger Konzeptionen der Sonderschule für Lernbehinderte. In: *Baier, H./Klein, G.* (Hrsg.): Aspekte der Lernbehindertenpädagogik. Einführende Texte. Berlin 1975. Nachdruck aus: Sonderpädagogik 1 (1971), S. 1–13.
Kutzer, R.: Zur Erweiterung des Zahlenraums in der Schule für Lernbehinderte (Teil I und II). In: *Kanter, G./Langenohl, H.* (Hrsg.): Didaktik des Mathematikunterrichts. Berlin 1975, S. 88–119. Überarbeitete Fassung der Erstveröffentlichung aus: Behindertenpädagogik in Hessen 12 (1973) 1, S. 10–23; 2, S. 2–11.

Langenohl, H.: Prinzipien der Lehrstoffauswahl für den Unterricht lernbehinderter Schüler. In: *Kanter, G./Langenohn, H.* (Hrsg.): Unterrichtstheorie und Unterrichtsplanung. Berlin

1975, S.19–44. Nachgesehene und ergänzte Fassung der Erstveröffentlichung in: Z. Heilpäd. 23 (1972), S. 815–829 (a).
ders.: Politische Bildung bei Lernbehinderten. In: Sonderpädagogik 2 (1972), S. 59–68 u. 125–131 (b).
ders.: Gedanken zur Curriculumrevision und -konstruktion für die Lernbehindertenschule. Sonderpädagogik, Beiheft 1 (1973), S. 23–35.
Langermann, J.: Der Erziehungsstaat nach *Stein-Fichteschen* Grundsätzen in einer Hilfsschule durchgeführt. Berlin 1963 (1910).

Möckel, A.: Sonderpädagogik und Allgemeine Pädagogik. Zu: *Bleidick, U.:* Pädagogik der Behinderten. Z. Päd. 19 (1973) 6, S. 1013–1018 (a).
ders.: Pädagogik der Behinderten. In: Sonderpädagogik 3 (1973) 4, S. 186–188.
Möckel, A.: Die besondere Grund- und Hauptschule. Rheinstetten 1976 (a).
ders.: Die Legitimität der Schule für Lernbehinderte – ein Beitrag zur Theorie der Schule. In: *Sander, A.* (Hrsg.): Sonderpädagogik in der Regelschule. Berlin 1976 (b).
Myschker, N.: Der Verband der Hilfsschulen Deutschlands und seine Bedeutung für das deutsche Sonderschulwesen. In: Z. Heilpäd., Beiheft 8, Verband Deutscher Sonderschulen Nienburg/Weser 1969.

Nestle, W.: ‚Fächerübergreifender' Sachunterricht in der Haupt- und Sonderschule. Stuttgart 1975 (a).
ders.: Probleme und Aufgaben der Didaktik der Schule für Lernbehinderte. Z. Heilpäd. 26 (1975) 9, S. 523–537 (b).
ders.: Didaktik und Sonderpädagogik. Z. Heilpäd. 27 (1976) 3, S. 167–180 (a).
ders.: Didaktik der Zeit und Zeitmessung. Stuttgart 1973 (a).
ders.: Umrisse einer Neukonzeption des wissenschaftsorientierten Sachunterrichts. Dargestellt an einem Unterrichtsmodell aus dem geographischen Lernbereich unter besonderer Berücksichtigung der Bildung von wissenschaftlichen Sätzen und Begriffen. Die Grundschule (1973), S. 348–356 (b).
ders.: Materialien und Strukturskizze zu einem Unterrichtsarrangement über den Comic „Die Verschwörung". Sonderpädagogik 6 (1976) 1, S. 18–31 (b).

Petersen, P.: Der kleine Jena-Plan. Weinheim 1968 (1927).
Preußische Bestimmungen, das Hilfsschulwesen betreffend (1859–1905). In: *Klink, J.-G.* (Hrsg.): Zur Geschichte der Sonderschule. Bad Heilbrunn 1966.

Rössel, F.: Jena-Plan und Hilfsschule (Rezension). In: Die Hilfsschule (1928), S. 90–91.

Sander, A.: Ausweitung der Sonderpädagogik. Bemerkungen zur gegenwärtigen Lage der Behindertenerziehung und ihrer Theorie in Westdeutschland. Sonderpädagogik 4 (1974) 3, S. 95–104.

ders. (Hrsg.): Sonderpädagogik in der Regelschule. Berlin 1976.
Schade, W.: Allgemeine Grundsätze der Arbeit in der Hilfsschule. Berlin 1971 (1962).
Schlee, J.: Zur Bedeutung von Informationsaufnahme für Lernbehinderung. In: *Bürli, A.* (Hrsg.): Sonderpädagogische Theoriebildung – vergleichende Sonderpädagogik. Luzern 1977, S. 123–133.

Schomburg, E.: Die Sonderschulen in der Bundesrepublik Deutschland. Geschichtliche Entwicklung und gegenwärtiger Stand. Berlin 1963.

Topsch, W.: Grundschulversagen und Lernbehinderung. Essen 1975.

Westphal, E.: Unterrichtsgestaltung als Organisation einer Bildungsgenese – dargestellt an einem Beispiel aus der Sonderschule für Lernbehinderte. In: Vierteljahresschrift für Heilpädagogik und ihre Nachbargebiete 44 (1975) 1, S. 17–35.
Willand, H.: Zur Situation der Heilpädagogik (Sonderpädagogik) als Wissenschaft. Wissenschaftstheoretische Überlegungen zur Standortbestimmung der Heilpädagogik. In: Päd. Rundschau 28 (1974) 6, S. 472–483.
ders.: Didaktische Grundlegung der Erziehung und Bildung Lernbehinderter in Sonder- und Normalschulen. Ravensburg 1977.
Witte, J. H.: Über die mehrfach bedenkliche Einrichtung von Hilfsschulen als Schulen nur für schwachbegabte Kinder. In: *Klink, J.-G.* (Hrsg.): Zur Geschichte der Hilfsschule. Bad Heilbrunn 1966, S. 77–78.

Z. Heilpäd. 27 (1976) 7.

Wilfried Hendricks

Zum Verhältnis von Fachdidaktik zur Allgemeinen Didaktik und Fachwissenschaft

I

Eine Diskussion über das Verhältnis von Fachdidaktik zur Allgemeinen Didaktik und Fachwissenschaft scheint zur Zeit nur von geringem Interesse zu sein, da allerorten wissenschaftsorganisatorische und hochschulpolitische Entscheidungen gefallen sind. Die Notwendigkeit, sich mit dieser Problematik zu befassen, zeigt sich gleichwohl insbesondere im Zusammenhang mit der Curriculumdiskussion und mit der Diskussion um eine Neuorganisation der Lehrerausbildung. Unlängst haben *Herwig Blankertz* und *Wolfgang Klafki* darauf aufmerksam gemacht, daß die Didaktik hier gefordert ist: Zum einen richten die Fachwissenschaften in den schulfachbezogenen Disziplinen fachdidaktische Lehrstühle ein, worauf die „Didaktik als Wissenschaft nur ungenügend vorbereitet" ist (*Blankertz* 1977, S. 64). Zum anderen ist die Tendenz der Fachdidaktiken deutlich erkennbar, sich im Gefolge der Curriculumdiskussion von der Allgemeinen Didaktik zu lösen; die „Dominanz der ‚Curriculumkomponente Wissenschaft' ist nämlich eine scheinbare Rechtfertigung für die Verselbständigung der Fachdidaktiken" (*Klafki* 1977, S. 64).

Dieser Beitrag ist entstanden aus den Erfahrungen eines doppelt Betroffenen: Zum einen gibt es Anlaß, im Zusammenhang der Integration einer Pädagogischen Hochschule (Berlin) in die aufnehmenden Hochschulen über Rolle, Funktion und Selbverständnis der Didaktik (Allgemeine Didaktik, Stufendidaktik, Fachdidaktik) intern und gegenüber den Bezugsfachwissenschaften nachzudenken. Zum anderen ergeben sich eine Fülle von Problemen für den Didaktiker, der mit der Lehrerausbildung und mit der didaktisch-curricularen Gestaltung solcher Lernfelder oder Lernbereiche beschäftigt ist, in denen nicht nur wissenschaftsbezogene, sondern auch – vielleicht primär – lebensweltbezogene Inhalte zu berücksichtigen sind, wie z. B. in Arbeitslehre. Der Entwicklungsprozeß der Arbeitslehre zeigt mit großer Deutlichkeit, wie unsicher das Verhältnis Allgemeine Didaktik – Fachdidaktik – Fachwissenschaft ist: Hier sucht nämlich die Didaktik nach der Hilfe von Fachwissenschaften: z. B. Arbeitswissenschaften, Arbeits- und Berufsforschung, Haushaltswissenschaften, Sozialwissenschaften, technische Wissenschaften, Wirtschaftswissenschaften. Von diesen allerdings wird die Arbeitslehre kaum zur Kenntnis genommen, so daß die Didaktik weitgehend auf sich selbst angewiesen ist bei der inhaltlichen Ausgestaltung des Faches.

II

Um keine Mißverständnisse aufkommen zu lassen: Hier soll nicht gegen die Fachwissenschaften in der Lehrerausbildung gesprochen werden; über die Notwendigkeit intensiver und fundierter fachwissenschaftlicher – wie auch erziehungs- und gesellschaftswissenschaftlicher – Studien bestehen keine Zweifel. Zu diskutieren ist die Frage des Einflusses der Fachwissenschaft auf die Fachdidaktik; dieses Verhältnis bedarf einer kritischen Überprüfung im Hinblick auf die Neustrukturierung der Lehrerausbildung und im Zusammenhang der Curriculumentwicklung. Der wichtigen Frage des Selbstverständnisses von Fachwissenschaft in den beiden Aufgabenfeldern soll hier nicht nachgegangen werden.

Am Beispiel der entsprechenden Texte im Strukturplan des *Deutschen Bildungsrates* läßt sich der Trend zur fachwissenschaftlichen Verankerung der Fachdidaktik besonders gut erörtern; dies um so mehr, als diese Aussagen erhebliche bildungs- und wissenschaftspolitische Bedeutung erlangt haben. – Der Unterausschuß Lehrerbildung – den Gutachten von Mathematikern und Physikern folgend – hat die Trennung der didaktischen Ausbildung empfohlen: Allgemeine Didaktik in die erziehungs- und gesellschaftswissenschaftlichen Studien, Fachdidaktik als Teil der fachwissenschaftlichen Studien. Die Aussagen in den Empfehlungen des Unterausschusses zur Frage der Verbindung von „rein fachlichen" und „pädagogischen" Studienelementen sind unpräzise: „Für die Zuordnung der didaktischen Fragestellung zum Fachstudium oder den pädagogischen Studien gilt die Faustregel: Die Transposition fachwissenschaftlich wesentlicher Gehalte und Strukturen in pädagogisch wirksame Substanzen und Strukturen gehört in das Fachstudium, die didaktische und methodische Aufbereitung in die pädagogischen Studien. Doch bleibt es Aufgabe der Fachdidaktik, selbst Kriterien dieser Aufbereitung aufzuzeigen im Sinn von Vorbereitung und Anbahnung." (*Hanssler* 1971, S. 113) Es kann nicht verwundern, daß der Strukturplan dementsprechend keine explizite Begründung für die Einbindung der Fachdidaktik in die Fachwissenschaft gibt. Es wird lapidar festgestellt, eine Fachausbildung (i. S. v. fachwissenschaftlicher Ausbildung) sei Voraussetzung für jede Lehrertätigkeit. Die Zuordnung der Fachdidaktik wird folgendermaßen erklärt: „Aus der Zielsetzung der fachlichen Ausbildung für den Lehrer ergibt sich, daß fachdidaktische Lehrveranstaltungen zur Fachausbildung gehören. Fachdidaktik ist im Fach verwurzelt. Sie verbindet das Fach mit der Schulpraxis" (*Deutscher Bildungsrat* 1970, S. 225).

Die recht allgemein gehaltenen Aussagen zu den Aufgaben von Fachdidaktik, die kaum eine hinreichende Funktionsbestimmung liefern, bestätigen die Unterordnung unter die Fachwissenschaft: Fachdidaktik hat „1. festzustellen, welche Erkenntnisse, Denkweisen und Methoden der Fachwissenschaft Lernziele des Unterrichts werden sollen; 2. Modelle zum Inhalt, zur Methodik und Organisation des Unterrichts zu ermitteln, mit deren Hilfe möglichst viele Lernziele erreicht werden; 3. den Inhalt der Lehrpläne immer wieder daraufhin kritisch zu überprüfen, ob er den neuesten Erkenntnissen fachwissenschaftlicher Forschung entspricht, und gegebenenfalls überholte Inhalte, Methoden und Techniken des Unterrichts zu eliminieren oder durch neue zu ersetzen; 4. erkenntnistheoretische Vertiefung anzuregen und fächerübergreifende Gehalte des Faches bzw. interdisziplinäre Gesichtspunkte zu kennzeichnen" (S. 225 f.). Offensichtlich ist der *Deutsche Bildungsrat* der Ansicht, es gäbe eine lineare Entsprechung von Fachwissenschaft und Schulfach. Fachdidaktik hat in dieser Sichtweise Transportfunktionen für fachwissenschaftliche Gegenstände und Interessen. *Cäsar Hagener* karikiert diesen Sachverhalt treffend: „Die Fachdidaktik hat in solchen Fällen tatsächlich nur noch die *Funktion eines Containers.* Wohlgeratene Inhalte, jeweils wissenschaftlich überprüft, werden gut verpackt und verfrachtet." (*Hagener* 1975, S. 256)

Die Unterordnung der Fachdidaktik läßt sich auch dort finden, wo Aussagen gemacht werden über die Wissenschaftler, die sich der Aufgabe der Vermittlung von Fachwissenschaft und Fachdidaktik widmen sollen: „Die Vertreter der Fachwissenschaften, deren Studenten den Lehrerberuf anstreben, müssen sich verpflichtet fühlen – von den wissenschaftstheoretischen und -methodischen Problemen ihres Faches ausgehend –, sich auch der didaktischen Probleme ihres Faches in wissenschaftlicher Weise forschend und lehrend anzunehmen." (*Deutscher Bildungsrat* 1970, S. 245) Was aber geschieht, wenn die Fachwissenschaftler diese hohe Verpflichtung nicht verspüren? Wo haben die Fachwissenschaftler diese angebliche Verpflichtung je in so ausreichender Zahl wahrgenommen, daß daraus Gewinn für die Lehrerbildung hätte erwachsen müssen? Im Unterausschuß Lehrerbildung regten sich allerdings auch Bedenken hinsichtlich der materiellen und personellen Konsequenzen der vom *Deutschen Bildungsrat* interpretierten Fachdidaktik: „Freilich setzt die Verlegenheit sofort ein, wenn man Fachdidaktik inhaltlich exakt zu definieren sucht und wenn man sich umsieht, wo die Fachdidaktiker zu finden sind und wie ihre Tätigkeit den fachwissenschaftlichen Lehrveranstaltungen selbst zuzuordnen ist." (*Hanssler* 1971, S. 17)

Der meines Erachtens entscheidende Grund für die Einbindung der Fachdidaktik in die Fachwissenschaft wird in folgender Aussage deutlich: „Es muß neu gesehen werden, daß die wissenschaftlichen Studien der Studierenden auf den wissenschaftsorientierten Studien der Schüler in den Schulen aufbauen und die Arbeit der Hochschulen von diesem Fundament abhängig ist. Die Kluft zwischen dem Stand der wissenschaftlichen Forschung und der Praxis der Schulfächer kann nur auf diese Weise verringert werden. Die didaktischen Überlegungen beginnen schon mit der Kommunikation der Wissenschaftler untereinander und der elementaren Darstellung ihrer Forschungen für die Studienanfänger. Die Aufgabe, die Wissenschaft zu elementarisieren und den Unterricht an der Wissenschaft zu orientieren, bezeichnet genau den Auftrag der Fachdidaktik, nämlich so zu lehren, daß der Anschluß sowohl zum Schüler hin als auch zur Forschung hin gewahrt wird." (*Deutscher Bildungsrat* 1970, S. 245 f.)

Diese Argumentation zeigt, daß die Verfasser schulisches Lernen als wissenschaftliches oder zumindest wissenschaftsorientiertes Lernen verstehen. Daher resultiert die Dominanz fachwissenschaftlicher Kriterien in der Bestimmung der Fachdidaktik. Eine solche Fachdidaktik ist am ehesten dann verständlich, wenn man unterstellt, daß der größte Teil der Schüler in wissenschaftlichen Berufen arbeiten wird. Damit aber wird die Schule primär als Zulieferer für das Hochschulstudium gesehen, unter Absehung von der Tatsache, daß die Mehrheit der Lernenden nicht gemäß ihren Interessen im Hinblick auf ihre spätere Erwerbstätigkeit ausgebildet wird. Fachwissenschaftlich bestimmter Unterricht muß demnach tendenziell dekompensatorische Wirkungen für einen Großteil der Schüler haben. Hier aber geht die originär didaktische Aufgabe verloren: Didaktik sollte primär von den Interessen der Lernenden – im weiteren Sinne auch der Gesellschaft – aus fragen, statt sich von Fachwissenschaften Ziele und Inhalte vorschreiben zu lassen. Da Schule zur Bewältigung komplexer Lebenssituationen beitragen soll, ist eine Fachdidaktik als Vehikel für einzelwissenschaftliche Erklärungsversuche der Lebenswelt nicht hinreichend geeignet.

III

Mit seiner Interpretation der fachwissenschaftlich orientierten Fachdidaktik steht der *Deutsche Bildungsrat* im Gegensatz zu den Auffassungen der bildungstheoretischen Didaktik. In seiner Auseinandersetzung mit den Ansprüchen der Fachwissenschaften hinsichtlich ihrer Repräsentanz in den Schulfächern hat *Wolfgang Kramp* eindeutig nachgewiesen, „daß sich verbindliche und praktikable Aussagen über Probleme der Menschenbildung von den Fachwissenschaften her grundsätzlich nicht gewinnen und zureichend begründen lassen, alle gleichwohl von dorther gestützten Aussagen aber nach den ' rinzipien der modernen Forschung als schlechthin unwissenschaftlich angesehen und darum zurückgewiesen werden müssen“ (*Kramp* 1963, S. 347). Er weist die Auffassung als historisch unhaltbar zurück, die Schulfächer seien aus den Universitätsdisziplinen entwickelt worden: „In Wirklichkeit dienten diese Fächer ursprünglich keineswegs der wissenschaftlich-gelehrten Schulung, sondern der umfassenden Wissenschafts- und Lebenspropädeutik in einem durchaus pragmatischen Sinn.“ (S. 339)

Wolfgang Klafki verweist auf die prinzipiell unterschiedlichen Interessen und Perspektiven von Didaktik und Fachwissenschaft. „Die Aufgabe der Didaktik kann also nicht einfach als Transposition, Umsetzung und Elementarisierung wissenschaftlicher Ergebnisse auf ihrem jeweils neuesten Forschungsstande . . . verstanden werden. Sie hat vielmehr zu fragen, wieweit die Fachwissenschaften die Weltperspektive des Kindes und des Jugendlichen und die des erwachsenen Laien aufzuschließen vermögen“ (*Klafki* 1962, S. 110). Die Didaktik als verantwortlicher Sachwalter des jungen Menschen ist diejenige Instanz, die mit Fragen an relevante Wissenschaften herantritt; sie hat zu prüfen, ob die von den Fachwissenschaften angebotenen Antworten zur Aufschließung der Lebenswirklichkeit geeignet sind. Die Didaktiken (i. S. v. Bereichs- oder Fachdidaktik) besitzen eine relative Eigenständigkeit gegenüber den Fachwissenschaften, welche nicht konstitutiv für die Didaktiken zu sein brauchen; in bestimmten Fällen ist sogar „das Vorhandensein bestimmter Wissenschaften nicht einmal die notwendige Voraussetzung für die Möglichkeit der Didaktik“ (S. 113 f.). In welchem Verhältnis indessen die einzelnen Fachdidaktiken und/oder Schulfächer zu relevanten Fachwissenschaften stehen, läßt sich – darin ist *Klafki* zuzustimmen – „gar nicht generell bestimmen, und dieses Verhältnis ist überdies ständigem Wandel unterworfen, weil sowohl die Wissenschaften selbst als auch die didaktischen Fragen sich wandeln. Die Beziehungen komplizieren sich angesichts des Tatbestandes, daß die einzelnen Teildisziplinen einer Wissenschaft eine unterschiedliche Nähe oder Ferne zur Didaktik haben." (S. 113)

Die Bestimmung des Verhältnisses von Fachdidaktik und Fachwissenschaft bedarf nicht nur unter fachorientierten Gesichtspunkten einer Klärung. Die Möglichkeiten der Fachdidaktiken sind dort eingeschränkt, wo die Grenzen der Fachwissenschaften überschritten werden oder wo die Zahl der Fachwissenschaften für die Lösung bestimmter schulischer Aufgaben recht groß ist (z.B. in integrierten Curricula, im Projektunterricht). Bislang haben fachwissenschaftlich orientierte Fachdidaktiken bei der Aufgabe versagt, aus sich heraus fächerübergreifende oder interdisziplinäre Gegenstandsbereiche zu konzipieren. Solches gelang bisher höchstens im Rekurs auf allgemeindidaktische Hilfen, wurde mehr aber noch von allgemeinen Didaktikern und von aufgeschlossenen Schulpraktikern initiiert oder von der Bildungspolitik dekretiert (z.B. Arbeitslehre, Gesellschaftslehre). Die Problematik einer fachwissenschaftlichen Orientierung der Fachdidaktik zeigt sich ferner in den Fällen, in denen lebenssituative Elemente im Curriculum zu berücksichtigen sind. Da bekanntermaßen „das Leben" nicht in Fächern zu rubrizieren ist, sind hier Fachwissenschaften überfordert. Auch können die nicht hinreichend wissenschaftlich erklärbaren Phänomene und Verhaltensweisen im gesellschaftlichen Leben weniger über Fachwissenschaften als vielmehr im wesentlichen über die Allgemeine Didaktik angemessen curricular erfaßt werden. In dem Zusammenhang moniert *Günter Petersen* „die häufige Verwendung von ‚Science' und ‚Studies' in den Curriculumtiteln", die auf die fachwissenschaftliche Orientierung zurückgehe. Gegen diese „fachmonistische Strukturidee der herkömmliche Didaktik" erhebt er zwei Einwände: Die qualitative Differenz von Wissenschaft und Schulfach werde aufgehoben, wonach der beste Didaktiker auch der beste Fachwissenschaftler sei. Lernerfahrungen in einem Fach werden immer isoliert von Erfahrungen in anderen Fächern vermittelt (*Petersen* 1973, S. 135f.). *Hans Niedderer* verweist darauf, daß gerade bei integrativen Curriculuminhalten fachwissenschaftlich orientierte Didaktik keine Hilfe geben kann – wobei man allerdings sehen muß, daß eine solche Fachdidaktik ohnehin kein Interesse an interdisziplinären Curricula haben dürfte: „Die naturwissenschaftlichen und technischen Disziplinen allein ergeben ... keine selbständigen, obersten Prinzipien zur Zielfindung für allgemeinverbindliche, über spezielle Zwecke und Interessen hinausgehende Ziele. Typisch fachimmanente didaktische Prinzipien wie Verständnis für die Wissenschaft Physik, Erklärungsbedürfnisse u. ä. lassen alle die Frage nach dem Wozu ohne befriedigende Antwort, es sei denn, sie ziehen nicht fachimmanente Prinzipien zur Präzisierung hinzu." (*Niedderer* 1973, S. 167) Diese Prinzipien und Kategorien werden begründet durch allgemeindidaktische Überlegungen und Entscheidungen. Auch hier zeigt sich der enge Zusammenhang von Allgemeiner Didaktik und Fachdidaktik, die in einem engen Bezugs- und Bedingungsverhältnis stehen und sich im Grunde nur im Konkretisierungsgrad ihrer Aussagen unterscheiden (vgl. auch *Klafki* 1976b, S. 79). Fachdidaktik läßt sich mit *Klafki* demnach definieren als „erziehungswissenschaftliche Forschung und Theoriebildung über Zielsetzungen, Auswahlproblematik, Methoden- bzw. Organisationsformen und

Medien eines Schulfachs bzw. einer Fächergruppe oder eines ‚Lernbereichs' ... sowie über die in einem solchen Fach oder Bereich ablaufenden bzw. möglichen Lehr- und Lernvorgänge" (*Klafki* 1976a, S.275). In wissenschaftstheoretischer Hinsicht besitzen die Fachdidaktiken eine Zwischenstellung, indem sie eine Brücke schlagen zwischen den Forschungsansätzen und -ergebnissen der Erziehungswissenschaft, besonders der Allgemeinen Didaktik auf der einen Seite und denen der Fachwissenschaften auf der anderen Seite. Es ist evident, daß bei solcher Interpretation die wissenschaftsorganisatorischen Fragen als schwer lösbar erscheinen.

IV

Die Erwartung liegt nahe, wesentliche Fragen des Verhältnisses der Fachdidaktik zur Allgemeinen Didaktik und Fachwissenschaft in einem Ansatz gelöst zu sehen, der seinem Selbstverständnis nach ebenfalls in der bildungstheoretischen Tradition steht: Der Münsteraner Arbeitskreis Didaktik um *Herwig Blankertz* befürwortet und praktiziert eine Curriculumarbeit auf der Basis von Fachdidaktik. Für *Blankertz* ist die Fachdidaktik etwas Drittes neben Allgemeiner Didaktik und Fachwissenschaft, aber gleichzeitig auf diese beiden angewiesen: „Die Frage nach Konstruktion und Reform der Lehrpläne, der in ihnen enthaltenen Fächer, deren Zusammenhang und deren Grenzen, Auswahl, Anordnung und Vermittlung der Lehrinhalte, wird weder von den den Schulfächern korrespondierenden Fachwissenschaften befriedigend beantwortet werden können, noch von der allgemeinen Didaktik, sondern nur von einer wissenschaftlich betriebenen Fachdidaktik, die die Fachwissenschaften und pädagogisch formulierte Fragen antworten läßt." (*Blankertz* 1975b, S. 138f.)

Blankertz' Fachdidaktik, verkörpert in seinem Strukturgitteransatz, ist bildungstheoretisch orientiert zum einen, „um der Situationsanalyse den pädagogischen Maßstab zu geben" (*Blankertz* 1975a, S.208), zum anderen, um der technologischen Wendung der Didaktik zu entgehen. Damit ist die Fachdidaktik als erziehungswissenschaftliche Größe erkennbar. „Der Strukturgitteransatz ist eine dezidiert *fachdidaktische* Form der Curriculumentwicklung, doch nicht aus einer speziellen fachwissenschaftlichen Präokkupation heraus motiviert, sondern aufgrund erziehungswissenschaftlich-methodologischer Erwägungen." (S.206) Fachdidaktik ereignet sich – via Strukturgitter – in der Konfrontation von Fachwissenschaft und Allgemeiner Didaktik nämlich so, „daß in diesem Vorgehen weder den jeweils fraglichen Fachwissenschaften gegenüber einer didaktischen Analyse die Qualität unbezweifelbarer Vorgegebenheit konzediert wird, noch die Didaktik als eine Superinstanz zur Richterin über alle Einzeldisziplinen bestellt ist" (*Blankertz* 1973, S.12). Wenn also dabei Fachdidaktik entsteht, so ist zu fragen, welche Kraft Didaktik und Fachwissenschaft zusammentreffen läßt, wer sozusagen den curricularen Stein ins Rollen bringt. Und wenn *Gösta Thoma* erklärt: „Der Ansatz ist als ‚fachdidaktisch' zu kennzeichnen; daß heißt, er bezieht sich immer auf ein schulisches Aufgabenfeld." (*Thoma* 1975, S.463), dann ist zu fragen: Wer hat zuvor das jeweilige Feld vermessen, das zu bebauen ist – die Allgemeine Didaktik, die Fachwissenschaft, die Schulpraxis, die Bildungspolitik? Oder ist das Feld bereits „grundbuchmäßig“ erfaßt, soll aber nun umgewidmet werden?

Bei *Hilbert L. Meyer* findet sich eine Antwort. (Hier zeigt sich übrigens auch, daß der Münsteraner Fachdidaktikansatz durchaus nicht homogen ist.) Der fachdidaktische Strukturgitteransatz geht davon aus, „daß die Curriculumentwicklung nie im Sinne eines voraussetzungslosen Neuanfangs beginnen kann, sondern immer auf die bereits vorliegenden, durch Fachdidaktiken, Lehrbücher etc. stabilisierten Lernziel- und Lerninhaltssequenzen angewiesen ist, diese jedoch mit Hilfe des Strukturgitters zu kontrollieren, zu kritisieren und zu revidieren hat. . . . Das Strukturgitter ist also immer an einem in der Schule als Unterrichtsfach ausgewiesenen *Aufgabenbereich* orientiert.“ (*Meyer* 1973, S. 266) Damit steht *Meyer* eindeutig im Widerspruch zu *Blankertz*, der in „Theorien und Modelle“ behauptet, mit seinem fachdidaktischen Strukturgitteransatz neue didaktische Entwürfe theoretisch ausarbeiten zu können (dort Arbeitslehre). Tatsächlich aber beruht das von *Georg Groth* (1968) entwickelte und von *Blankertz* übernommene Strukturgitter auch auf Praxis, nämlich z. T. der berufspädagogischen Praxis. Damit stellt sich der von *Blankertz* für seinen Ansatz als Vorteil reklamierte Anspruch gegenüber der von *Klafki* vertretenen Auffassung als unbegründet heraus: *Blankertz* meint, *Klafki* sei mit seiner didaktischen Konzeption nicht in der Lage, Didaktik und Lehrplan Arbeitslehre prinzipiell neu zu entwickeln, sondern er sei – in echter *Weniger*-Nachfolge – auf die vorgefundene Praxis des Werkunterrichts angewiesen. (Daß diese Interpretation sachlich falsch ist, läßt sich in den entsprechenden Veröffentlichungen *Klafkis* (z. B. 1967) leicht feststellen.)

Die Frage nach dem Stellenwert der Fachwissenschaft gegenüber der Fachdidaktik beantwortet sich bei den Mitarbeitern von *Blankertz* anders, als man aufgrund seiner oben angeführten Aussagen annehmen könnte. Bei der Erläuterung des Kernstücks der Münsteraner Curriculumtheorie, dem Strukturgitter, machen z. B. *Lenzen, Meyer* und *Thoma* die fachwissenschaftliche Dominanz klar: „Wir verstehen unter einem fachdidaktischen Strukturgitter einen in der Form eines mehrdimensionalen Gitters zusammengestellten Satz von Kriterien und Kategorien, mit dem die jeweilige fachwissenschaftliche Struktur und die an eine solche Fachwissenschaft heranzutragenden gesellschaftlichen und subjektiven Gesichtspunkte erfaßt werden können.“ (*Lenzen/Meyer* 1975, S. 195; ähnlich bei: *Thoma* 1975, S. 463)

Unverständlich, weil nicht begründet, ist die Abgrenzung des Strukturgitterkonzepts gegenüber der Allgemeinen Didaktik. *Lenzen* und *Meyer* sehen es als Vorzug des von ihnen mitentwickelten Ansatzes an, daß Strukturgitter eben „nicht allgemein didaktisch definiert, sondern auf die jeweilige Fachdidaktik und deren Fachwissenschaft(en) hin konzipiert“ sind (*Lenzen/Meyer* 1975, S. 249). Damit stellt sich auch hier die Frage, wie durch ein fachdidaktisches Strukturgitter solche Lebenssituationen eingefangen werden können, auf welche die Fachwissenschaften keine hinreichende Antwort geben können. Durch diese Art von Curriculumentwicklung werden die bestehenden Fächer sicher von besserer wissenschaftlicher Qualität; die Gefahr droht indessen, daß potentielle Unterrichtsthemen, deren Vermittlung fachwissenschaftlich nicht begründbar erscheinen, gleichwohl für Schüler von Interesse sein könnten, im Curriculum schwerlich aufgenommen werden.

Im Gegensatz zu der neueren Entwicklung im Münsteraner Arbeitskreis Didaktik steht der Versuch *Frank Achtenhagens* (1973), eines ehemaligen Mitarbeiters *Blankertz'*, eine neue Konzeption für eine Fachdidaktik – für den fremdsprachlichen Unterricht – auf allgemeindidaktischer Grundlage zu begründen. Zur Entwicklung fachdidaktischer Fragestellungen wendet er das analytische Instrumentarium der „Berliner Didaktik" *Heimanns* und *Schulz'* als organisierendes Prinzip an, um Aussagen der Fachwissenschaft, der Psychologie, der Soziologie, der Politik sowie andere lehrplanrelevante Fakten ordnen zu können. „Durch diesen Bezug wird gewährleistet, daß die auf Lehr- und Lernprozesse gerichteten Aussagen der Fachdidaktiken konfrontiert werden mit Fragen und Informationen, die die Allgemeine Didaktik entwickelt hat. Es wird erwartet, daß dadurch Probleme in den Blick kommen, die in Fachdidaktiken für den Fremdsprachenunterricht gewöhnlich nicht angesprochen werden." (*Köhler* 1975, S. 311) Die Allgemeine Didaktik wird als Basis gewählt, weil die „Probleme der Fachdidaktik eine Teilmenge von Problemen der Curriculumforschung darstellen". *Achtenhagen* begründet wie folgt: 1. „Immer dann, wenn Curriculumtheorie auch praktisch geworden ist, setzte die Zuwendung zu Fachproblemen ein." 2. „Die sehr wichtigen Entscheidungsfelder ‚Intentionalität' und ‚Thematik' . . . sind ohne Zusammenarbeit mit der bzw. den korrespondierenden Fachwissenschaften nicht inhaltlich zu füllen." 3. „Die Rückfragen der Schulpraxis sind primär auf den Unterricht bezogen, der wiederum nach Inhaltsklassen (‚Fächer') gegliedert ist." 4. „An neuartigen Entwürfen einer handlungsorientierten Didaktik . . . kann man ebenfalls deutlich machen, daß für die Fortentwicklung der ‚Unterrichtsmodelle' fachdidaktische Forschung vorausgesetzt wird – auch wenn dieses Problem nicht unter dieser Überschrift abgehandelt wird." (*Achtenhagen* 1975, S. 455) Die zentrale Funktion der Allgemeinen Didaktik für die Fachdidaktik im Hinblick auf die Curriculumentwicklung zeigt sich zum einen darin, daß die Allgemeine Didaktik Verfahren zur Gewinnung und Aufbereitung von notwendigen Informationen für Curriculumreformen zur Verfügung stellen kann; zum anderen liefern die kritischen, allgemeindidaktischen Fragen die rationale Begründung, um aus den Informationen curriculare Einheiten konstruieren zu können. Hier trifft sich gewissermaßen *Achtenhagen* mit *Klafki*, der auf die Frage: „Kann eventuell Ihre ‚Didaktische Analyse' als Kern der Curriculum-Entwicklung gesehen werden?" nach dem Hinweis auf einige notwendige Ergänzungen seines Konzeptes antwortet, „daß solche didaktischen Analysen zur rationalen Begründung von Curriculum-Entscheidungen unverzichtbar sind" (*Hendricks* 1972, S. 145). *Achtenhagen* stellt überdies den Systemzusammenhang zwischen Allgemeiner Didaktik und Fachdidaktik deutlich heraus: „Nur über den Weg ausgearbeiteter Fachdidaktiken und Curricula wird die Weiterentwicklung auch der Allgemeinen Didaktik möglich" (*Achtenhagen* 1975, S. 455).

V

Der Versuch, einen engen Zusammenhang zwischen Allgemeiner Didaktik und Fachdidaktik herzustellen, wirft nicht nur die Frage nach dem Verhältnis zur Fachwissenschaft auf, sondern löst auch Diskussionen über die Beziehungen zur Erziehungswissenschaft aus. Der Gedanke, Allgemeine Didaktik und Fachdidaktik miteinander zu verbinden, liegt dem Entwurf einer eigenständigen Unterrichtswissenschaft zugrunde. Hauptverfechter dieser Idee in Berlin – auch im Zusammenhang mit der Integration der Pädagogischen Hochschule in die drei Universitäten der Stadt – war *Wolfgang Schulz* (*Zauwi* 1975); die theoretische Begründung wird besonders deutlich in einem Aufsatz von *Gunter Otto.* Für ihn hängt die Frage nach dem Ort von Didaktik von deren Ziel- und Erkenntnisinteressen ab. „Entscheidungskriterium ist, in welchem Kontext – fachwissenschaftlich oder sozialwissenschaftlich – mehr Aussichten für die Wahrnehmung sowohl der *pragmatischen* Funktion – als der Voraussetzung von Innovation – und der *kritischen* Funktion – als der Voraussetzung von Systemkorrektur – bestehen." (*Otto* 1975, S. 76)

Die Fachdidaktiken sind mit der Allgemeinen Didaktik und einigen sozialwissenschaftlichen Teildisziplinen, die sich mit den institutionalisierten Prozessen von Erziehung und Unterricht beschäftigen, an *einem* gesicherten Ort. Dieser kann nicht innerhalb der Erziehungswissenschaft liegen, da sie „möglicherweise als Basis prinzipiell nicht ausreicht, um auf alle Fragen der Didaktiker handlungsbezogene Antworten zu geben. Ihren eigenen Anspruch, Theorie einer Praxis zu sein, kann sie, so wie die Praxis heute beschaffen ist, nicht mehr überall einlösen." (S. 77) Um der Erziehungswissenschaft nicht den Praxisbezug, oder noch enger: den Unterrichtsbezug aufzubürden, soll die Unterrichtswissenschaft die Praxisorientierung wahrnehmen, die Erziehungswissenschaft hingegen ein „theorieorientiertes Korrelat" anbieten. Die Unterrichtswissenschaften haben überdies – nach *Ottos* Meinung – einen derartigen Diskussionsstand erreicht und stehen unter einem solchen gesellschaftlichen Anspruch, daß eine selbständige, institutionell gesicherte Organisation erforderlich ist.

Otto macht es sich m. E. zu leicht, wenn er primär der Erziehungswissenschaft die Verantwortung für die Theorie gibt, um mit dem Argument der stärkeren Praxisorientierung die Autonomie für Unterrichtswissenschaft fordern zu können. Es bleibt im dunkeln, welche Spezifika die Unterrichtswissenschaft zur eigenständigen Wissenschaft machen. Der Hinweis auf „gesellschaftlichen Anspruch" trägt nicht gerade zu einer wissenschaftstheoretischen Klärung bei!

Die hier propagierte Aufteilung zwischen theorieorientierten und praxisorientierten Wissenschaften im Handlungsfeld Schule bekommt weder der Erziehungswissenschaft, da sie der Kontrolle durch die Praxis entzogen wird, noch der Unterrichtswissenschaft, da ihr Forschungsgegenstand gegenüber den anderen Faktoren schulischen Lernens nicht auszugrenzen ist. Die Willkürlichkeit und Beliebigkeit des Trennungsversuchs wird dort deutlich, wo hochschul- und wissenschaftsorganisatorische Konsequenzen gezogen werden sollen, wie z. B. bei der geplanten Neustrukturierung der Freien Universität Berlin im lehrerausbildenden

Sektor: Während der Erziehungswissenschaft u. a. folgende Schwerpunkte zugeordnet werden sollen: Bildungstheorie und Curriculumentwicklung, Sozialisation in Erziehung und Ausbildung, Arbeits- und Berufspädagogik – widmen sich die Unterrichtswissenschaften den Didaktiken der Schulfächer, der Allgemeinen Unterrichtstheorie und Mediendidaktik, den Interaktionsprozessen in Schule und Unterricht sowie der Sonder- und Heilpädagogik.

Mit der Konstituierung einer eigenständigen Unterrichtswissenschaft glaubt *Otto*, auch das Problem des Verhältnisses Fachdidaktik – Fachwissenschaft bewältigen zu können: Nur eine starke, d.h. selbständige Unterrichtswissenschaft wird gegenüber der Fachwissenschaft die Kompetenz von Didaktik in schulischen Fragen behaupten können. Für die Selbständigkeit der Unterrichtswissenschaften gegenüber den Erziehungswissenschaften spricht in dem Zusammenhang das Argument, „daß die Fachwissenschaften z.B. in einem Fachbereich Unterrichtswissenschaften, in dem alle Didaktiken und die unterrichtsbezogenen Beiträge der sozialwissenschaftlichen Disziplinen wie der übrigen Disziplinen der Erziehungswissenschaft zusammengefaßt sind, eher ihren Gesprächspartner identifizieren können, als in Erziehungswissenschaften" (S. 78). Genau hier aber liegt ein wesentliches Problem der Fachdidaktik: Ohne institutionell gesicherte Organisation einer interdisziplinären Kooperation von Didaktiken und Fachwissenschaften wird kein Fortschritt in der schulischen und universitären Curriculumentwicklung möglich sein. Beide Seiten werden sich auseinanderentwickeln, sofern sie nicht durch Zwang von außen (z.B. durch bildungspolitische Maßnahmen) zur Zusammenarbeit gebracht werden.

In dem zentralen Punkt der Trennung von der Erziehungswissenschaft unterscheidet sich *Cäsar Hagener* von der Position *Otto/Schulz*. Er vertritt die Auffassung, Fachdidaktik sei als Wissenschaft zu entwickeln, die die drei vom *Deutschen Bildungsrat* genannten Studienbahnen oder -elemente integrieren bzw. zum Schnitt bringen soll, nämlich: die erziehungs(sozial)wissenschaftlichen Studien, die fachwissenschaftlichen Studien sowie die Studien in und an der Praxis (*Hagener* 1975, S. 246). Für ihn ist der Standort der Fachdidaktik eindeutig in der Erziehungswissenschaft begründet, da er sich Fachdidaktik „nur als eine pädagogisch-fragende, als eine pädagogisch-planende und als eine lernpraxis-verändernde Teildisziplin einer Handlungswissenschaft denken kann" (S. 255). Fachdidaktik als auf Praxis zielende Erziehungswissenschaft analysiert und entwirft fachlich strukturierte Lernprozesse auch im Kontext der Lernvorgänge, „die heute im Erfahrungsraum Schule als ‚Prozesse des kommunikativen und sozialen Lernens' bezeichnet werden und in vielerlei Gestalt positiv und negativ das Sachlernen bestärken, durchkreuzen oder aber auch leerlaufen lassen" (S. 258). Auf Kooperation mit Fachwissenschaften ist eine solche Fachdidaktik zwar angewiesen, aber nur mit solchen, die vermittels einer Wissenschaftsdidaktik (etwa i. S. *von Hentigs* 1970) Interesse zeigen an einer berufsfeldorientierten Studienreform. Die praxisorientierte Fachdidaktik erforscht und erprobt neue und andere Lerninhalte; sie sieht ihre spezifische Aufgabe als Erziehungswissenschaft in der Curriculumforschung und -entwicklung. Damit wird der überkommene „Fach"-Didaktik-Begriff hinfällig, da aus der Perspektive eines Faches die curricularen Aufgaben nicht allein zu lösen sind. *Hagener* plädiert statt dessen für den Begriff „Lernfeld-Didaktik" (*Wolfgang Klafki* hat sich verschiedentlich dafür ausgesprochen, den Begriff „Bereichs-Didaktik" zu verwenden). Die Lernfeld-Didaktik erlaubt eine didaktische Reflexion, die nicht an *eine* Fachwissenschaft gebunden ist.

Zwei inhaltliche und organisatorische Probleme werden weder bei *Hagener* noch bei *Otto* bewältigt:

1. Wie kann bei der Trennung der Allgemeinen Didaktik und Fachdidaktik von der Fachwissenschaft sichergestellt werden, daß die interdisziplinäre Integration von didaktischen und fachwissenschaftlichen Studieninhalten in der Organisation der Lehrerausbildung gewährleistet wird und sich nicht in freier Beliebigkeit in den Köpfen der Studenten ereignen muß?

2. Wie kann gewährleistet werden, daß auf Dauer Hochschullehrer vorhanden sind, die die Fülle der verschiedenen wissenschaftlichen Aspekte kompetent vertreten können, so daß die Fachdidaktik in kontinuierlichem und konstruktivem Gespräch mit den Fachwissenschaften weiterentwickelt werden kann, obwohl deren Interesse an Fragen der Lehrerausbildung und schulischem Unterricht erfahrungsgemäß gering ist?

VI

Im Gegensatz zu den Empfehlungen des *Deutschen Bildungsrates* und der hochschulpolitischen Entwicklung in vielen Bundesländern, die Fachdidaktik in die Fachwissenschaft einzubinden, gibt es Begründungsversuche, die Fachdidaktik als selbständige Wissenschaft zu entwickeln. Fachdidaktik wird als die „eigentliche Berufswissenschaft der Lehrer" (*Nachtigall* 1975, S. 29) interpretiert. Einigkeit besteht darüber, daß sie beeinflußt wird von Allgemeiner Didaktik, Fachwissenschaft und Schulpraxis. So sieht z. B. *Gertrud Jungblut* Fachdidaktik als „die Schaltstelle zwischen Gesellschaft, Schule und Wissenschaft; das ist gleichzeitig auch die Verbindung zwischen der jeweiligen Fachwissenschaft und den Basiswissenschaften" (*Jungblut* 1972, S. 611).

Allerdings sind sich die Befürworter einer eigenständigen Wissenschaft Fachdidaktik über die Probleme im klaren, gerade im Hinblick auf die Begründung einer eigenen Theorie. „Der konzeptionelle Teil dieser geforderten Wissenschaft der Fachdidaktik wird in große Schwierigkeiten geraten, seine Wissenschaftsprinzipien zu entwickeln und in logischer Form darzulegen. ... Die eigentliche Schwierigkeit der zu konzipierenden fachdidaktischen Forschung ist der Entwurf der fachdidaktischen Theorie selbst, nämlich die Antwort auf die Frage nach den Prinzipien, aus denen heraus diese Gegenstände erfaßt werden sollen." (*Timmermann* 1972b, S. 53) *Jungblut* macht mit einem Vier-Punkte-Katalog klar, daß Fachdidaktik weder inhaltlich noch methodisch mit bestehenden universitären Disziplinen verbunden werden kann. Fachdidaktik hat die Aufgaben, „1. über die Bedeutung und Funktion des jeweiligen Schulfaches im Bildungsprozeß unter soziologischen, politischen und pädagogischen Rücksichten zu reflektieren und die gewonnenen Kriterien jeweils neu in Frage zu stellen, 2. die fachwissenschaftlichen Inhalte im Einvernehmen mit der Erziehungswissenschaft (und möglicherweise anderen Basiswissenschaften) auszuwählen, die zum Erreichen der angestrebten Bildungs- und Ausbildungsziele beitragen können, 3. im Zusammenwirken mit Soziopsychologie, Lerntheorie und Schulpädagogik solche Vermittlungstechniken zu entwerfen, zu erproben und zu lehren, durch die diese Inhalte effektiv gemacht werden können – wobei unter ‚Erprobung' das Studium organisierter Lernprozesse zu verstehen ist, 4. die notwendige Rückkopplung von Praxis und Lehre herzustellen, durch längerfristige Beobachtung von Lernprozessen und durch gezielte Forschungsvorhaben" (*Jungblut* 1972, S. 611). Diese Aufgaben weisen auf die zentralen wissenschaftstheoretischen Aspekte von Fachdidaktik, nämlich auf die „Involviertheit der Fachdidaktik in die allgemeine Wissenschaftsproblematik" (S. 615), auf das emanzipatorische Erkenntnisinteresse, auf die „Frage nach der Kompetenz von Wissenschaft für Normsetzungen und Werturteile" (S. 617), auf die Notwendigkeit methodenpluralistischen Vorgehens. Diese ergibt sich für *Dieter Nachtigall* zwangsläufig durch die Zusammenarbeit mit den beitragenden Wissenschaften (*Nachtigall* 1975, S. 40). Gerade in dem letzten Aspekt aber liegt m. E. die zentrale offene Frage, ob es tatsächlich möglich ist, Fachdidaktik als eigenständige Wissenschaft zu konstituieren, die nicht methodenpluralistisch, sondern faktisch methodenuniversalistisch ist. Zwar sieht *Jungblut* auch das Methodenproblem, indem sie darauf verweist, daß die Fachdidaktik differenzierte Wissenschaftsmethoden, „eine Strategie von analytischen und nicht-analytischen Methoden" (*Jungblut* 1972, S. 621) braucht. Aber was heißt das konkret? *Hans Glöckel* z. B. nennt eine Fülle verschiedener Methoden, die von der Fachdidaktik verwendet werden: die hermeneutische, ideologiekritische, normenkritische, logisch-erkenntnistheoretische, empirische, hypothetisch-konstruktive, produktive, kritisch-analytische Methode sowie schließlich die von den jeweiligen Fachwissenschaften entwickelten Methoden (*Glöckel* 1976, S. 154). Es bleibt also keine Methode ausgeklammert, denn über die Fachwissenschaften ist die Methodenmenge beliebig ausdehnbar. Immerhin kann man durchaus das Methodenproblem mit der lapidaren Feststellung umgehen: Hier zeige sich eben, daß die Fachdidaktik eine typische Grenzwissenschaft in der ersten Phase ihrer Entwicklung sei (*Nachtigall* 1975, S. 40). Außerdem sei eine strenge Einteilung der Wissenschaften (z. B. in Geisteswissenschaften, Naturwissenschaften u. ä.) ohnehin obsolet.

Analog zum Methodenuniversalismus besteht die Gefahr des Inhaltsuniversalismus. Bei *Nachtigall* fragt man sich, ob die Fachdidaktik nicht schließlich fast die gesamte Verantwortung für die Vorbereitung auf die Wechselfälle des Lehrerberufes übernehmen sollte. Seiner Meinung nach erhält man Lehrkompetenz im Schulfach (hier: Physik) durch den Erwerb der Fach-, Erziehungs-, gesellschaftswissenschaftlichen, psychologischen, praktischen, technischen und philosophischen Kompetenzen. Diese sind nicht nach- oder nebeneinander, sondern fachbezogen und integriert zu erwerben. „Benötigt wird somit an lehrerausbildenden Hochschulen eine eigenständige Disziplin, deren Studium den integrierten Erwerb der nötigen Kompetenzkomponenten ermöglicht. Diese Disziplin wird hier

Fachdidaktik genannt, im Falle der Physik also Didaktik der Physik.“ (*Nachtigall* 1975, S. 39)

Wie sieht das Verhältnis einer sich emanzipierenden Fachdidaktik gegenüber der Fachwissenschaft aus? Wenn als Ziel fachdidaktischer Ausbildung z. B. die „Kenntnis der Zusammenhänge, eine solide konzeptionelle Grundausstattung, erworben unter Beachtung der historischen, geistesgeschichtlichen und wissenschaftstheoretischen Aspekte“ (*Nachtigall* 1975, S. 43) gilt, so ist zu fragen, welchen Stellenwert die Fachwissenschaft gegenüber einer Fachdidaktik besitzt, die solches leistet. Fachdidaktiker, die die Eigenständigkeit ihrer Disziplin betonen, wenden sich entschieden gegen eine lineare Transformation von fachwissenschaftlichen Ergebnissen in Fachdidaktik und Unterricht. *Daniels* (1974, S. 33) nennt vier Hauptaufgabenbereiche der Fachdidaktik gegenüber der Fachwissenschaft: 1. Überprüfung wissenschaftlicher Ergebnisse auf ihre Umsetzbarkeit. Das bedeutet für die Fachdidaktik, daß sie ihre Inhalte auf sachliche Richtigkeit überprüfen muß. Für die Fachwissenschaft ergibt sich daraus die Möglichkeit des Erfahrungsaustausches, der Überprüfung der Praxisrelevanz ihrer Ergebnisse. (Allerdings ist gerade in diesem Punkt kritisch anzumerken, daß für Fachwissenschaften die Schule nicht gerade der zentrale Ort von „Praxis“ i. w. S. ist.) 2. Aufarbeiten älterer fachwissenschaftlicher Ergebnisse unter neuen didaktischen Konzepten. 3. Artikulation von Forschungsbedarf für Fachwissenschaft. 4. Integrierende Funktionen gegenüber der Expansion der Fachwissenschaft in Spezialdisziplinen. Diese Aufgabe stellt sich aufgrund der Tatsache, daß die Schule gesellschaftliche Entwicklungen und Bedürfnisse berücksichtigen muß, ohne daß entsprechende Erklärungen in den Wissenschaften vorliegen.

Im Verhältnis der auf Selbständigkeit drängenden Fachdidaktik gegenüber Allgemeiner Didaktik gibt es verschiedene Tendenzen. Die Ablehnung jeglicher Vorherrschaft der Allgemeinen Didaktik wird ebenso vertreten (*Daniels* 1974, *Nachtigall* 1975) wie die vermittelnde Position, die der Allgemeinen Didaktik die Rolle des ehrlichen Maklers, nicht die des Schiedsrichters zuweist. So heißt es bei *Glökkel*: „Allgemeine Didaktik macht bewußt, daß im Fachunterricht nicht nur fachspezifische, sondern auch fachübergreifende Einstellungen und Fähigkeiten vermittelt werden, daß überhaupt nicht nur beabsichtigte ‚Lehrziele‘, sondern auch unbeabsichtigte Neben- und Rückwirkungen auftreten, daß also die Entscheidung über die Unterrichtsformen und -verfahren nicht nur von den fachlichen Gesichtspunkten aus erfolgen darf. Eine unmittelbare ‚Dienstleistung‘ des Allgemeindidaktikers besteht darin, daß er in ständigem Gespräch mit den Fachdidaktikern die für alle Fachdidaktiken gleichermaßen geltenden Fragestellungen und Begriffe klärt und eine gewisse Einheitlichkeit der Fachsprache sichert. Endlich kann die Allgemeine Didaktik durch die Behandlung grundsätzlicher und übergreifender unterrichtlicher Erscheinungen und Fragestellungen im Studiengang die Fachdidaktiken entlasten. Beide können sich gegenseitig aber nicht ersetzen.“ (*Glöckel* 1976, S. 155) Allerdings scheinen die auf Selbständigkeit bedachten Fachdidaktiker eine allzu weitgehende Selbständigkeit zu scheuen. Daher betonen sie die Notwendigkeit zu interdisziplinärer Arbeit, und zwar unter der Voraussetzung hierarchiefreien Gesprächs.

VII

In Anbetracht der offenkundigen Schwierigkeit, Fachdidaktik von Allgemeiner Didaktik und Fachwissenschaft her zu definieren, deren wechselseitigen Beziehungen aufzuschlüsseln sowie inhaltliche und organisatorische Folgerungen zu ziehen, scheint *Wilhelm Himmerichs* Feststellung eine salomonische Lösung des Problems zu sein: „Zwar läßt sich nicht bestimmen, was Fachdidaktik ist. Ein Fachdidaktiker jedoch ist bestimmbar: Er ist ein Wissenschaftler, der sich auf zwei Wissenschaftsgebieten ausgewiesen hat und sie forschungsmäßig in Deckung zu bringen vermag: eine Fachwissenschaft und die Erziehungswissenschaft." (*Himmerich* 1971, S. 154) Tatsächlich aber wird damit nicht das Problem gelöst, sondern nur auf eine personelle Betrachtungsebene geschoben. Fragt man nach den Merkmalen, die einen Wissenschaftler als Fachdidaktiker erkennbar machen, so landet man unumgänglich wieder bei erziehungswissenschaftlichen bzw. allgemeindidaktischen oder fachwissenschaftlichen Kriterien. So meint z.B. *Glöckel*, der Fachdidaktiker müsse „nicht so sehr die ganze Fülle der Einzelergebnisse seiner Wissenschaft kennen, er muß aber eher noch stärker als der Fachwissenschaftler mit der Wissenschaftstheorie des Faches vertraut sein und immer von neuem das Zustandekommen, den Geltungsbereich und die Grenzen fachwissenschaftlicher Aussagen reflektieren" (*Glöckel* 1976, S. 151).

Gibt es überhaupt einen „geborenen" Fachdidaktiker? Welches Mischungsverhältnis aus Allgemeiner Didaktik und Fachwissenschaft konstituiert einen Fachdidaktiker? Folgt man *Kerstiens*, so kann es streng genommen keinen Fachdidaktiker geben außer als – eventuell guten – Dilettanten in einer der beiden beteiligten Wissenschaften (vgl. *Kerstiens* 1972, S. 43). Generell besteht bei den wenigen Autoren, die nicht nur das Produkt, sondern auch die Produzenten beleuchten, Einigkeit darüber, daß ein Fachdidaktiker sowohl in „seiner" Fachwissenschaft als auch in der Erziehungswissenschaft gründliche Kenntnisse sowie längere Schulerfahrung, d.h. nach der Referendarausbildung einige Jahre selbständigen Unterricht, haben sollte (vgl. *Himmerich* 1971; *Nachtigall* 1975; *Timmermann* 1972a): „Der Fachdidaktiker muß seine Fachwissenschaft gründlich studiert haben, wenn auch nicht so sehr in die Breite ihrer inhaltlichen Einzelheiten als in die Tiefe ihrer Methodologie, er müßte ebenso in der Bildungstheorie und den empirischen Humanwissenschaften ausgebildet sein und er müßte Schulerfahrung haben, um den Bezug zu seinem realen Gegenstand, dem Unterricht, nicht zu verlieren. Diesbezüglich wäre er am besten mit dem Universitätslehrer der klinischen Medizin zu vergleichen, den man sich nicht ohne längere Erfahrung am Krankenbett vorstellen kann." (*Glöckel* 1976, S. 156) *Glöckel* räumt ein, daß ein Fachdidaktiker hinsichtlich seines Werdeganges gewissermaßen ein Supermann sein müßte, *Timmermann* gibt die Ausbildungszeit mit ca. 11 bis 12 Jahren an – ein Fachwissenschaftler kommt indessen in der Regel mit einer kürzeren Ausbildungsdauer aus. Realistischerweise wird aber eingeräumt, daß ein einzelner mit der Vielzahl von eigentlich wünschbaren Kompetenzen überfordert wäre.

Als Lösung bietet sich die Bildung von fachdidaktischen Teams an, zusammengesetzt aus Vertretern der je relevanten Wissenschaften. Allerdings werden unterschiedliche Forderungen zur Herstellung der gemeinsamen Gesprächsbasis gestellt. Auf der einen Seite wird von allen Vertretern der einzelnen Wissenschaften ein solides Wissen in den Bezugs-Fachwissenschaften gefordert. Auf der anderen Seite genügt es, wenn die Fachwissenschaftler, Erziehungswissenschaftler, Soziologen, Psychologen in ihrer jeweiligen Fachwissenschaft „beheimatet' und in den anderen ‚bewandert' wären, wenn sie es über sich brächten, den Kollegen anderer Herkunft nicht so sehr vorzuwerfen, was diesen fehle, sondern anzuerkennen, was sie mehr haben als man selbst" (*Glöckel* 1976, S. 156). Teams werden jedoch sehr häufig nur als vorläufige Lösung angesehen, solange keine echten Fachdidaktiker ausgebildet sind.

VIII

Aus der Diskussion mit den Kollegen über die „Verhältnisse" der Fachdidaktik seien im folgenden einige mir besonders wichtig erscheinende Punkte herausgegriffen:

a) die historisch-genetische Frage von Fachdidaktik
b) die Wissenschaftlichkeit von Fachdidaktik
c) die Identitätsprobleme der Fachdidaktiker
d) die Organisationsschwierigkeiten der Fachdidaktik

a) Die Problematik des Verhältnisses von Fachdidaktik zur Allgemeinen Didaktik und Fachwissenschaft wird besonders deutlich in den Fällen der Einrichtung neuer Unterrichtsfächer oder Lernfelder (z. B. Arbeitslehre, Gesellschaftslehre, Sachunterricht): Zwar werden curriculare Entscheidungen letztlich bildungspolitisch getroffen, aber Kompetenz und Verantwortlichkeit für die Konzeption eines neuen Faches, für die Maßnahmen zur didaktisch-methodischen Konkretisierung sowie für eine adäquate Lehrerbildung liegen auf wissenschaftlicher Ebene bei der Allgemeinen Didaktik. Sie fragt im Blick auf die Gegenwart und Zukunft des jungen Menschen, welche Inhalte des einzurichtenden Lernbereichs unter bestimmten Fragestellungen für die Lebensbewältigung notwendig sein könnten und erwartet u. a. von relevanten Fachwissenschaften Antworten, die sie unter didaktisch-curricularen Gesichtspunkten aufbereitet. Es ist also evident: Die Allgemeine Didaktik ist der entscheidende Faktor; sie geht der Frage nach, „was im gegebenen gesellschaftlich-geschichtlichen Zusammenhang Menschen in definierbarer Weise lernen sollen" *(Klafki)*.

Erst *nach* der Einrichtung eines Unterrichtsfachs, Lernbereichs oder Lernfelds beginnen *schulfach*didaktische Überlegungen. Das bedeutet für unsere Fragestellung, es wird nach einer mittleren Ebene gesucht, die durch unterrichtliche Zwecke, Bedürfnisse, Probleme konstituiert wird. Sie bezieht eine Vermittlerposition zwischen den allgemeinen Fragen der Allgemeinen Didaktik, den allgemeinen Antworten oder Interessen der Fachwissenschaften – aber auch der Gesellschaft – einerseits und der Schulpraxis bzw. dem Unterricht andererseits. Aus dieser Mittlerrolle bietet die Fachdidaktik für spezifische Aufgaben eine Reihe von Handlungsalternativen und Lösungsmöglichkeiten an, die entweder mehr fachbereichs- oder mehr fachorientiert sein können. (Eine ähnliche mittlere Ebene gibt es übrigens auch in anderen didaktischen Aufgabengebieten, wie z. B. Mediendidaktik, Hochschuldidaktik, Museumsdidaktik.)

b) Die Frage, ob wegen ihrer besonderen Funktion gegenüber Allgemeiner Didaktik und Fachwissenschaft die Fachdidaktik in den Rang einer eigenständigen Wissenschaft gehoben werden soll, läßt sich pragmatisch beantworten: Fachdidaktik ist keine eigenständige Wissenschaft, sondern sie ist eine Aufgabe, die wissenschaftlich bewältigt werden muß. Die Wissenschaftlichkeit erweist sich darin, ob es der Fachdidaktik gelingt, nachzuweisen, daß sie sowohl Fragestellungen behandelt, die von anderen Wissenschaften nicht beantwortet werden, als auch besondere Methoden verwendet, mit deren Hilfe die jeweiligen Probleme wissenschaftlich angemessen zu lösen sind. Sofern diesen Voraussetzungen genügt wird, entfällt auch jeder Grund für das Mißverständnis, mit der Zuordnung zur Erziehungswissenschaft bzw. Allgemeinen Didaktik oder zur Fachwissenschaft ginge die spezifische wissenschaftliche Qualität der Fachdidaktik verloren. Die aus dieser Fehleinschätzung resultierende Tendenz zur Verselbständigung wäre für die Fachdidaktik verhängnisvoll, denn sie ist notwendig angewiesen auf enge Kooperation und Kommunikation mit Erziehungswissenschaft/Allgemeiner Didaktik einerseits und Fachwissenschaft andererseits.

c) Als rein theoretisches Problem läßt sich das Verhältnis von Fachdidaktik zu Allgemeiner Didaktik und Fachwissenschaft nicht bewältigen; offensichtlich spielen in erheblichem Maße personelle Faktoren eine nicht zu unterschätzende Rolle. Einige Diskussionsteilnehmer sehen in dieser Frage ohnehin primär persönliche Identitätsprobleme von Fachdidaktikern. So ist z. B. ein Fachwissenschaftler in den Augen seiner Kollegen tendenziell dequalifiziert, wenn er sich in die Lehrerausbildung begibt und Fachdidaktik betreibt. Ein Fachdidaktiker wird stets danach gefragt, in welchem Maße er Allgemeiner Didaktiker oder Fachwissenschaftler sei; hier hat er sich zu rechtfertigen, und sei er noch so fest von der Richtigkeit und der Standfestigkeit seiner fachdidaktischen Position überzeugt. Ist er in einer Fachwissenschaft institutionell untergebracht, hat er sich fachwissenschaftlich zu profilieren; ist er in der Allgemeinen Didaktik angesiedelt, muß er fortlaufend nachweisen, daß er auf dem Stand der allgemeindidaktischen Diskussion steht. In der Regel fragt man nicht nach seiner fachdidaktischen Qualität, sondern danach, wie er sich entweder in Allgemeiner Didaktik oder Fachwissenschaft auszuweisen vermöge. Brisant wird die Situation für einen Fachdidaktiker, der es in seinem Bereich mit mehreren Bezugs-Fachwissenschaften zu tun hat, wie z. B. in Gesellschaftslehre und in Arbeitslehre. Zwar zeigt sich hier auch eine allgemeine Mindereinschätzung von unmittelbar praxis- und berufsorientierter Lehr- und Forschungstätigkeit; es spielt aber auch die Erkenntnis hinein, daß mit dem Verlust fachwissenschaftlicher Spezialisierung möglicherweise eine Überforderung des einzelnen verbunden ist, wenn er in der Fachdidaktik gezwungen ist, viele Aspekte aus unterschiedlichen Wissenschaftsgebieten kompetent zu vermitteln. Ein Fachdidaktiker könnte sich daher eher als Wissenschaftsjournalist denn als Wissenschaftler fühlen.

Der Gefahr einer Hochstilisierung oder gar einer Überforderung als Supermann entgeht ein Wissenschaftler mit schulfachdidaktischen Aufgaben möglicherweise am ehesten dadurch, daß er sich als Koordinator und Moderator in einem Vermittlungsprozeß versteht, in den Vertreter aus Fachwissenschaften, Erziehungswissenschaft/Allgemeiner Didaktik, sog. Grundwissenschaften und Schulpraxis einbezogen sind. Er ist letztlich dafür verantwortlich, daß Unterricht wissenschaftlich angemessen durchgeführt wird; er muß dafür sorgen können, daß offene Probleme des Unterrichts mit adäquaten Methoden gelöst werden.

Umstritten ist allerdings bei den Diskussionsteilnehmern die Ansicht, ein Fachdidaktiker solle gewissermaßen als Dolmetscher fungieren zwischen den Allgemeinen Didaktikern, die die Fragen stellen, und den Fachwissenschaftlern, die die Antworten geben. Es ist zweifelhaft, ob ein Fachdidaktiker seine wissenschaftliche Identität in den Funktionen als Dolmetscher, Koordinator oder Moderator findet. Die Hoffnung einiger Diskussionsteilnehmer geht dahin, daß die jetzige Identitätskrise der Fachdidaktiker mit dem Ausdifferenzierungsprozeß der Wissenschaften insgesamt in einigen Jahren behoben sein wird, so daß der momentane Schwebezustand, der dadurch gekennzeichnet ist, daß ein Fachdidaktiker Tätigkeiten ausübt, die andere nicht als wissenschaftlich ansehen, beendet sein würde.

Gewiß könnte sich das Selbstbewußtsein der Fachdidaktiker gegenüber den Fachwissenschaftlern stärken, wenn jene nachweisen, daß die Fachwissenschaften sich nicht kontinuierlich und systematisch mit Angelegenheiten von Schule und Unterricht beschäftigen und daher ein neuer Wissenschaftsbereich – eben Fachdidaktik – notwendig sei. Der Fachdidaktiker müßte in der Lage sein, die Fachwissenschaftler zu der Einsicht zu bringen, daß sie wegen mangelnder didaktischer Kompetenz zu Fragen des Unterrichts keine Aussagen machen können. Er muß genügend Selbstbewußtsein entwickeln, um seine Arbeit als wissenschaftlich gleichrangig neben die der Fachwissenschaftler zu stellen. Dies aber geht nur durch den überzeugenden Nachweis von Leistung, nicht durch Proklamation.

Die Ansicht, die Identitätsprobleme seien wesentlicher Grund für die ungesicherte Etablierung von Fachdidaktiken, ist insofern problematisch, als hier sachliche Schwierigkeiten personalisiert werden. Es handelt sich in der Tat vielmehr um nur schwer lösbare organisatorische Fragen, die aus der wissenschaftstheoretischen Zwischenstellung von Fachdidaktik resultieren, worauf *Klafki* nachdrücklich hingewiesen hat (vgl. *Klafki* 1976a, S. 275).

d) In der Frage, wie die Fachdidaktik angemessen zu organisieren sei, waren die Meinungen geteilt. Die Diskussion verlief zwischen zwei Positionen, der von *Klafki* vertretenen bilateralen Fachdidaktik einerseits und dem von mir favorisierten Didaktik-Pool andererseits.

Der erste Vorschlag sieht folgende Lösung vor: „Fachdidaktik müßte personell sowohl an den ‚fachwissenschaftlichen' Instituten oder Fachbereichen als auch – durch bereichsdidaktisch qualifizierte Personen (Didaktik der neueren Sprachen, der Naturwissenschaften, der sozialwissenschaftlichen Schulfächer usw.) – an den erziehungswissenschaftlichen Instituten bzw. Fachbereichen vertreten sein; zwischen beiden Personengruppen müßten Kooperationsformen institutionalisiert werden." (*Klafki* 1976a, S. 276).

Folgende Schwierigkeiten sind bei dieser Lösung zu bedenken: Die zunächst getrennt, eventuell sogar konkurrierend entwickelten fachdidaktischen Ansätze müßten additiv miteinander verbunden werden; Kompromisse erscheinen als unvermeidlich. Da allgemeindidaktische Erwägungen und fachwissenschaftliche Standpunkte nicht konvergent sind, erhebt sich die Frage nach der Entscheidungskompetenz im Konfliktfall. Ferner bringen die verschiedenen Interessen der potentiellen Partner Probleme mit sich: Während der fachwissenschaftlich orientierte Didaktiker sich als Interessenvertreter seiner Fachwissenschaft versteht, hat der Didaktiker, der sich einem ganzen Lernbereich verpflichtet fühlt, ein Bündel unterschiedlicher fachwissenschaftlich-didaktischer Vorstellungen aus den jeweiligen beitragenden Wissenschaften mit seinen eigenen Ansichten in Übereinstimmung zu bringen. Schließlich ist zu kritisieren, daß der Lösungsvorschlag traditionalistisch am status quo der etablierten Fächer orientiert ist, somit erst nach der Etablierung eines Schulfaches und nach der Entwicklung eines gewissen Interesses auf seiten der Fachwissenschaften realisierbar ist. Ungeklärt ist, wie eine solche bilaterale Fachdidaktik bei der Neuentwicklung von Fächern oder Lernbereichen in Gang zu setzen wäre. Wie sollen von der Allgemeinen Didaktik aus Beziehungen zu Fachwissenschaften geknüpft werden, wenn diese ihrerseits kein oder nur geringes Interesse an schulfachdidaktischen Fragen haben?

Die Didaktik-Pool-Lösung beruht auf der Auffassung, daß wegen der Komplexität didaktischer Tätigkeit Fachdidaktik nicht von einzelnen Wissenschaftlern zu vertreten ist, denn in Personalunion wird niemand das notwendige Ensemble der verschiedenen Wissenschafts- und Praxisgebiete aufbieten können. Vielmehr läßt sich Fachdidaktik heute nur noch in organisatorisch und institutionell abgesicherten Teams angemessen realisieren (vgl. dazu *Achtenhagen* 1973, S. 3; *Kerstiens* 1972). Die interdisziplinären Teams, zusammengesetzt aus Vertretern der Erziehungswissenschaft und Allgemeinen Didaktik, Sozialwissenschaften, Fachwissenschaften und Schulpraxis, erarbeiten Curricula sowie konkrete Handlungsalternativen auf der Ebene der Ziele, Inhalte, Methoden, Medien und Unterrichtsorganisation für spezifische unterrichtliche Aufgaben der Fächer oder Lernbereiche, untersuchen deren Realisierung usw. Der Vorteil dieser Lösung liegt u. a. darin, daß Identitäts- und Selbstbewußtseinsfragen der oben diskutierten Art keine wichtige Rolle mehr spielen werden; zum einen sind die Team-Mitglieder gleichrangig und gleichberechtigt, zum anderen können sie durch die Beibehaltung ihrer Mitgliedschaft in den Institutionen, die sie für bestimmte Zeit in das Team delegieren, ihr Kontinuum in ihren jeweiligen „Heimatwissenschaften" finden.

Der Vorschlag, die Konstituierungsprobleme von Fachdidaktik dadurch zu lösen, daß Fachdidaktik sozusagen das Ergebnis eines Prozesses im Didaktik-Pool ist, wird kritisiert: Man braucht Wissenschaftler, die kompetent Aussagen machen können zum Komplex Lernen in der Schule. Diese Kompetenz hat man weder als allgemeiner Erziehungswissenschaftler, noch als Fachwissenschaftler, noch als Grundwissenschaftler – man braucht jemand, der für spezifische Fragen fachlichen

Unterrichts zuständig ist. In dem Pool, so steht zu befürchten, zieht sich bei konkreten Schwierigkeiten jeder auf sein Fachgebiet zurück mit dem Hinweis auf mangelnden Sachverstand. So kann sich die Fachdidaktik nicht verhalten; sie ist aufgefordert, sich allen konkreten Fragen zu stellen. Fachdidaktiker sind mehr als Koordinatoren; sie müssen die hochkomplexe Fähigkeit haben, sehr viel aus verschiedenen Wissenschaften zu integrieren. Kooperation kann hier kein Äquivalent sein; es müßten vielmehr einzelne Personen Fachdidaktik zu ihrem ureigenen Geschäft machen.

Einig waren sich die Diskussionsteilnehmer, daß guter Unterricht und gute Lehrerausbildung – wie immer man diese interpretieren mag – die konsequente Suche nach optimalen Lösungsmöglichkeiten zur Realisierung von Fachdidaktik erfordern.

Literatur

Achtenhagen, F.: Allgemeindidaktische Modelle als Ausgangsbasis und Rahmen bei der Konzeption von Curriculumprozessen. In: *Frey, K.* (Hrsg.): Curriculum-Handbuch, Bd.I. München 1975, S.453–457.
ders.: Didaktik des fremdsprachlichen Unterrichts. Grundlagen und Probleme einer Fachdidaktik. Weinheim ³1973.

Blankertz, H.: Analyse von Lebenssituationen unter besonderer Berücksichtigung erziehungswissenschaftlich begründeter Modelle: Didaktische Strukturgitter. In: *Frey, K.* (Hrsg.): Curriculum-Handbuch, Bd.II. München 1975, S.202–214 (a).
ders.: Die fachdidaktisch orientierte Curriculumforschung und die Entwicklung von Strukturgittern. In: *Blankertz, H.:* fachdidaktische curriculumforschung – strukturansätze für geschichte, deutsch, biologie. (neue pädagogische bemühungen. Bd. 57) Essen 1973, S. 9–27.
ders.: Theorien und Modelle der Didaktik. (Grundfragen der Erziehungswissenschaft. Bd. 6) München ⁹1975 (b).

Daniels, K.: Zum verhältnis von allgemeiner didaktik, fachwissenschaft und fachdidaktik. Überblick über den derzeitigen diskussionsstand. In: Wirkendes Wort 24 (1974), S.21–46.
Deutscher Bildungsrat: Empfehlungen der Bildungskommission. Strukturplan für das Bildungswesen. Stuttgart 1970, S. 58–69.

Glöckel, H.: Begriff und Aufgabe der Fachdidaktik. Ein systematischer Versuch. In: GWU 27 (1976) 3, S.146–157.
Groth, G.: Zur Didaktik der Arbeitslehre. In: *Blankertz, H.:* Arbeitslehre in der Hauptschule. (neue pädagogische bemühungen. Bd. 29) Essen ²1968, S. 53–90.

Hagener, C.: Fachdidaktik – Entscheidungsfeld der Lehrerausbildung. Zu Problemen im Ausbildungsbereich zwischen ‚Praxis', Erziehungswissenschaft und Fachwissenschaft. In: WPB 27 (1975) 5, S.244–260.
Hanssler, B. (Hrsg.): Materialien und Dokumente zur Lehrerbildung. (Deutscher Bildungsrat. Gutachten und Studien der Bildungskommission. Bd. 17). Stuttgart 1971.
ders.: Neue Lehrerbildung – Ein Kapitel wissenschaftlicher Politikberatung. In: *Hanss-*

ler, B. (Hrsg.): Materialien und Dokumente zur Lehrerbildung. (Gutachten und Studien der Bildungskommission. Bd. 4). Stuttgart 1971, S. 13–23.
Hendricks, W.: Interview mit Wolfgang Klafki über Probleme und neue Aspekte der „Didaktischen Analyse". In: Dtsch. Sch. 64 (1972) 3, S. 138–148.
Hentig, H., v.: Wissenschaftsdidaktik. In: Neue Sammlung. 5. Sonderheft: Wissenschaftsdidaktik. Göttingen 1970, S. 13–40.
Himmerich, W.: Fachdidaktik zwischen Erziehungswissenschaft und Fachwissenschaften (?). In: Z. f. Päd. 10. Beiheft. Weinheim 1971, S. 149–154.

Jungblut, G.: Fachdidaktik als Wissenschaft. In: Dtsch. Sch. 64 (1972), S. 610–622.

Kerstiens, L.: Fragen der Zuordnung von Erziehungswissenschaft und Fachdidaktik. In: *Timmermann, J.:* Fachdidaktik in Forschung und Lehre. Hannover 1972, S. 36–45.
Klafki, W.: Die Einführung in die Arbeits- und Wirtschaftswelt und ihre gesellschaftlich-politische Bedeutung als Aufgabe der Volksschuloberstufe. In: *Klafki, W./Kiel, G./ Schwerdtfeger, J.:* Die Arbeits- und Wirtschaftswelt im Unterricht der Volksschule und des Gymnasiums. Heidelberg ²1967, S. 14–70.
ders.: Lehrerausbildung – Erziehungswissenschaft, Fachdidaktik, Fachwissenschaft. In: Handlexikon zur Erziehungswissenschaft. München 1976, S. 267–276 (a).
ders.: Studien zur Bildungstheorie und Didaktik. Weinheim 1963 (¹⁰1975).
ders.: Zum Verhältnis von Didaktik und Methodik. In: Z. f. Päd. 22 (1976) 1, S. 77–94 (b).
Köhler, U.: Analyse und Auswertung von Fachdidaktiken. In: *Frey, K.* (Hrsg.): Curriculum-Handbuch, Bd.II. München 1975, S. 308–313.
Kramp, W.: Fachwissenschaft und Menschenbildung. In: *Kochan, D. C.* (Hrsg.): Allgemeine Didaktik – Fachdidaktik – Fachwissenschaft. Darmstadt 1970, S. 322–350.

Lenzen, D./Meyer, H. L.: Das didaktische Strukturgitter – Aufbau und Funktion in der Curriculumentwicklung. In: *Lenzen, D.* (Hrsg.): Curriculumentwicklung für die Kollegschule: Der obligatorische Lernbereich. Frankfurt 1975, S. 185–251.

Meyer, H. L.: Aufbau und Funktion eines didaktischen Strukturgitters. In: *Frey, K./Häussler, P.* (Hrsg.): Integriertes Curriculum Naturwissenschaft: Theoretische Grundlagen und Ansätze. Bericht über das 4. IPN-Symposion. Weinheim 1973, S. 263–287.
ders.: Skizze des Legitimationsproblems von Lernzielen und Lerninhalten. In: *Frey, K.* (Hrsg.): Curriculum-Handbuch, Bd.II. München 1975, S. 426–438.

Nachtigall, D.: Die Fachdidaktik als Berufswissenschaft der Lehrer. In: Physik und Didaktik 3 (1975), S. 29–49.
Niedderer, H.: Integration natur- und sozialwissenschaftlicher Curriculum-Inhalte auf der Grundlage von Handlungs- und Sachstrukturanalysekonzepten. In: *Frey, K./Häussler, P.* (Hrsg.): Integriertes Curriculum Naturwissenschaft: Theoretische Grundlagen und Ansätze. Bericht über das 4. IPN-Symposion. Weinheim 1973, S. 167–182.

Otto, G.: Systemstabilisierung und Systemkritik durch Didaktik. In: Unterrichtswissenschaft (1975) 2, S. 58–81.

Petersen, G.: Naturwissenschaftliche Curriculumkonstruktion: Kritik – und neue Perspektiven des interdisziplinären Projektunterrichtes. In: *Frey, K./Häussler, P.* (Hrsg.): Inte-

griertes Curriculum Naturwissenschaft: Theoretische Grundlagen und Ansätze. Bericht über das 4. IPN-Symposion. Weinheim 1973, S. 135–146.
Probleme und Perspektiven der Didaktik. Interview mit Herwig Blankertz und Wolfgang Klafki. In: b:e 10 (1977) 3, S. 61–65. (*Blankertz* 1977, *Klafki* 1977).

Thoma, G.: Anwendung eines didaktischen Strukturgitters in der Entwicklung von Lehrplänen als Ausgangsbasis und Rahmen bei der Konzeption von Curriculumprozessen. In: *Frey, K.* (Hrsg.): Curriculum-Handbuch, Bd. I. München 1975, S. 463–468.
Timmermann, J.: Bericht über den Stand der Fachdidaktik an den Universitäten der BRD 1971. In: *Timmermann, J.:* Fachdidaktik in Forschung und Lehre. Hannover 1972, S. 15–35 (a).
ders.: Fachdidaktik als Wissenschaft in Forschung und Lehre der Universität. In: Timmermann, J.: Fachdidaktik in Forschung und Lehre. Hannover 1972, S. 46–60 (b).

Zentraler Ausschuß für Unterrichtswissenschaften *(Zauwi)* an der Pädagogischen Hochschule Berlin (Hrsg.): Unterrichtswissenschaften und integrierte Lehrerausbildung an Gesamthochschulen. Berlin (PH) 1975.

Christoph Wulf

Kritische Friedenserziehung

I. Friedensforschung – pädagogische Praxis – praktische Politik

In der Gegenwart steht Friedenserziehung in einem dreifachen Spannungsfeld, das durch die *Friedensforschung*, die *pädagogische Praxis* und die *Politik* gebildet wird. Unter Bezug auf diese drei Bereiche muß eine Erziehung zum Frieden entworfen und realisiert werden, andernfalls bleibt sie reduktionistisch. Durch die unterschiedlichen Anforderungen in ihnen entstehen spezifische Schwierigkeiten. Sie bestehen darin, daß von jedem der Bezugsfelder für eine Erziehung zum Frieden z.T. divergierende Erwartungen ausgehen, die dadurch, daß Wissenschaft, pädagogische Praxis und Politik aufeinander bezogen werden müssen, jeweils nur partiell erfüllt werden können. Wird dieser dreifache Bezugsrahmen der Friedenserziehung nicht gesehen, so entstehen Vorstellungen, die die Ansprüche des einen oder anderen Bezugsfeldes absolut setzen. In einem solchen Fall besteht z.B. die Gefahr, daß die Ergebnisse der Friedensforschung festgeschrieben werden, ohne daß erkannt wird, daß sie bei ihrer didaktischen und pädagogischen Vermittlung z.T. modifiziert werden müssen, wenn Friedenserziehung am Bewußtseinsstand ihrer Adressaten anknüpfen will. Doch dürfen in der pädagogisch-erzieherischen Praxis auch nicht idealistische Friedensvorstellungen ahistorisch vertreten werden, wie dies noch bis in die späten 60er Jahre hinein geschah. Hier ist die Auseinandersetzung mit den Ergebnissen der Friedens- und Konfliktforschung erforderlich. Ohne sie kann in der pädagogischen Praxis keine politische Aufklärung erfolgen. Schließlich sind Friedensforschung und eine entsprechend orientierte pädagogische Praxis auf *praktische Politik* angewiesen. Sie bildet für beide insofern das Bezugsfeld, als sich in ihr friedenspolitisches Handeln realisieren muß, das für die Erhaltung bzw. die Herstellung von Bedingungen des Friedens notwendig ist. Dazu bedarf es jedoch der Erforschung der Gewalt- und Konfliktzusammenhänge mit Hilfe der Friedensforschung. Es bedarf aber auch der Erziehung, um eine entsprechend breite gesellschaftliche Basis für eine Friedenspolitik zu gewinnen. Für die Friedenserziehung hat die praktische Friedenspolitik u.a. Vorbildcharakter, weil diese ihr helfen kann, die Relevanz friedenspädagogischer Bemühungen gegenüber ihren Adressaten deutlich zu machen. Friedenserziehung, die in diesem dreifachen Begründungszusammenhang von Friedensforschung, erzieherischer Praxis und praktischer Politik steht, richtet sich an Adressaten in wenigstens sechs Lernfeldern. Dazu gehören: politische Gruppen, Schule, Öffentlichkeit, Kommune, Medien, Kirche. Im weiteren sollen spezifische Probleme der Friedenserziehung am Beispiel des Lernfelds Schule im Hinblick auf die erwähnten drei Bezugsfelder näher präzisiert werden.

II. Schulische Bedingungen der Friedenserziehung

Wenn Friedenserziehung in der Schule wirksam werden soll, muß sie die elementare Tatsache in Rechnung stellen, daß sie in der gesellschaftlichen Institution Schule bestimmte Möglichkeiten hat, zugleich aber auch einer Reihe von Zwängen unterliegt, die ihre Wirkungsmöglichkeiten begrenzen. Wenn Erziehung zum Frieden dies nicht berücksichtigt, verfehlt sie die in der schulischen Praxis gegebene gesellschaftliche Realität und bleibt idealistisch. Wenn sie sich jedoch als politische Erziehung begreift, muß sie diesen ihr institutionell vorgegebenen Rahmen in ihre Bemühungen um die Verringerung von Gewaltstrukturen einbeziehen, im Bewußtsein, daß durch diesen mitbestimmt wird, was als Friedenserziehung begriffen wird.

Das in der Schule institutionell vorgegebene Feld der Erziehung wird durch die drei gesellschaftlichen Reproduktions- bzw. Sozialisationsfunktionen der Schule bestimmt. Zu ihnen gehören die *Qualifikations-*, die *Selektions-* und die *Integrations-* bzw. *Legitimationsfunktion* (vgl. *Fend* 1974; *Hurrelmann* 1975). Durch sie werden auch gesellschaftliche und institutionelle Gewaltstrukturen reproduziert, auf deren Analyse sich die Friedenserziehung beziehen muß, zumal in diesem Bereich die Schüler unmittelbar angesprochen sind. Diese drei Faktoren werden nicht nur durch die intentionale (curriculare) Erziehung, sondern durch die *Sozialisationswirkungen* der Schule insgesamt bewirkt, in die auch die Auswirkungen des sogenannten „heimlichen Lehrplans" eingehen, deren Wichtigkeit gerade für das Erlernen von Einstellungen, Werten usw. deutlich geworden ist.

Mit der *Qualifikationsfunktion* ist die Reproduktion von Arbeitsvermögen, also die Herstellung beruflicher Qualifikationen gemeint, die zur Aufrechterhaltung und Weiterentwicklung der Arbeitswelt notwendig sind. Mit der *Selektionsfunktion* der Schule wird die Tatsache bezeichnet, daß die Schule zur „zentralen sozialen Dirigierungsstelle" *(Schelsky)* geworden ist, die aufgrund formaler Schulleistungen Berechtigungen für Berufspositionen vergibt, und deren gesellschaftliche Funktion es ist, die Sozialstruktur der Gesellschaft durch entsprechende Selektion zu erhalten. Schließlich nimmt die Schule auch eine *Integrations-* und *Legitimationsfunktion* wahr, indem sie die politischen Herrschaftsverhältnisse legitimiert und die *Massenloyalität* zu erhalten bestrebt ist. Letztere ist für die politische Erziehung und den Bereich der Friedenserziehung die wichtigste Funktion, weil durch die Schule partiell auch gesellschaftliche Bedingungen legitimiert werden, die manifeste oder strukturelle Gewalt enthalten.

Die hier nur angedeuteten gesellschaftlichen Funktionen schulischer Sozialisation schränken das pädagogische Handlungsfeld wesentlich ein, zumal, wenn zu ihrer Realisierung *bürokratische Strukturen* entwickelt werden (vgl. *Groddeck/Wulf* 1975). Nach *Max Weber* stellt eine bürokratische Organisation wie die Schule „nach allen Erfahrungen an Präzision, Stetigkeit, Disziplin, Straffheit und Verläßlichkeit, Intensität und Extensität der Leistung die radikalste Form der staatlichen Herrschaftsausübung" dar. Sie kann optimal die von der Schule erwartete Reproduktions- bzw. Sozialisationsfunktion erfüllen. Greifbar werden bürokratische Elemente in der Schulstruktur, z. B. im Prinzip der *Einheitlichkeit*, dem etwa die Zusammenfassung aller Kinder in einer oder mehreren *Jahrgangsklassen* entspricht. Auch die Aufgliederung der Schulzeit nach dem *Wochenstundenplan* in eine periodisch wiederkehrende Abfolge von Unterrichtseinheiten und Pausenzeiten, in der festgelegt wird, wann welcher Lehrer mit welchen Schülern zu tun hat, stellt eine Verfügbarmachung von Lehrpersonal und Schülern dar, die häufig nicht ohne strukturelle Gewalt möglich ist. Ferner erzeugt die Institution Schule eine *formale Gleichheit* von Lehr- und Lernsituationen, indem sie von inhaltlichen Gesichtspunkten abstrahiert, die hinter der Einteilung der Lehrgegenstände in unterschiedlich gewichtete *Unterrichtsfächer* zurücktritt. In der schulischen Praxis führt dies dann häufig dazu, daß mit Hilfe der Fächerstruktur die Interessen und Fragestellungen der Schüler kanalisiert bzw. verdrängt werden. Durch die Teilnahme am bürokratisch strukturierten Prozeß schulischen Lernens und durch die Übernahme bestimmter *funktionaler Rollenerwartungen* der Organisation setzt eine *normierende Umgestaltung* individueller Verschiedenartigkeit ein. Das prinzipiell nicht Vergleichbare wird vergleichbar, das nicht Meßbare wird meßbar, die subjektive Unterschiedlichkeit geht in einer *objektivierenden Uniformität* auf. Auf diese Weise werden individuelle und persönliche Probleme zu technologisch und bürokratisch zu bewältigenden Aufgaben umformuliert. Besonders gefördert wird diese Struktur schulischen Lernens durch ihren *teleologischen Charakter*. Er ist durch den zielgerichteten und zweckrational strukturierten Organisationsablauf der Schule insgesamt bedingt, der häufig eine *Instrumentalisierung* der Kommunikation zur Folge hat, die sich nicht ohne strukturelle Gewalt vollzieht.

III. Schulische Kommunikations- und Interaktionsprozesse

In der neueren erziehungswissenschaftlichen Forschung ist die Bedeutung der Struktur von Kommunikationsprozessen für die Erziehungs- und Sozialisationswirkung der Schule herausgearbeitet worden. Ihre Berücksichtigung ist für die Friedenserziehung unerläßlich, wenn sie vermeiden will, friedensorientierte Fragestellungen und Inhalte in Kommunikations- und Interaktionssituationen zu erarbeiten, die selbst ein hohes Maß an Gewalt enthalten. Um dies zu vermeiden, ist es erforderlich, Lehrer und Erzieher für Kommunikationsprozesse zu sensibilisieren und ihnen zu helfen, eine „kommunikative Kompetenz" zu entwickeln. Eine wesentliche Voraussetzung dafür ist die Erkenntnis, daß jede menschliche face-to-face-Kommunikation immer einen *Inhalts-* und einen *Beziehungsaspekt* enthält (vgl. *Watzlawick* u. a. 1974). Ersterer hat in der schulischen Erziehung immer eine herausragende Rolle gespielt. Mit Hilfe der Didaktik und der Curriculumentwicklung, die Zielvorstellungen, Inhalte und Lernmaterialien entwickelte, die zum Gegenstand des Unterrichts werden sollten (vgl. f. a. *Wulf* 1973 a; 1973 b; 1973 c) wurde primär der inhaltliche Aspekt der unterrichtlichen Kommunikation berücksichtigt. Schulische Prüfungen, Leistungsbeurteilungen etc. haben ihn zum wesentlichen Element schulischen Lernens gemacht. Dabei wurde der Beziehungsaspekt in der Kommunikation zwischen Lehrern und Schülern und zwischen Schülern und Lehrern, der ebenfalls in jeder schulischen Kommunikation enthalten ist, erheblich vernachlässigt. Die Arbeiten von *Watzlawick* u. a. (1974) haben deutlich gemacht, daß dieser in gewisser Hinsicht sogar wichtiger ist. Die Beziehungsebene bildet die Ebene der *Metakommunikation.* Auf ihr wird von den Kommunikanten bestimmt, wie einzelne inhaltliche Aussagen zu verstehen sind. Jede inhaltliche Aussage ist also zugleich von einer Aussage auf der Beziehungsebene begleitet, die z. T. zur Deutung ersterer beiträgt (vgl. *Wulf/Groddeck* 1975).

Neuere Untersuchungen aus dem Bereich des Symbolischen Interaktionismus haben deutlich gemacht, wie wichtig die Beziehungsebene und die Metaebene der Kommunikation für die Entwicklung der Identität der Schüler sind (vgl. *Mollenhauer* 1972; *Wellendorf* 1973; Arbeitsgruppe ‚Bielefelder Soziologen' 1973). Erst dadurch, daß der junge Mensch lernt, in sozialen Situationen, die Einstellungen und Erwartungen seines Gegenüber zu antizipieren, ist er in der Lage, eine Balance zwischen seiner *persönlichen* und seiner *sozialen Identität* herzustellen. Letztere wird dabei wesentlich durch die Rollen bestimmt, die in einem sozialen Feld erlernt werden. In ihnen schlagen sich unterschiedliche Herrschaftsstrukturen nieder, die zum Gegenstand einer kritischen Erziehung werden müssen.

Für die Friedenserziehung spielen diese Zusammenhänge schulischer Interaktion und Kommunikation eine zentrale Rolle. Denn in ihnen werden Einstellungen und Wertvorstellungen gelernt, die einen unmittelbaren Bezug zum *politischen Verhalten* haben. Wenn Erziehung zum Frieden das Ziel ist, kann man sich daher nicht mit der Entwicklung neuer Zielvorstellungen und Inhalte in Bezug auf die Analyse von Konfliktformationen und Gewaltstrukturen und der Entwicklung entsprechender curricularer Materialien begnügen – so wichtig dies auch ist; vielmehr bedarf es darüber hinaus auch der Bemühungen schulischer Lerngruppen, durch die Einbeziehung der *Selbstreflexion* von Kommunikations- und Interaktionsprozessen, ihre Beziehungsstruktur zu klären und ihre *soziale Identität* zu entwickeln. Diese ist für das aufgeklärte *politische Handeln,* auf das Friedenserziehung zielt, eine Voraussetzung. Erst eine gefestigte soziale Identität macht ein realistisches politisches Handeln möglich, da nur auf ihrer Grundlage seine Konsequenzen adäquat abgeschätzt werden können. Daher müssen friedensbezogene Lernprozesse, neben ihrer spezifischen inhaltlichen Orientierung, ein besonderes Gewicht auf die mit der Erörterung der inhaltlichen Fragen verbundenen *sozialen Kommunikations- und Interaktionsprozesse* legen. Eine Erziehung, die auf die Verminderung von Gewaltstrukturen zielt, darf das mit diesen Prozessen verbundene *soziale Lernen* nicht mehr wie bislang weitgehend unthematisiert den Sozialisationsfunktionen der Institution Schule überlassen. Statt dessen bedarf es einer ausdrücklichen Behandlung der Prozesse sozialen Lernens im Rahmen der Friedenserziehung. Sonst besteht die Gefahr, daß im *offiziellen Curriculum* friedensrelevante Inhalte gelernt werden, diesen aber zugleich durch die Form schulischen Lernens, seine institutionelle Eingeschränktheit auf teleologisch strukturierte Lernprozesse und durch verzerrte Kommunikations- und Interaktionsprozesse entgegengewirkt wird, wodurch mögliche Erfolge einer Erziehung zum Frieden wieder aufgehoben werden können.

IV. Soziales Lernen in der Schule

Schulische Friedenserziehung ist nur möglich, wenn sie sich auch als *soziales Lernen* begreift, bei dem es im Bewußtsein der Konflikthaltigkeit sozialer Situationen um die Thematisierung solcher Konflikte geht.

Diese sind z.B. durch Widersprüche zwischen den gesellschaftlichen Sozialisationsfunktionen der Schule, den zu ihrer Realisierung organisierten bürokratisch beeinflußten, teleologisch strukturierten Lernprozessen und den Interessen, Wünschen und Bedürfnissen der Schüler gegeben. Sie können selbst zu Aufgaben friedensbezogener Konfliktaustragung werden. Zum Programm eines solchen friedensrelevanten sozialen Lernens gehören folgende individuelle Fähigkeiten, ohne deren Entwicklung und Stärkung friedensbezogenes Handeln kaum erfolgen kann (vgl. dazu *Groddeck/Wulf* 1975).

1. *Erkennen des eigenen Selbst*

Sensibilität im Umgang und in der Wahrnehmung individueller Gefühle und Einstellungen auch in Bezug auf andere: Analysieren und Darstellen innerer psychischer Bedingungen.

2. *Erkennen der individuellen und sozialen Abhängigkeiten*

Sensibilität in der Wahrnehmung der strukturellen gesellschaftlichen Abhängigkeitsverhältnisse. Bewußtsein der eigenen Lebenssituation. Analysieren des sozialen Beziehungsgefüges, in das der Einzelne integriert ist.

3. *Rollendistanz*

Die Fähigkeit, sich von einmal eingenommenen sozialen Rollen kritisch zu distanzieren bzw. im Vollzug des Rollenhandelns eine individuelle Distanz zum Ausdruck zu bringen, oder deren normative Anforderung kritisch in Frage zu stellen und gegebenenfalls zu modifizieren.

4. *Empathie*

Die Fähigkeit, sich in die Erwartungen des sozialen Gegenübers einzufühlen und auf diese einzugehen.

5. *Ambiguitätstoleranz*

Die Fähigkeit, mehrdeutige Situationen und widersprüchliche Erwartungen anderer wahrzunehmen und zu ertragen, auch wenn absehbar ist, daß die eigenen Bedürfnisse in nur geringem Maße befriedigt werden.

6. *Kommunikative Kompetenz*

Die Fähigkeit, die eigenen Bedürfnisse und Interessen anderen gegenüber angemessen darstellen zu können (Identitätsdarstellung), also die Fähigkeit, weder total in den Erwartungen anderer aufzugehen, noch total die Erwartungen anderer zu ignorieren (Kommunikationsabbruch), sondern in einem Prozeß der Verständigung eine individuelle Balance der unterschiedlichen Standpunkte herzustellen.

Die hier beschriebenen Fähigkeiten des Individuums, die im Rahmen sozialen

Lernens in der Schule erworben werden können, sind Voraussetzungen und Elemente eines autonomen friedensbezogenen sozialen Handelns. Insbesondere die letzten vier Kategorien beschreiben relativ allgemeine Kompetenzen, die erst im Zusammenspiel mit den im folgenden Abschnitt zu behandelnden inhaltlichen Fragen und Problemen der Friedenserziehung für diese ihre volle Bedeutung entfalten. Erst dadurch, daß Friedenserziehung sich auch als soziales Lernen begreift, kann eine soziale *Handlungskompetenz* intentional entwickelt werden, die dazu beitragen kann, *politische Ohnmachtsgefühle* und *Apathie* zu überwinden und die Disposition zu einem friedensorientierten Handeln zu schaffen.

V. Konzepte und Ansätze kritischer Friedenserziehung

Diese bislang genannten Zusammenhänge muß kritische Friedenserziehung berücksichtigen, wenn sie im Lernfeld Schule ihre Zielvorstellungen so realisieren will, daß sich Erziehung zum Frieden nicht auf „*Oberflächenlernen*" begrenzt, sondern daß sie bis in die *Tiefenstruktur* ihrer Adressaten hineinreicht. Friedenserziehung muß in bewußter Auseinandersetzung mit den gesellschaftlichen Funktionen der Schule und deren Einflüssen auf die Struktur schulischer Kommunikationsprozesse und sozialer Lernerfahrungen erfolgen, wenn sie mit ihren Zielsetzungen und Inhalten wirklich tiefgreifende Lernerfahrungen bewirken will.

In inhaltlicher Hinsicht sind dabei für die kritische Friedenserziehung, wie sie sich seit dem Anfang der 70er Jahre in der BRD zu entwickeln begann, Begriffe wie *„strukturelle Gewalt" (Galtung), „organisierte Friedlosigkeit" (Senghaas)* etc. Konzepte von zentraler Bedeutung. Mit ihrer Hilfe lassen sich Gewaltstrukturen bzw. Strukturen der Friedlosigkeit im internationalen System, in der eigenen Gesellschaft sowie in der eigenen Lebenswelt identifizieren. Entscheidend ist es dabei, daß die wechselseitige Bedingtheit von konflikt- und gewalthaltigen Makro- und Mikrostrukturen den Schülern immer wieder bewußt wird. Dazu ist es z.B. erforderlich, die Herrschafts- und Abhängigkeitsstrukturen zwischen der „Ersten" und der „Dritten Welt" im politischen, ökonomischen, militärischen und kulturellen Bereich den Schülern erfahrbar zu machen und ihnen zu zeigen, wie diese sich bis in ihre unmittelbaren Lebenszusammenhänge niederschlagen. Denn das Verständnis zahlreicher der im Mikrobereich erlebten Probleme ist nicht ohne Rückgriff auf Makrostrukturen möglich. Die *Konfliktformation* zwischen den westlichen kapitalistischen Industrienationen und den Ländern der „Dritten Welt" bildet in inhaltlicher Hinsicht einen der zentralen Gegenstandsbereiche kritischer Friedenserziehung, da von ihrer Lösung langfristig das Schicksal der Menschheit abhängt. Die in diesem Zusammenhang vorgelegten Curricula zur Unterentwicklung in der „Dritten Welt" greifen z. T. auch auf Konzeptionen zurück, die im Rahmen des entsprechenden Schwerpunktförderungsprogramms der Deutschen Gesellschaft für Friedens- und Konfliktforschung (1974 b; *Bosse/Hamburger* 1973) erarbeitet worden sind. Zu den interessantesten Curricula, die sich im Rahmen kritischer Friedensforschung mit den Problemen der Nord-Süd-Beziehungen befassen, gehören die curricularen Materialien von *Meueler* (1973; 1974) und *Markstahler* u. a. (1973), in denen versucht wird, auf der Grundlage der neuesten Ergebnisse der Friedensforschung, curriculare Einheiten für den Schulunterricht und die außerschulische politische Jugendarbeit zu erstellen. Ähnlich intensive Versuche, curriculare Materialien zu erarbeiten, die die Ost-West-Beziehungen auf der Grundlage von Forschungen aus dem entsprechenden zweiten Forschungsschwerpunkt der DGFK (1974 a) didaktisch aufbereiten, fehlen noch weitgehend. Daran haben bislang auch die zahlreichen Untersuchungen zur Rüstungs- und Abrüstungsproblematik kaum etwas geändert, so daß es in diesem Bereich stärkerer Anstrengungen bedarf.

Neben der Nord-Süd- und der Ost-West-Konfliktformation als Gegenstand kritischer Friedensforschung und -erziehung haben sich in den letzten Jahren zahlreiche andere Ansätze zur Friedenserziehung entwickelt, die nicht zu einem dieser beiden Schwerpunkte der Friedens- und Konfliktforschung gehören. Genannt seien die Bemühungen um die Begründung einer historischen Friedenserziehung (*Kuhn* u. a. 1972; *Kuhn* 1973), die Gewinnung von Kriterien für die Entwicklung friedenspädagogischer Curricula (*Markert* 1973) und die Entwicklung der Friedenspädagogik im Modell der Internationalen Gesamtschule (vgl. *Röhrs* 1975). Hinzu kommen Versuche im Bereich der Spracherziehung (vgl. *Rumpf, Larcher, Rathmayr* 1973) oder im Hinblick auf die Aufklärung der Zusammenhänge von Aggression, Entfremdung und gesellschaftlicher Gewalt (vgl. *Speier, B. u. B. Volmerg, Nicklas* 1973; *Ullmann* 1974). Diesen Bemühungen ist gemeinsam, daß sie Friedenserziehung als eine *gesellschaftskritische politische Erziehung* begreifen, bei der es darum geht, gesellschaftliche Erfahrungen unter Bezug auf makro- und mikrostrukturelle Gewalt- und Konfliktformationen unter Einbeziehung von *Empathie* und *systematischer Analyse* zu reflektieren (vgl. *Bahr* 1972). Auf der Grundlage einer entsprechend orientierten friedenspädagogischen schulischen Aufklärung kann die Entwicklung von *Handlungsdispositionen* und *politischem Engagement* erfolgen. Die Einbeziehung sozialer und kommunikativer Lernerfahrungen in diese friedenspädagogische Arbeit ist die Voraussetzung, damit die gewonnenen Einsichten in politische Zusammenhänge auch so in die Lebenswelt der Schüler vermittelt werden können, daß sie für das soziale Handeln der Betroffenen fruchtbar werden.

VI. Lernziele, Strukturierungsprinzipien und Gesichtspunkte für die Curriculumentwicklung

Versucht man, eine Übersicht über die Zielvorstellungen kritischer Friedenserziehung zu gewinnen, so kann man auf den Versuch von *Nicklas* und *Ostermann* (1973) zurückgreifen, von der kritischen Friedensforschung ausgehend, einen Katalog von Lernzielen aufzustellen, der als Orientierungsrahmen dienen kann. Danach ergeben sich gegenwärtig vor allem die folgenden acht Lernzielzusammenhänge als Aufgabe kritischer Friedenserziehung.

1. Lernzielzusammenhang: Gesellschaft
Veränderbarkeit von gesellschaftlichen Bedingungen in Richtung auf Emanzipation von gesellschaftlichen Bedingungen in Richtung auf Emanzipation und Demokratisierung; Erkennen der eigenen gesellschaftlichen Stellung; die Begrenztheit des Handlungsspielraums erfahren etc.

2. Lernzielzusammenhang: Interessen
Erkennen der eigenen Interessen, der Widersprüche zwischen partikularen und allgemeinen Interessen; Frieden als allgemeines Interesse. Erkennen, daß die Durchsetzung von allgemeinen Interessen schwieriger ist als die von partikularen.

3. Lernzielzusammensthang: Emanzipation
Das eigene Handeln auf individuelle und gesellschaftliche Emanzipation beziehen; Erkennen, daß mit inhumanen Mitteln kein humanes Ziel zu erreichen ist; die Begrenztheit der individuellen Entfaltung durch die gesellschaftlichen Bedingungen erfahren; Erkenntnis der individuellen Folgen gesellschaftlicher Entfremdung etc.

4. Lernzielzusammenhang: Strukturelle Gewalt und Herrschaft
Parteilichkeit der Machtverteilung in der bestehenden Gesellschaftsstruktur; ökonomische Bedingungen dieser Bedingungen erkennen; ideologischen Charakter der Rechtfertigung dieser Bedingungen erkennen; Solidarität mit den Unterprivilegierten; Erkenntnis des Unterschieds zwischen möglicher und erreichter Selbstverwirklichung; Erfahren, daß durch die Verinnerlichung von Gewaltstrukturen die Bedürfnisstruktur der Menschen beeinflußt wird etc.

5. Lernzielzusammenhang: Konflikt
Erkenntnis der Ursachen gesellschaftlicher Konflikte, der sie bedingenden Antagonismen, des in ihnen enthaltenen Konfliktpotentials, der Versuche, Konflikte zu unterdrücken.

6. Lernzielzusammenhang: Aggression
Erkenntnis, daß Aggression keine ungeschichtlich-ontische Gegebenheit ist, daß das gesellschaftliche System sie produziert, daß ihre Artikulationsformen gelernt und häufig verstärkt werden, daß die Gegenstände der Aggression manipulativ festgelegt werden können.

7. Lernzielzusammenhang: Vorurteil
Erkennen und kritisches Reflektieren der eigenen Vorurteile; ihre gesellschaftlichen Ursachen erfassen und begreifen, daß sie den Handlungsspielraum der Menschen beschränken etc.

8. Internationales System und Krieg
Abbau von ethnozentrischen und nationalistischen Loyalitäten und Aufbau einer internationalen Solidarität erlernen; die Historizität des internationalen Systems erkennen; einsehen, daß Kriege von Menschen erzeugte Naturkatastrophen sind; erkennen, daß Unfrieden eingebaut ist in die Strukturen des internationalen Systems und daß erst der Abbau von struktureller Gewalt als Friedensbemühung bezeichnet werden kann etc.

Diese Lernzielzusammenhänge dürfen nicht so verstanden werden, als würden sie den Bereich kritischer Friedenserziehung ausmachen. Es handelt sich bei ihnen lediglich um einen Versuch, unter Bezug auf die gegenwärtigen Schwerpunkte der Friedensforschung in inhaltlicher Hinsicht Bereiche anzugeben, in denen Friedenserziehung Kenntnisse vermitteln sollte. Die Nähe dieses Programms kritischer Friedenserziehung zur politischen Erziehung ist offensichtlich. Es spezifiziert eine Reihe von Schwerpunkten und rückt Konzepte wie „Gewalt", „Friedlosigkeit" und „Frieden" in den Mittelpunkt der Bemühungen.

Um diese Zielvorstellungen kritischer Friedenserziehung in der schulischen Erziehung fruchtbar zu machen, bedarf es zusätzlicher didaktischer Anstrengungen. In der vorliegenden Formulierung bilden sie lediglich einen ersten Orientierungspunkt für die Entwicklung curricularer Materialien und die Durchführung friedenspädagogisch orientierten Unterrichts. Es bedarf weiterer, von unterschiedlichen Perspektiven aus erfolgender Spezifizierungen. Dazu müssen diese Ziele im Zusammenhang mit den übergreifenden Zielvorstellungen politischer Erziehung gesehen werden (vgl. *Giesecke* 1972).

(1) Sie müssen in der Analyse *aktueller Konflikte* erörtert werden. Dabei müssen die zentralen Begriffe der Friedenserziehung ihren analytischen Wert für die Klärung von aktuellen Konflikten und ihre Relevanz für entsprechende Handlungssituationen zeigen.

(2) Darüber hinaus bedarf es der Entwicklung systematischer *friedensbezogener Vorstellungen.* Erst auf ihrer Grundlage ist eine angemessene Einordnung und Realisierung aktueller und latenter Konflikte möglich. Die genannten Lernzielzusammenhänge können insgesamt Orientierungspunkte für solche systematisch zu erarbeitende friedensbezogene Vorstellungen darstellen, die eine unerläßliche Voraussetzung für ein entsprechendes Bewußtsein darstellen.

(3) Friedenserziehung muß die *historische Dimension* mit einbeziehen. Konflikt- und Gewaltstrukturen müssen als historisch entstandene und entsprechend veränderbare begriffen werden, wenn es gelingen soll, kritische Friedenserziehung zu realisieren.

(4) Über eine entsprechende Bewußtseinsentwicklung hinaus muß kritische Friedenserziehung versuchen, friedensbezogene *praktische Handlungsformen* zu entwickeln. Hier finden die Übergänge zu politischem Handeln statt, das sich dem Abbau von Gewalt und sozialer Ungerechtigkeit verpflichtet weiß.

So wichtig eine Präzisierung der *Zielvorstellungen* und *Strukturierungsprinzipien* kritischer Friedenserziehung ist, so notwendig bedarf es curricularer Materialien, mit deren Hilfe entsprechende Inhalte im Bereich der Schule thematisiert werden können. Ohne hier auf eine Analyse vorliegender Unterrichtsmodelle eingehen zu wollen (vgl. dazu Institut für Politikwissenschaft a. d. Universität Tübingen. Arbeitsgruppe Friedensforschung 1973), werden auf der Grundlage unserer bisherigen Ausführungen über die Struktur schulischer Kommunikations- und Lernprozesse ihre partiell negativen Auswirkungen auf das soziale Lernen deutlich, so daß curriculare Materialien Gesichtspunkten Rechnung tragen müssen, wie sie im Zusammenhang mit der Erörterung offener Curricula formuliert werden (vgl. *Garlichs* u. a. 1974; *Deutscher Bildungsrat* 1974; Zeitschrift für Pädagogik 1973). Hier sollen lediglich drei Gesichtspunkte genannt werden, deren Berücksichtigung unerläßlich ist:

1. Curricula im Bereich der Friedenserziehung dürfen nicht als geschlossene Systeme entwickelt werden, in denen Lehrern und Schülern die einzelnen Unterrichtsschritte vorgeschrieben werden. Friedenspädagogische Curricula müssen vielmehr als *Handlungsentwürfe* begriffen werden, in die die Lehrer und Schüler ihre Erfahrungen einbringen können. Sie müssen das Erarbeiten von eigenen Zielvorstellungen und neuartigen Lernsituationen durch die Beteiligten selbst erlauben.
2. Curricula im Bereich der Friedenserziehung müssen die folgenden vier Kriterien berücksichtigen:
   Begründbarkeit, Angemessenheit der Mittel, Überprüfbarkeit, Offenheit. Das Kriterium der Begründbarkeit ist vor allem für die Richtung und Bestimmung von Lernzielen, die Untersuchung ihrer Berechtigung und die Begründung der endgültigen Lernzielentscheidung sowie für die Entscheidung über die Auswahl von Inhalten, Medien, Methoden und Evaluationsverfahren wichtig. Das Kriterium der Angemessenheit der Mittel bezieht sich z. B. auf den finanziellen und personellen Aufwand zur Erstellung der Materialien und auf ihre in zeitlicher, methodischer und finanzieller Hinsicht mögliche unterrichtliche Verwendbarkeit. Zum Unterschied zu herkömmlichen curricularen Materialien kommt ferner der Evaluation als Mittel der Überprüfung der Curriculumentwicklung und der Implementation curricularer Materialien Bedeutung zu. Dabei muß im Bereich friedenspädagogischer Curriculumentwicklung das Konzept der Evaluation sehr weit gefaßt werden; es kann nicht auf die Überprüfung des Erreichens von Lernzielen reduziert werden. Offenheit ist schließlich ein weiteres zentrales Kriterium für Curricula im Bereich der Friedenserziehung, da nur sie eine angemessene Partizipation der betroffenen Schüler und Lehrer erlaubt, im Rahmen derer diese produktiv tätig werden können.
3. Friedensrelevante Curricula sollten nach Möglichkeit so konzipiert werden, daß sie in Bezug zu den allgemeinen Zielen und Themen der Lehrpläne bzw. der neuentwickelten Richtlinien stehen. Eine solche Orientierung, die zu keiner Konzession in den grundlegenden Intentionen der Friedenserziehung führen darf, ermöglicht eine Verbreitung entsprechender Materialien und Handlungsentwürfe, da sie interessierten Lehrern die Möglichkeit gibt, diese in den Unterricht einzubringen.

VII. Schluß

Kritische Friedenserziehung muß die genannten Lernzielzusammenhänge und Strukturierungsprinzipien berücksichtigen, um als politische Erziehung wirksam werden zu können. Dabei entwickelt sie gegenwärtig in inhaltlicher Hinsicht Schwerpunkte im Bereich der Nord-Süd- und der Ost-West-Konfliktformation, die jedoch nicht als Begrenzung der Friedenserziehung auf diese beiden Bereiche mißverstanden werden darf. Für die Friedenserziehung ist es von entscheidender Bedeutung, daß die Behandlung *inhaltlicher Fragen* stets auch im Bewußtsein davon geschieht, daß in diesen Lernprozessen *soziales Lernen* stattfindet, dessen Funktion für die Entwicklung der sozialen und politischen *Identität* bereits angedeutet wurde. Dabei findet sowohl das inhaltliche als auch das soziale Lernen im Medium der *Kommunikation* statt, dessen Bedingungen in der Friedenserziehung ausdrücklich mitbedacht werden müssen, um die Einschränkung der unterrichtlichen Kommunikation durch strukturelle Zwänge und Gewalt zu verringern. In dem Maße, in dem es gelingt, in einen, diese Dimensionen und Bedingungen berücksichtigenden Unterricht auch die *Sozialisationsgeschichte* und Handlungsdisposition der Beteiligten einzubringen, besteht die Möglichkeit, die anfänglich genannten, für die Friedenserziehung konstitutiven Bereiche „Friedensforschung" und „pädagogische Praxis" so aufeinander zu beziehen, daß ein *praktisches politisches Handeln* angebahnt wird, dessen qualitativer Unterschied zur schulischen Friedenserziehung jedoch bestehen bleibt.

Literatur

Ackermann, P. (Hrsg.): Politisches Lernen in der Grundschule. Unterrichtsentwürfe für Acht- bis Zwölfjährige. München 1973.

Arbeitsgruppe Bielefelder Soziologen (Hrsg.): Alltagswissen, Interaktion und gesellschaftliche Wirklichkeit, Bd. 1 u. 2. Reinbek 1973.

Bahr, H. E. (Hrsg.): Politisierung des Alltags. Gesellschaftliche Bedingungen des Friedens. Darmstadt, Neuwied 1972.

Bildung und Erziehung: Thema: Friedenspädadogik. 25 (1972) 5.

Bosse, H./Hamburger, F.: Friedenspädagogik und Dritte Welt. Voraussetzungen einer Didaktik des Konflikts. Stuttgart 1973.

Curle, A.: Education for liberation. London 1973.

Deutscher Bildungsrat: Empfehlungen der Bildungskommission. Zur Förderung praxisnaher Curriculum-Entwicklung. Stuttgart 1974.

Deutsche Gesellschaft für Friedens- und Konfliktforschung: Sonderheft, Schwerpunkt I: Friedenswahrung und Übergangsstadien in Europa; Sonderheft, Schwerpunkt II: Konflikte zwischen westeuropäischen Industriestaaten und Entwicklungsländern und deren friedliche Überwindung. Bonn 1974 a; 1974 b.

Fend, H.: Gesellschaftliche Bedingungen schulischer Sozialisation. Weinheim 1974.

Garlichs, A./Heipcke, K./Messner, R./Rumpf, H.: Didaktik offener Curricula. Weinheim, Basel 1974.

Giesecke, H.: Didaktik der politischen Bildung. München [7]1972.

Groddeck, N./Wulf, Ch.: Die Schule als Feld sozialen Lernens und als Konfliktfeld. Sendung und Begleittext Nr. 1. des Funkkollegs ‚Beratung in der Erziehung' Dezember 1975; erscheint in: *Hornstein, W./Bastine, R./Junker, H./Wulf, Ch.* u. a.: Beratung in der Erziehung. Frankfurt 1977.

Hamburger, F.: Friedenspädagogik. Zur Deformation politischer Bildung. In: *Bosse, H./ Hamburger, F.:* Friedenspädagogik und Dritte Welt. Voraussetzungen einer Didaktik des Konflikts. Stuttgart 1973.
Hurrelmann, K.: Erziehungssystem und Gesellschaft. Reinbeck 1975.
Instit für Politikwissenschaft a. d. Universität Tübingen. Arbeitsgruppe Friedensforschung. Projekt: Funktion von Unterrichtsmodellen für die Friedenserziehung. Tübingen 1973.

Krappmann, L.: Soziologische Dimension der Identität. Strukturelle Bedingungen für die Teilnahme an Interaktionsprozessen. Stuttgart 1971.
Kuhn, A.: Historisch-politische Friedenserziehung. In: *Wulf, Ch.* (Hrsg.): Kritische Friedenserziehung. Frankfurt 1973, S. 327–346.
Kuhn, A./Haffmanns, G./Genger, A.: Historisch politische Friedenserziehung. München 1972.

Markert, H.: Zur Konstruktion von Unterrichtsmodellen zur Friedenserziehung. In: *Wulf, Ch.* (Hrsg.): Kritische Friedenserziehung. Frankfurt 1973, S. 92–123.
Markstahler, J./Wagner, V./Senghaas, D.: Strukturelle Abhängigkeit und Unterentwicklung. Zur Grundlegung eines Curriculums über die Dritte Welt. In: *Wulf, Ch.* (Hrsg.): Kritische Friedenserziehung. Frankfurt 1973, S. 370–424.
Meueler, E. (Hrsg.): Unterentwicklung. Arbeitsmaterialien für Schüler, Lehrer und Aktionsgruppen. Bd. 1 u. 2. Reinbeck 1974.
Meueler, E.: Entwicklung und Unterentwicklung in der Ersten und der Dritten Welt. In: *Wulf, Ch.* (Hrsg.): Kritische Friedenserziehung. Frankfurt 1973, S. 347–369.
Mollenhauer, K.: Theorien zum Erziehungsprozeß. München 1972.

Nicklas, H./Ostermann, Ä.: Überlegungen zur Gewinnung friedensrelevanter Lernziele aus dem Stand der kritischen Friedensforschung. In: *Wulf, Ch.* (Hrsg.): Kritische Friedenserziehung. Frankfurt 1973, S. 315–326.

Röhrs, H.: Die Friedenspädagogik im Modell der Internationalen Gesamtschule. Hannover 1975.
Rumpf, H./Larcher, D./Rathmayr, B.: Sprache als soziales Handeln. Ein friedenspädagogisch orientiertes Curriculumprojekt für die Sekundarstufe I. In: *Wulf, Chr.* (Hrsg.): Kritische Friedenserziehung. Frankfurt 1973, S. 448–472.

Senghaas, D. (Hrsg.): Kritische Friedensforschung. Frankfurt 1971.
Speier, S./Volmerg, B./Volmerg, U./Nicklas, H.: Aggression, Entfremdung und gesellschaftliche Gewalt. In: *Wulf, Ch.* (Hrsg.): Kritische Friedenserziehung. Frankfurt 1973, S. 279–312.

Ullmann, D. (Hrsg.): Aggression und Schule. München 1974.

Watzlawick, P./Beavin, J. H./Jackson, D. D.: Menschliche Kommunikation. Bern [4]1974.
Wellendorf, F.: Schulische Sozialisation und Identität. Weinheim 1973.

Wulf, Ch./Groddeck, N.: Unterricht. Interaktions- und Kommunikationsstrukturen. Sendung und Begleittext Nr. 1.9 des Funkkollegs ‚Beratung in der Erziehung' Dezember 1975; erscheint in: *Hornstein, W./Bastine, R./Junker, H./Wulf, Ch.* u. a.: Beratung in der Erziehung. Frankfurt 1977.
Wulf, Ch. (Hrsg.): Wörterbuch der Erziehung. München 1974 a.
ders. (Ed.): Handbook on Peace Education. Frankfurt 1974 b.
ders.: Das politisch-sozialwissenschaftliche Curriculum. Eine Analyse der Curriculumentwicklung in den USA. München 1973 a.
ders. (Hrsg.): Kritische Friedenserziehung. Frankfurt 1973 b.
ders. (Hrsg.): Friedenserziehung in der Diskussion. München 1973 c.

Zeitschrift für Pädagogik: Thema Friedenserziehung. 19 (1973) 2.
Zeitschrift für Pädagogik: Thema Offene Curricula. 19 (1973) 3.

Frauke und *Heinz Stübig*

Zum Problem gewaltsamer gesellschaftlicher Veränderungen in der geschichtsdidaktischen Konzeption von *Annette Kuhn*

I

Die folgenden Bemerkungen zu dem von *Annette Kuhn* vorgelegten Konzept einer Geschichtsdidaktik sowie zu einem der darauf basierenden Unterrichtsentwürfe verstehen sich als Diskussionsbeitrag im Rahmen der Bemühungen um eine Bestandsaufnahme und kritische Würdigung der gegenwärtigen Entwicklungstendenzen innerhalb der Auseinandersetzung über den „politisch- und historisch-sozialwissenschaftlichen Unterricht".

Im Unterschied zu jüngst veröffentlichten Literaturberichten, die sich – wenngleich mit divergierenden Zielsetzungen – auf mehrere der zur Zeit diskutierten Positionen beziehen (vgl. *Bodensieck* 1976, *Kuhn* 1976, *Meyers* 1976), beschränken sich die folgenden Überlegungen auf die Erörterung eines Didaktik-Entwurfs, genauer eines bestimmten Aspekts dieses Entwurfs. Allerdings sind die Verfasser der Überzeugung, daß sie mit der Analyse der Gewaltproblematik in der Geschichtsdidaktik von *Annette Kuhn* einen zentralen Punkt der fachdidaktischen Kontroverse aufgreifen: die politische Relevanz des Geschichtsunterrichts. Und so thematisieren die vorliegenden Ausführungen, in denen es letztlich um die historischen Konsequenzen und die politischen Auswirkungen des von *Annette Kuhn* entwickelten Didaktik-Modells geht, zugleich auch einige objektive Schwierigkeiten gegenwartsbezogener Ansätze in der Geschichtsdidaktik.

II

In ihrer 1974 veröffentlichten „Einführung in die Didaktik der Geschichte" bestimmt *Annette Kuhn* das allgemeine Lernziel des Geschichtsunterrichts folgendermaßen: „Der gesamte Lernprozeß Geschichte ist am Richtziel der Emanzipation orientiert und soll die Lernenden zur größeren Mit- und Selbstbestimmung befähigen" (S. 13).

In der Begründung zu dieser Lernzielbestimmung verweist die Autorin auf die grundlegenden politischen Zielsetzungen unseres Staates, zu denen für sie in besonderer Weise der im Grundgesetz verankerte Auftrag zur Selbst- und Mitbestimmung zählt, und legitimiert letztlich das Richtziel Emanzipation mit den „Normen- und Wertsetzungen der Demokratie" (vgl. S. 14).

Bei ihren weiteren Bemühungen, das Lernziel Emanzipation genauer zu bestimmen, greift *Annette Kuhn* auf *Habermas'* Begriff der „emanzipierten Gesellschaft" zurück, weil dieser Begriff die Zielvorstellungen, die ihrer Didaktik der Geschichte zugrunde liegen, am treffendsten zum Ausdruck bringt. Dazu heißt es: „Die Verwirklichung individueller und gesamtgesellschaftlicher Emanzipation, orientiert an der Realutopie einer emanzipierten Gesellschaft, welche die

Mündigkeit ihrer Glieder realisiert, ist der zentrale didaktische Leitbegriff für einen kritisch-historischen Lernprozeß" (S. 19). Und weiter: „Erst durch den realutopischen Vorgriff auf gesellschaftliche und individuelle Möglichkeiten der Emanzipation ist der historische Rückgriff, der Weg in die Vorgeschichte gegenwärtiger Unterdrückungen bzw. gegenwärtiger Möglichkeiten emanzipatorischer Veränderungen möglich" (S. 19).

Aus diesen Erläuterungen zu ihrer Lernzielbestimmung ergeben sich zugleich ihre kritischen Argumente gegen den herkömmlichen Geschichtsunterricht in der Bundesrepublik Deutschland. Nach ihrer Auffassung vernachlässigt der traditionelle Geschichtsunterricht das emanzipatorische Erkenntnisinteresse des Schülers bzw. klammert es völlig aus; dementsprechend steht auch nicht das „kritische Interesse an Veränderung" im Zentrum dieses Unterrichts, sondern vielmehr das „affirmative Interesse an Erhaltung" des herrschenden Systems (vgl. S. 31).

Wenn jedoch kritisches Interesse an Veränderung geweckt und gefördert werden soll, so muß der Geschichtsunterricht wesentlich dazu beitragen, die emanzipatorischen Defizite der Gegenwart in ihren historischen Bedingungen aufzudekken, oder wie *Annette Kuhn* prägnanter formuliert: „Diese Vorgeschichte gegenwärtiger Defizite ist der eigentliche Gegenstand des Geschichtsunterrichts" (S. 24f.). Aus dieser Gegenstandsbestimmung resultiert wiederum als Aufgabenfeld der Geschichtsdidaktik: die Ermittlung der Defizite „aus der Fülle der Vergangenheit, ihre Strukturierung und Lernzielorientierung am Interesse an der Überwindung überflüssig gewordener Gewalt" (S. 25). Positiv gewendet ergibt sich daraus, daß Geschichte am Leitbegriff der Partizipation aufgeschlüsselt wird: „Die Dialektik von Partizipationsbewegungen und ihrer Unterdrückung wird als grundlegendes historisches Bewegungsgesetz gesehen, die Erschließung der Strukturen, die Partizipation ermöglichen bzw. verhindern, ist Aufgabe der historischen Aufklärung" (S. 26).

Mit Hilfe dieser „didaktischen Leitkategorie" kann nach Ansicht der Autorin das historische Geschehen für den Lehr- und Lernprozeß strukturiert werden, d. h. damit werden jene Themen bestimmbar, die einen Geschichtsunterricht in emanzipatorischer Absicht ermöglichen. In dem Vorwort zu ihrem ersten Praxisbeispiel, dem Unterrichtsentwurf über die Englische Revolution, werden unter diesem Aspekt als zentrale Themenbereiche „Revolutionen, Kriege, Friedensschlüsse" genannt und als leitende Anfragen an die Geschichte: „Fragen nach der Vermeidbarkeit von Kriegen und von Gewalt, nach den Partizipationsmöglichkeiten der Bevölkerung bzw. einzelner ihrer Gruppen, nach den Mitteln zur Durchsetzung von Rechten, der Legitimation von Herrschaft und den gewaltfreien Formen des Abbaus von Abhängigkeitsverhältnissen" (*Kuhn* 1974b, S. 5).

In der Strukturierung der Geschichte als Unterrichtsgegenstand erschöpft sich jedoch die Leistung der didaktischen Leitkategorie nicht, sie hat darüber hinaus – bezogen auf den Gegenwartsbereich – eine „politisch-praktische Funktion", d. h. sie verweist zugleich auf die im Geschichtsunterricht zu erwerbenden Qualifikationen. Diese Qualifikationen, die sich an dem Begriff der Emanzipation orientieren, umfassen eine Reihe von Fähigkeiten, die sämtlich dazu dienen, die beabsichtigten Veränderungen gegenüber den vorfindlichen politischen und gesellschaftlichen Verhältnissen durchzusetzen. *Annette Kuhn* nennt in diesem Zusammenhang „die Fähigkeiten zur gesellschaftskritischen Analyse, d.h. zur Ideologie- und Herrschaftskritik, zur kritischen Analyse der ökonomischen Bedingungen wie auch die Fähigkeiten, für demokratische Lösungen zu optieren, und sich mit benachteiligten Gruppen zu solidarisieren" (*Kuhn* 1974a, S. 23).

Allerdings wird bei dieser Auflistung der intendierten Qualifikationen nur wenig über die Mittel ausgesagt, die zur Veränderung bestehender Zustände eingesetzt werden dürfen bzw. sollen. Fragt man genauer nach den legitimen Formen individuell und gesellschaftlich ausgeübter Macht bei der Realisierung von Partizipationsbestrebungen, so kann man eine erste Antwort bereits aus der Lernzielbestimmung entnehmen, genauer aus deren Begründung mit dem Demokratiegebot des Grundgesetzes. Im Rekurs auf diesen Bezugsrahmen scheint sich eine grundsätzliche Option für gewaltfreie Aktionen anzudeuten. In die gleiche Richtung weisen auch die intendierten Qualifikationen, nämlich die Fähigkeit und Bereitschaft für die Ausweitung von Partizipationsmöglichkeiten *in der gegenwärtigen Gesellschaft* einzutreten und dafür zu arbeiten.

Doch führt die Frage nach der Zulässigkeit bzw. Nichtzulässigkeit von Maßnahmen zur Veränderung bestehender Verhältnisse auf das prinzipielle Problem der Gewalt und Gewaltanwendung – ein Problem, das in diesem geschichtsdidaktischen Entwurf zum zentralen Gegenstand der Auseinandersetzung werden muß. Von daher verwundert es nicht, wenn man in der Begründung zur Auswahl des Unterrichtsgegenstandes in ihrem ersten Unterrichtsprojekt über die Englische Revolution folgende Sätze liest: „Ausgangspunkt für die Wahl des Unterrichtsgegenstandes ist die Gegenwart, und zwar sind es die in der Gegenwart vorfindlichen Strukturen, die den Schüler an seiner Selbstverwirklichung hindern. Bei einer kritischen Gesellschaftsanalyse tritt uns zunächst die Erfahrung der Gewalt, und zwar der strukturellen und der personalen Gewalt im Sinne von *Johan Galtung*, und die ihr korrespondierende Ohnmachtserfahrung entgegen" (*Kuhn* 1974b, S. 13). Und weiter heißt es in dieser Passage über den Unterrichtsinhalt ihres Entwurfs: „Gewalt und die Möglichkeiten ihres Abbaus bilden somit die zentrale Gegenwartsfrage, die uns auf die Geschichte verweist. Unter diesem Aspekt wird in besonderer Weise die Revolutionsgeschichte relevant. Denn an ihr muß sich erweisen, inwieweit es durch revolutionäres Handeln gelungen ist, überflüssige Gewaltstrukturen im ideologischen, politischen, sozialen und materiellen Bereich abzubauen, oder, positiv ausgedrückt, inwieweit Emanzipation auf diesen Gebieten verwirklicht wurde" (S. 14).

Der Gewaltbegriff, auf den hier zurückgegriffen wird, basiert auf den Überlegungen von *Johan Galtung*, einem Friedensforscher an der Universität Oslo. „*Gewalt liegt dann vor*", so schreibt *Galtung*, „*wenn Menschen so beeinflußt werden, daß ihre aktuelle somatische und geistige Verwirklichung geringer ist als ihre potentielle Verwirklichung*" (S. 57). *Galtung* erläutert diese Definition, in der die Ursache für den Abstand zwischen dem Potentiellen und dem Aktuellen als Gewalt bezeichnet wird, u.a. am Beispiel der Bekämpfung der Tuberkulose im

18. Jahrhundert und in der Gegenwart. Während man den Tod eines Tbc-Kranken im 18. Jahrhundert aufgrund des damaligen Standes der medizinischen Wissenschaft schwerlich als Gewalt auslegen könne, müsse man nach der oben gegebenen Definition einen Tbc-Fall mit Todesfolge heute, d.h. bei den zur Verfügung stehenden medizinischen Hilfsmitteln, als Gewalt interpretieren. *Galtung* faßt zusammen: „Mit anderen Worten, wenn das Potentielle größer ist als das Aktuelle und das Aktuelle *vermeidbar*, dann liegt Gewalt vor" (S. 58).

Wir übergehen im folgenden *Galtungs* Versuche einer Typisierung der Erscheinungsformen von Gewalt und erwähnen nur eine Unterscheidung, die er trifft, nämlich die zwischen personaler (direkter) und struktureller (indirekter) Gewalt, weil diese Differenzierung – wie aus der Begründung für die Wahl der Englischen Revolution als Thema einer Unterrichtseinheit hervorgeht – auch von *Annette Kuhn* übernommen wird. *Galtungs* Unterscheidung zwischen beiden Formen von Gewalt gründet auf der Feststellung, daß im Falle von personaler Gewalt stets ein Akteur auszumachen sei, im Falle von struktureller Gewalt eben dieser Akteur fehle, statt dessen sei hier die Gewalt in das System eingebaut und äußere sich in „ungleichen Machtverhältnissen und folglich in ungleichen Lebenschancen". Von daher kann *Galtung* auch die Bedingungen der strukturellen Gewalt als „soziale Ungerechtigkeit" bezeichnen.

Und noch eine letzte Bemerkung zu den Ausführungen *Galtungs* soll hier erfolgen, nämlich ein Hinweis auf seine Stellungnahme zu der Frage, „ist der eine Typ von Gewalt [gemeint sind jeweils personale und strukturelle Gewalt, d. Verf.] notwendig oder ausreichend, um den anderen zu *beseitigen?*" (S. 82). Auch in diesem Fall geht es bei der Klärung der Position von *Johan Galtung* letztlich um einen Zugang zum Gewaltverständnis bei *Annette Kuhn.*

Galtung unterteilt die Frage nach der Beseitigung von Gewalt durch Gewalt in vier Einzelfragen, von denen im Zusammenhang mit unseren Überlegungen seine Bemerkungen zur vierten Formulierung: „Personale Gewalt ist notwendig, um strukturelle Gewalt zu beseitigen" besonders interessieren.

Die in dieser These zum Ausdruck kommende Position wird von *Galtung* auf drei Ebenen kritisiert (vgl. S. 83f.):

- empirisch, indem er auf Fälle von Verminderung struktureller Gewalt hinweist, hervorgerufen durch strukturelle Veränderungen ohne personale Gewalt;
- theoretisch, indem er den qualitativen Unterschied zwischen personaler und struktureller Gewalt thematisiert und zu bedenken gibt, daß selbst dort, wo personale Gewalt zur Abschaffung struktureller Gewalt führen kann, bestimmte Mittel zur Veränderung einer Struktur strukturell sein müssen (er nennt in diesem Zusammenhang als Beispiel eine systematische Änderung der Interaktionsnetze und der Rangordnung);
- axiologisch, indem er feststellt, daß selbst dann, wenn man bis in die Gegenwart von der Unabdingbarkeit personaler Gewalt ausgehe, das nur ein weiterer Grund sei, „systematisch nach den Bedingungen zu forschen, unter denen diese Unabdingbarkeit verschwinden würde" (S. 84)[1].

Diese Überlegungen von *Johan Galtung* gelten auch für *Annette Kuhn*, deren

Didaktik-Entwurf aus der Beschäftigung mit der sog. „kritischen Friedenserziehung“ hervorgegangen und von dieser nach ihrem eigenen Urteil stark beeinflußt worden ist: „Am Anfang dieser Didaktik stand unausgesprochen sowohl die Einsicht in die Notwendigkeit des Friedens als auch die Erfahrung der den Frieden verhindernden Funktion herkömmlichen Geschichtsunterrichts“ (*Kuhn* 1974a, S. 74, vgl. *Bodensieck* 1976, S. 628).

Für uns bietet dieser Hinweis auf die Friedenserziehung im Zusammenhang mit der zuvor angedeuteten Bestimmung des Gewaltbegriffs die Möglichkeit, die eingangs gestellte Frage nach den legitimen Mitteln der Veränderung gesellschaftlicher Verhältnisse klarer zu beantworten. Gewalt als Mittel der Veränderung wird im Hinblick auf die gegenwärtige Gesellschaft abgelehnt. Das überrascht nicht. In ihrem Bestreben, den Geschichtsunterricht so zu konzipieren, daß der Schüler vor allem mit Qualifikationen ausgestattet wird, die er zur Bewältigung seiner gegenwärtigen und zukünftigen Lebenssituation in dieser Gesellschaft benötigt, stellt die Autorin den Geschichtsunterricht unter die Leitfrage der gelungenen bzw. der gescheiterten Partizipationsbestrebungen. Diese Leitfrage gibt einerseits die Sonde ab, mit deren Hilfe aus dem Bereich „Vergangenheit“ die unterrichtsrelevanten Themen freigelegt werden können, andererseits verweist sie auf die praktisch-politische Funktion des am Lernziel Emanzipation orientierten Geschichtsunterrichts. Bezugspunkt ist dabei die potentielle Demokratie, ein gesellschaftlicher Zustand, der mit gewaltfreien Aktionen realisiert werden soll.

Wie aber steht es mit der Interpretation historisch manifest gewordener Gewalt und Gegengewalt? Unsere These lautet, daß die Ausrichtung des Geschichtsunterrichts, so wie sie von *Annette Kuhn* vorgenommen wird, zur Folge hat, daß historisches Geschehen, das durchaus in den Zusammenhang der gelungenen oder mißlungenen Partizipationsbemühungen gehört, aber sich nicht mit ihrer inhaltlichen Bestimmung legitimer Veränderungsversuche in Übereinstimmung bringen läßt, von ihr „links“ liegen gelassen wird. Mit anderen Worten: *Annette Kuhn* entzieht sich der offenen Auseinandersetzung über gewaltsame gesellschaftliche Veränderungen (ein Problem, auf das sie bei der Auswahl ihrer zentralen Themen permanent stößt), weil ihre Konzeption des Geschichtsunterrichts einseitig auf die Gegenwart und auf die in dieser Gegenwart von ihr als zulässig erachteten Formen emanzipatorischen Handelns hin orientiert ist.

Im folgenden soll an einem Beispiel aus ihrem Unterrichtsentwurf zur Französischen Revolution die eben skizzierte These überprüft und die historischen Konsequenzen und politischen Auswirkungen ihres Didaktik-Modells dargestellt werden.

III

Die Unterrichtseinheit 7 des Unterrichtsentwurfs von *Annette Kuhn* zur Französischen Revolution ist dem Thema: „Krieg, Gewalt und Terror als Mittel revolutionärer Veränderung“ gewidmet (*Kuhn* 1975, S. 77ff.). Sie ist im Kontext mit den Unterrichtseinheiten 5 und 6 zu sehen, in denen es einerseits um die Frage nach den Revolutionszielen, andererseits um gesellschaftspolitische Maßnahmen zur

Realisierung dieser Ziele geht. Als wichtigstes Revolutionsziel wird in dem Entwurf die Durchsetzung der in den Menschen- und Bürgerrechten verankerten Freiheitsrechte benannt. Der darauf hinzielende revolutionäre Prozeß zeige sowohl, daß mit der Verwirklichung sozialer Rechte Einschränkungen an den Freiheitsrechten einhergingen als auch, daß in dem Ringen um die Priorität von sozialen Rechten oder Freiheitsrechten der interessengebundene Standpunkt der jeweils betroffenen Schichten festzumachen sei (vgl. S. 68).

Die Unterrichtseinheit 7 wird, gewissermaßen im Rückgriff auf die eben umrissenen Revolutionsziele, unter folgende Leitfrage gestellt: „Sind Gewalt, Terror und Krieg notwendige/legitime Mittel, um Revolutionsziele zu erreichen?" (S. 77)[2].

Zur Beantwortung dieser Frage schlägt *Annette Kuhn* im zweiten Unterrichtsschritt („historische Aufklärung") zwei Teilschritte vor. Sie tragen die Überschriften: „Der Weg in den Revolutionskrieg" (S. 78) und „Die Ideologie des totalen Krieges und die Schreckensherrschaft" (S. 80).

Die Charakteristik des Wegs in den Revolutionskrieg erfolgt mit Hilfe von drei Arbeitstexten, die die Befürwortung eines Krieges von seiten des Königs und des besitzenden Bürgertums sowie die Ablehnung eines Revolutionskrieges durch den Jakobiner *Robespierre* beinhalten. Aus der Interpretation dieser Quellen ergibt sich, daß die Motive der Befürworter des Krieges sehr unterschiedlich sind. Sie reichen von der königlichen Intention einer Restituierung der Herrschaftsordnung des Ancien Régime über die Absichten der Gironde, d.h. des besitzenden Bürgertums, bei der Bestrafung der emigrierten französischen Aristokraten die eigene wirtschaftliche Lage zu verbessern, bis hin zu der Idee des Missionskrieges für die Freiheit. Hingegen argumentieren die Kriegsgegner insbesondere damit, daß niemand bewaffnete Missionare mag, d.h. daß die Leiderfahrung des Volkes im Krieg den Zugang zu den Ideen, denen dieser Krieg gilt, verhindert.

Folgt man den weiterführenden Fragestellungen von *Annette Kuhn*, so zeigt sich, daß über die konkurrierenden Elemente der Kriegszielpolitik hinaus die Kriegserklärung vor allem als ein Ergebnis der Politik der Besitzenden in Frankreich begriffen wird, die sich im Widerspruch zu den Interessen des Volkes befindet. Folgerichtig muß im Unterricht weitergefragt werden, wie das Volk für den Krieg gewonnen werden kann und welche Zugeständnisse die Besitzbourgeoisie an das Volk machen muß. Insgesamt erscheint das Volk als Opfer der Politik der girondistischen Bourgeoisie (vgl. S. 79).

Soweit zunächst der erste Teil der historischen Aufklärung im vorliegenden Entwurf.

Bei einer kritischen Betrachtung fallen zwei Dinge von zunächst sehr unterschiedlichem Gewicht auf: Im Zusammenhang mit der Rede *Robespierres* gegen den Krieg verweist die Autorin darauf, daß „einzelne Jakobiner und *Robespierre* Kriegsgegner waren" (S. 79). Bei der Formulierung der weiterführenden Fragestellungen heißt es dann: „die Jakobiner unter *Robespierre* ... waren ... Gegner des auswärtigen Krieges" (S. 79). Da nicht davon ausgegangen werden kann, daß die Fraktionskämpfe innerhalb des Jakobinerklubs bekannt sind – was sicherlich auch für den Schulunterricht unerheblich ist –, sondern im allgemeinen Vorverständnis von Französischer Revolution eher eine Gleichsetzung der Politik *Robespierres* und derjenigen des Jakobinerklubs vorherrscht, besteht die Gefahr, daß der „Kriegsgegner *Robespierre*" gleichgesetzt wird mit: die Jakobiner sind Kriegsgegner. Tatsächlich steht *Robespierre* aber auch im Jakobinerklub fast allein mit seinem Votum[3]. *Annette Kuhns* Formulierung leistet damit einem Mißverständnis Vorschub, das deshalb hier benannt werden muß, weil es sich im zweiten Arbeitsschritt dieses Unterrichtsteils folgenschwer auswirkt.

Der zweite kritisch zu betrachtende Aspekt des ersten Teils des Unterrichtsschritts „historische Aufklärung" ist in den von *Annette Kuhn* formulierten weiterführenden Fragestellungen enthalten, die zugleich als Übergang zum zweiten Teil gedacht sind.

Wie bereits ausgeführt, handelt es sich bei diesem Fragenkomplex darum, daß das Volk einerseits als Opfer der Politik der girondistischen Mehrheit der Nationalversammlung erscheint, andererseits aber die Gironde zu Zugeständnissen an dieses Volk gezwungen ist. Und zurecht wird von daher nach der Ernsthaftigkeit solcher Zugeständnisse gefragt (vgl. S. 80).

Insgesamt ist die von der Autorin hier angebotene Interpretation u. E. zwar richtig, sie greift aber nicht weit genug, um einen zentralen Aspekt der künftigen revolutionären Entwicklung freizulegen[4]: Mit der Kriegserklärung bzw. mit der Artikulation der verschiedenen Interessen, die im Krieg durchgesetzt werden sollen, verlagert sich nämlich die ursprüngliche Polarität zwischen Drittem Stand und Aristokratie in die heterogenen Schichten des ehemaligen Dritten Standes selbst und zwar nicht nur in einem einfachen, sondern in einem doppelten Schritt. Zwar trifft es zu, daß das Volk in den Augen der Gironde Werkzeug ist und also als Opfer erscheint. Aber dieses Vorgehen der Gironde fordert die Gegenwehr des Volkes heraus. In dieser Situation fängt das Volk an, seine eigenen Interessen zu artikulieren. Es wandelt die ihm zugedachte Rolle des Opfers um und wird Akteur.

Eine erste Konsequenz ist die durch eine Volkserhebung bewirkte Ablösung der Herrschaft der Gironde durch die Jakobiner. Da aber die Jakobiner insgesamt als Kriegsgegner verstanden wurden, und auch das Volk in seiner Opposition zur Gironde in dieser Weise charakterisiert wird, so muß die Jakobinerherrschaft zwangsläufig als Volksherrschaft erscheinen. Der Interessengegensatz Jakobiner – Volk, der die nächste Stufe der sozialen revolutionären Auseinandersetzung bestimmt, ist damit verdeckt. Die Kenntnis dieses Interessengegensatzes ist aber konstitutiv für das Verständnis der Phase der Terreur.

Im folgenden soll der zweite Teil der historischen Aufklärung innerhalb der Unterrichtseinheit 7 zunächst nachgezeichnet und dann ebenfalls kritisch betrachtet werden. Faßt man die Informationen, die *Annette Kuhn* vermittelt, zusammen, so stellt sich die Phase der Terreur folgendermaßen dar (vgl. S. 80): Die für den Krieg verantwortlich zu machende Gironde ist nicht in der Lage, diesen Krieg zu gewinnen. Mit Unterstützung der Jakobiner appelliert sie daher an die nationale Einigkeit gegenüber den Feinden der Revolution, wobei mit Feinden der Revolution auch die konterrevolutionären Kräfte in Frankreich selbst gemeint sind. Als Antwort erfolgt eine Erhebung der Pariser Bevölkerung, die zur Amtsenthebung des Königs als nationalem Verräter und schließlich zu seiner Hinrichtung führt. Im engen Zusammenhang damit steht das Versprechen zu *allgemeinen* Neuwahlen – die Nationalversammlung war nach einem Zensuswahlsystem gewählt worden. Die aus der Folge der Ereignisse heraus unumgängliche Einwilligung der Gironde in diese Vorgänge wird dabei als Konzession der Bourgeoisie an das Volk dargestellt. Trotz dieser Konzession kann sich die Gironde nicht durchsetzen. Sie wird daher abgelöst von den Jakobinern, die sehr bald nach ihrer Herrschaftsübernahme eine Revolutionsregierung einsetzen, in der der sog. Wohlfahrtsausschuß das entscheidende, mit allen notwendigen Vollmachten ausgestattete Komitee darstellt.

Über die Rolle des Volkes in diesem gesamten Entwicklungsprozeß wird nichts ausgesagt.

Als wichtigste Maßnahme der provisorischen Revolutionsregierung wird u. a. die Proklamation dieser Regierung als „revolutionär bis zum Friedensschluß" genannt. Was unter „revolutionär bis zum Friedensschluß" zu verstehen ist, erhellt ein Auszug aus einer *Robespierre*-Rede über die Grundsätze dieser Regierung. Dabei wird deutlich, daß um des Sieges einer „friedlichen Freiheit" willen der „Krieg der Freiheit gegen ihre Feinde" (S. 80) die Mobilisierung auch der äußersten Mittel notwendig macht. Anders formuliert: Der Terror als einziges Mittel des Kampfes gegen die Feinde der Revolution muß verschärft werden, wenn das revolutionäre Frankreich nicht untergehen will.

Der gleiche *Robespierre*, der vor dem Krieg warnte, weil er ihn als untaugliches Mittel ansah, die Freiheit weiterzutragen – so muß man nach *Kuhns* Leitfrage interpretieren –, sieht nun im Terror das einzige Mittel, die Freiheit durchzusetzen. Was unter Terror zu verstehen ist und wen er trifft, wird in dem nachfolgenden Arbeitstext weiter erläutert: Im März 1793 – man müßte ergänzen: also noch in der Herrschaftszeit der Gironde – wurde ein Revolutionstribunal eingesetzt, das mit Todesstrafen gegen alle konterrevolutionären Kräfte vorging. Konterrevolutionäre sind diejenigen, die sich gegen die revolutionären Prinzipien vergangen haben. Das Spektrum ihrer Vergehen reicht vom Hochverrat über Wirtschaftsverbrechen bis hin zu verbalem Unterlaufen der revolutionär-patriotischen Moral oder Siegeszuversicht.

Wegen Verdachts der Konterrevolution wurden in der Zeit der Terreur etwa 100 000 bis 300 000 Personen verhaftet. Davon wurden 35 000 bis 40 000 hingerichtet. Das entspricht etwa 0,1% der Bevölkerung Frankreichs. Über die soziale Zusammensetzung dieser Opfer der Terreur gibt *Annette Kuhn* folgendes an: „ca. 86% waren Mitglieder des Dritten Standes (Bürger: 25%, Bauern: 28%, Sansculotten: 31%)
ca. 8,5% Mitglieder des Adels
ca. 6,5% Mitglieder des Klerus" (S. 81).

Aus einem letzten Arbeitstext ist schließlich zu entnehmen, daß sich die Mobilisierung aller Kräfte für den Krieg im Frühjahr und Sommer 1794 mit ersten militärisch entscheidenden Siegen auszuzahlen beginnt, und daß angesichts dieser

Kriegserfolge der Konvent nicht mehr bereit ist, die Terrorherrschaft und die mit ihr eng verbundenen wirtschaftlichen Restriktionen zu akzeptieren. Er beendet daher die Terrorherrschaft, indem er *Robespierre* unter Anklage stellt und ihn ohne Urteil hinrichten läßt.

Überblickt man das Material zu diesem zweiten Arbeitsschritt der historischen Aufklärung im Zusammenhang mit der vorgeschlagenen Akzentuierung der Diskussion, den weiterführenden Fragestellungen und intendierten Lernzielen, so ergibt sich im Anschluß an *Annette Kuhn* eine Interpretation der Phase der Terreur in fast ausschließlicher Ableitung aus dem Krieg der revolutionären Nation (vgl. S. 81). Der zur Durchsetzung einer Staats- und Gesellschaftsordnung im Sinne des besitzenden Bürgertums begonnene Krieg erfordert die totale Konzentration aller Kräfte. Auch diejenigen, die sich wie *Robespierre* ursprünglich gegen diesen Krieg gestellt haben, stehen nun im Zwang der ablaufenden Ereignisse. Dabei ist mit den ablaufenden Ereignissen sowohl der Bürgerkrieg im Innern gemeint als auch das, was *Annette Kuhn* mit sozialen Ursachen benennt, nämlich die Inflation und die damit im Zusammenhang stehenden Hungerrevolten. Um dabei die Ziele der Revolution nicht aufgeben zu müssen, werden alle Aktionen, politische wie private, dem Krieg untergeordnet und im Namen des Krieges mit *einem* Maß gemessen. Jede Differenzierungsmöglichkeit nach Interessenlage und Schichtzugehörigkeit muß ausgeschlossen werden, d.h. der „einheitliche Volkswille" (S. 81) wird mit gewaltsamen Mitteln von einer provisorischen Regierung erzwungen. Insofern ist der Krieg total. Die ersten Anzeichen eines Sieges in diesem Krieg provozieren daher die Rücknahme der gewaltsamen Konzentrationsmaßnahmen, zugleich aber auch die gewaltsame Beseitigung der personalen Exponenten dieser Politik.

Diese Interpretation, nach der die Terrormaßnahmen aus der Notwendigkeit des Krieges heraus entstehen und zur erfolgreichen Beendigung des Krieges für die Freiheit angewandt werden, muß u. E. ergänzt werden.

Dazu ist es notwendig, auf die im Anschluß an den ersten Teil der historischen Aufklärung gemachten kritischen Bemerkungen zurückzugreifen. Dort war angemerkt worden, daß mit der Gleichsetzung von Jakobinerherrschaft und Volksherrschaft die Konflikte zwischen Jakobinern und Volk aus dem Blickfeld gedrängt werden.

Von dem Volk ist in dem gesamten zweiten Teil nur an einer Stelle die Rede, nämlich als Opfer der Terrormaßnahmen. Dort werden 86% der Hingerichtete[n] als Mitglieder des Dritten Standes bezeichnet. Nun gibt es freilich zur Zeit der Terreur keinen Dritten Stand mehr und die fast zwangsläufige, durch diesen Begriff geweckte Assoziation Dritter Stand = Volk ist sicher nicht beabsichtigt. Dennoch muß deutlich gesagt werden, daß nach den auch von *Annette Kuhn* gemachten sozialen Untergliederungen Volk in dieser Revolutionsphase gleichzusetzen ist mit Sansculotten. Ihr Anteil beläuft sich also auf etwa 31% der Gesamtzahl der Opfer.

Wesentlich in diesem Zusammenhang sind aber schließlich nicht Prozentzahlen, sondern die Tatsache, daß das Volk bzw. die Sansculotten in diesem Teil der Unterrichtseinheit wiederum nur als Opfer auftauchen und auch als Opfer auftauchen müssen, da der Zugriff zu ihrer eigenen politischen Rolle am Ende des ersten Teils verdeckt worden ist.

Tatsächlich aber ist die gesamte Revolutionsphase, von der *Annette Kuhn* hier spricht, entscheidend durch die politischen Aktivitäten der Sansculotten gekennzeichnet.

Die Sansculotten sind auf kommunaler Ebene straff organisiert und praktizieren innerhalb ihrer Organisationen eine direkte Demokratie (vgl. *Stübig* 1974, S. 254ff.). Einerseits aus der Erkenntnis heraus, daß sie selbst das aktivste Personal der revolutionären Bewegung stellen, andererseits aus der Erfahrung ihrer unveränderten sozialen Lage heraus setzen die Sansculotten den von ihnen selbst durch eine revolutionäre Erhebung erzwungenen Wohlfahrtsausschuß unter Druck, um ihre politischen und sozialen Vorstellungen von der revolutionären Republik durchzusetzen. Unter diesen Vorstellungen, die zum Teil in der Unterrichtseinheit 6 des vorliegenden Unterrichtsentwurfs deutlich werden, ist hauptsächlich die materielle Sicherung der eigenen Existenz zu verstehen. Alle Einzelforderungen, die zur Sicherung der eigenen Existenz geltend gemacht werden, laufen darauf hinaus, im Gegensatz zur bloßen Rechtsgleichheit eine Republik der tatsächlichen Gleichheit zu etablieren. Daß der mit mittlerem Bürgertum – politisch gesprochen: den Jakobinern – weitgehend identische Konvent diesen Forderungen nicht zustimmen kann, liegt auf der Hand. Da aber andererseits die revolutionäre Regierung nicht auf die Sansculotten verzichten kann, die schließlich auch im auswärtigen Krieg die meisten und aktivsten Soldaten stellen, ergibt sich gewissermaßen ein Dreiecksverhältnis zwischen bürgerlichem Konvent, revolutionärer Regierung, d.h. Wohlfahrtsausschuß, und Sansculotten. Bestimmt wird dieses Dreiecksverhältnis durch die Machtkonzentration im Wohlfahrtsausschuß. Der Druck der Volksmassen, hauptsächlich an der Ernährungslage entzündet, diktiert diesem Wohlfahrtsausschuß eine wachsende Radikalität seiner Maßnahmen; gleichzeitig muß sich in diesem Prozeß der Konvent zunehmend als gemäßigtes Gegengewicht profilieren. Da nun aber der Wohlfahrtsausschuß kein Organ der Sansculottenbewegung ist und sein will, sondern sich vielmehr als „Notstandsregierung" des jakobinischen Bürgertums versteht, ist er in dem Maß, wie die Sansculotten ihm Zugeständnisse abringen, auch zu Konzessionen an den Konvent genötigt. Der Wohlfahrtsausschuß verteilt daher gewissermaßen abwechselnd Schläge nach rechts und nach links, um eine Gleichgewichtspolitik durchzusetzen, denn ohne die Unterstützung einer der beiden Exponenten ist er nicht regierungsfähig. Indem er aber im Zuge von Disziplinierungsmaßnahmen die Exponenten der sansculottischen Politik, die ihm immer weitere Verschärfungen der Terrormaßnahmen aufdrängen wollen, liquidieren läßt, beraubt er die Volksbewegung insgesamt ihrer Führung und Spitze und löst eine allgemeine Resignation aus. Zugleich vernichtet der Wohlfahrtsausschuß selbst damit aber auch diejenigen Kräfte, die massiv für ihn eintreten und ihn mit seiner Politik hätten rechtfertigen und retten können. Zu dem Zeitpunkt, als der Wohlfahrtsausschuß auf solche Verteidigung und Rettung tatsächlich angewiesen war, nämlich angesichts der entschiedenen Mäßigungsforderungen des Konvents im Sommer 1794, fand keine Volkserhebung mehr statt. Die Anklage und Hinrichtung der Mitglieder des Wohlfahrtsausschusses ist also nicht nur eine Folge des Krieges bzw. der ersten Siege im Krieg, sondern wesentlich auch eine Folge der Konflikte zwischen Konvent, jakobinischer „Notstandsregierung" und Volksbewegung.

Diese Ausführungen sollen deutlich machen, daß die Ableitung der Terreur aus dem revolutionären Krieg allein kein hinreichendes Erklärungsmodell für diese Phase der Revolution bietet: Denn es zeigt sich, daß die Terreur nicht nur Konsequenz des unter vielschichtigen, auch anti-revolutionären Motiven begonnenen Krieges ist, sondern durchaus auch ein Mittel der untersten sozialen Schichten der revolutionären Nation, im eigenen Interesse die Politik in der kritischsten Phase der Revolution mitzubestimmen. Die Sansculotten der Französischen Revolution wenden solange, bis sie selbst in ihren Organisationen gewaltsam zerschlagen werden, Gewalt an, um ihre sozialen und politischen Interessen gegen die Groß- und mittlere Bourgeoisie durchzusetzen.

Indem *Annette Kuhn* in ihrem Unterrichtsentwurf die sozialen Vorstellungen der Sansculotten nur vorstellt, um die Konfliktbreite der demokratisch orientierten Herrschenden abzustecken, aber nicht das Handlungsspektrum der Betroffenen ausleuchtet, bleibt das Volk Opfer und seine politischen Mittel zur Durchsetzung eigener Möglichkeiten werden in umgekehrter Sichtweise zur illegitimen Gewalt bzw. sie erweisen sich, wie die Autorin sagt, als „untaugliche Mittel" (*Kuhn* 1975, S. 82).

Am Beispiel der Behandlung der Sansculotten in diesem Unterrichtsentwurf wird deutlich, daß sich der Stellenwert historischer Partizipationsbestrebungen in der Geschichtsdidaktik *Annette Kuhns* ganz wesentlich an der Frage der Gewalt bzw. der Gewaltanwendung entscheidet. Abbau und Überwindung struktureller Gewalt – denn als strukturelle Gewalt wird die Herrschaftsstruktur der Repbulik von 1793/94 von den Sansculotten erfahren – durch personale Gewalt wird von der Autorin unter Berufung auf den Maßstab „Demokratie" und demokratisch legitimierbare Formen von Selbst- und Mitbestimmung abgelehnt.

Diese Feststellungen werden im übrigen durch den abschließenden dritten Unterrichtsschritt, in dem es um die Hypothesenüberprüfung und damit um die Anwendungsmöglichkeiten der im Unterricht erworbenen Kenntnisse und Einstellungen geht, erhärtet: Nachdem feststeht, „daß Krieg und Terror sich als untaugliche Mittel einer sozialen und demokratischen Revolution erwiesen hatten" (S. 82), schlägt *Annette Kuhn* folgenden Schritt vor: „Zur Gewinnung der Handlungsrelevanz der erreichten Lernziele kann u. a. überprüft werden, wie tief auch bei uns die Vorstellung von einer unlöslichen Verbindung von Krieg, Terror und Revolution verwurzelt ist" (S. 82). Im Sinne der grundsätzlichen Überlegungen und Ziele ihres Didaktik-Modells erscheinen folgerichtig moderne Kriegsideologie und die allgemeine Abscheu vor Gewalt und Terror als Kristallisationspunkt des letzten Unterrichtsschritts.

Unausgesprochen läuft eine Gesamtinterpretation der Französischen Revolution nach diesen Überlegungen allerdings Gefahr, insgesamt negativ zu erscheinen. Daher unterstreicht die Autorin am Schluß ihres dritten Teils die Bemühungen der Friedensforschung, „zu einem angemessenen Urteil über revolutionäre Gewalttaten zu gelangen" (S. 83), indem sie mit Hilfe von Zitaten das höhere Ausmaß von Gewalt in der Zeit des Ancien Régime gegenüber dem Ausmaß von Gewalt während der Terreur hervorhebt.

IV

Überblickt man das von *Annette Kuhn* entwickelte Didaktik-Modell sowie den darauf basierenden Unterrichtsentwurf zur Französischen Revolution, so ergibt sich als durchgängiges Moment die gegenwartsbezogene und gesellschaftskritische Funktion ihres Ansatzes. Dies wird vor allem darin deutlich, daß sie die Beschäftigung mit der Geschichte inhaltlich als Auseinandersetzung mit der „Vorgeschichte gegenwärtiger Defizite" bestimmt und sie damit eindeutig an dem kritischen Interesse der Schüler an Veränderung orientiert. Indem die Autorin diese Konzeption in ihrer „Didaktik" theoretisch begründet und in ihren Entwürfen und Materialien für die Unterrichtspraxis konkretisiert, hat sie der zur Zeit stattfindenden Diskussion über den Sinn des Faches Geschichte in der Schule nicht nur wichtige Denkanstöße gegeben, sondern darüber hinaus auch Lösungsmöglichkeiten für einige zentrale geschichtsdidaktische Probleme sichtbar gemacht.

Gerade deshalb ist eine kritische Untersuchung dieser Didaktik der Geschichte und damit zugleich eine Erörterung der wissenschaftlichen und politischen Auswirkungen der von *Annette Kuhn* vertretenen Position erforderlich. Bei einer derartigen Überprüfung zeichnen sich u. E. – ohne daß Alternativen angeboten werden können und die Bedeutung dieses Ansatzes bestritten werden soll – hinsichtlich der geforderten Behandlung historischer Emanzipationsversuche im Geschichtsunterricht zwei Konsequenzen ab:

1. In ihrem Bestreben den Unterricht unter den Leitbegriff der Emanzipation zu stellen und Qualifikationen zu vermitteln, die sich an dem gewaltfreien Abbau überflüssig gewordener Herrschaft orientieren, weigert sie sich, diejenigen Partizipationsversuche in der Geschichte aufzugreifen, die auf eine Veränderung gesellschaftlicher Verhältnisse auf gewaltsamem Wege abzielen und verkürzt und isoliert so in unzulässiger Weise historisch komplexe Prozesse, die erklärtermaßen Gegenstand ihres Unterrichts sind.

2. Damit aber – und das ist die politische Konsequenz – erschwert sie dem Schüler die Möglichkeit, sich umfassend mit dem Problem der Gewalt im Zusammenhang politischer und sozialer Umwälzungsprozesse im historisch bestimmbaren Kontext auseinanderzusetzen und in der Beschäftigung mit den Ursachen, Zielsetzungen und Auswirkungen dieser historisch konkret zu analysierenden Gewalt seinen eigenen Standpunkt zu finden.

Anmerkungen

1 In *Galtungs* Bemerkungen über diese, wie er selbst formuliert, „berühmte revolutionäre These mit einer gewissen Beliebtheit" (S. 83) wird deutlich, daß er bewußt „progressive

Gewalt zur Sozialerneuerung und retardierende Gewalt zum Schutz des Alten" *(Sven Papcke)* nicht unterscheidet und dementsprechend auch als Kriterium für die Bewertung gewaltsamer Veränderungen politischer und gesellschaftlicher Verhältnisse ablehnt.

2 Angesichts dieser Leitfrage liegt es auf der Hand, warum gerade die Unterrichtseinheit 7 als Beispiel ausgewählt wurde. Das grundsätzliche Problem, das an diesem Beispiel verdeutlicht werden soll, läßt sich aber gleichermaßen auch an anderen Unterrichtseinheiten dieses Unterrichtsentwurfs herausarbeiten.

3 Von den 745 Abgeordneten der Nationalversammlung waren 136 Jakobiner. Bei der Abstimmung über die Kriegserklärung am 20. 4. 1792 stimmten 10 Abgeordnete gegen die Kriegserklärung (vgl. *Soboul* 1973, T. 1., S. 211).

4 Bei der historischen Analyse der Französischen Revolution stützen wir uns auch im folgenden auf die von *Annette Kuhn* selbst angegebene Literatur (S. 84), insbesondere auf die von ihr häufiger zitierte Arbeit von *Soboul* (1973).

Literatur

Bodensieck, H.: Demokratisierungsansprüche im Vorfeld unterrichtlicher Verwirklichung. Neuere Kritiken und Entwürfe für den politisch- und historisch-sozialwissenschaftlichen Unterricht in der BRD. In: Z. f. Päd. 22 (1976) S. 617–640.

Galtung, J.: Gewalt, Frieden und Friedensforschung. In: *D. Senghaas* (Hrsg.): Kritische Friedensforschung. (edition suhrkamp. 478.) Frankfurt ^{2}1972. S. 55–104.

Kuhn, A.: Einführung in die Didaktik der Geschichte. München 1974 (a).
dies.: Die Englische Revolution. (Geschichte im Unterricht. Entwürfe und Materialien.) München 1974 (b).
dies.: Die Französische Revolution. Unter Mitarb. von *M. Hochgeschurz.* (Geschichte im Unterricht. Entwürfe und Materialien.) München 1975.
dies.: Neuere Ansätze in der Didaktik der Geschichte. Zugleich einige Hinweise für das Studium der Geschichtsdidaktik. In: Neue Sammlung 16 (1976) S. 134–143.

Meyers, P.: Neue Strömungen in der Geschichtsdidaktik. Eine kritische Analyse. In: GWU 27 (1976) S. 490–501.

Soboul, A.: Die Große Französische Revolution. Ein Abriß ihrer Geschichte (1789–1799). T. 1, 2. Frankfurt 1973.
Stübig, F.: Erziehung zur Gleichheit. Die Konzepte der „éducation commune" in der Französischen Revolution. (Erziehungs- und gesellschaftswissenschaftliche Studientexte.) Ravensburg 1974.

Jochen Sperber

Die Vorgeschichte des 1. Punischen Kriegs

Entwurf einer Unterrichtseinheit für das 7. Schuljahr

I

Ziel der folgenden Ausführungen ist, eine aus der gymnasialen Schulpraxis entwickelte Unterrichtseinheit vorzustellen und zu begründen, die der Forderung entgegenkommt, daß der Schüler aus und an der Geschichte etwas lernen soll, was über das erworbene Geschichtswissen hinausgeht. Der Entwurf ist als ein Beitrag für einen problemorientierten Geschichtsunterricht gedacht, in dem der Schüler Einsichten und Fähigkeiten entwickelt, die in späteres eigenes politisches Handeln mit friedlichen Mitteln und die Bewältigung der Zukunft nach eigenen Interessen und Zielvorstellungen im Rahmen einer demokratischen Gesellschaft münden[1].

Das gewählte Thema findet seine Begründung in den Richtlinien für das Fach Geschichte, die in Niedersachsen und anderswo die Behandlung der Punischen Kriege im 7. Schuljahr vorsehen. Darüber hinaus dürfte es von besonderem Interesse sein, weil es gerade bei Themen aus dem Altertum besonders problematisch ist, einen gegenwarts- und zukunftsbezogenen Unterricht durchzuführen. Die Vorgeschichte des 1. Punischen Kriegs scheint jedoch als Thema für einen Geschichtsunterricht geeignet zu sein, welcher der oben erhobenen Forderung zumindest näherungsweise gerecht wird.

Folgt man *Klafkis* Konzept der didaktischen Analyse, so stellt sich zunächst die folgende Frage:

„Welchen größeren bzw. welchen allgemeinen Sinn- oder Sachzusammenhang vertritt und erschließt dieser Inhalt? Welches Urphänomen oder Grundprinzip, welches Gesetz, Kriterium, Problem, welche Methode, Technik oder Haltung läßt sich in der Auseinandersetzung mit ihm „exemplarisch“ erfassen?“ (*Klafki* 1967, S. 135).

Eine erste, vorläufige Antwort fällt leicht: Der 1. Punische Krieg war ein zwischenstaatlicher Konflikt, der mit kriegerischen Mitteln ausgetragen wurde. Er ist damit – gerade auch in seiner Vorgeschichte – ein Beispiel für ähnliche politische „Konstellationen“, deren Auswirkungen uns heute unmittelbar und mittelbar betreffen.

Die hier fixierte Ausgangslage für die weiterführenden Überlegungen stellt sich anders dar als etwa die im Ansatz *Kuhns* für Themen aus der Neueren Geschichte. So sagen *Kuhn* und *Rothe* im Vorwort zu einem Unterrichtsentwurf über die Französische Revolution gleich in den ersten Zeilen:

„Der Französischen Revolution kommt im Geschichtsunterricht eine Schlüsselbedeutung zu. Denn immer noch beeinflußt dieses Ereignus unsere politische

Gegenwart" (*Kuhn* 1975, S. 5).. Eine vergleichbare Bedeutung kommt dem 1. Punischen Krieg nicht zu.

Dieser Krieg – wie auch andere Ereignisse aus dem Altertum – werden im Unterricht kaum unter dem Gesichtspunkt ihres Einflusses auf die politische Gegenwart behandelt werden können; irgendwelche Auswirkungen dieses Kriegs auf die heutige Zeit dürften kaum nachzuweisen sein. Es ist jedoch möglich, daß der Schüler im Rahmen eines exemplarischen Vorgehens Fragestellungen kennenlernt, die sich auf andere Bereiche übertragen lassen, Erkenntnisse gewinnt, die über das einzelne, im Unterricht gerade behandelte Ereignis hinausweisen und Fähigkeiten erwirbt, die bei der Erarbeitung ähnlicher Probleme angewendet werden können.

Die Vorgeschichte des 1. Punischen Kriegs erscheint uns für einen problemorientierten Unterricht besonders geeignet zu sein, weil das Verhältnis zwischen Rom und Karthago über Jahrhunderte hinweg durch Verträge bestimmt war, welche die unterschiedlichen wirtschaftlichen, militärischen und politischen Interessen regelten, ehe es zu kriegerischen Auseinandersetzungen kam. So regelte der erste uns bekannte politische Staatsvertrag, der vermutlich 508/7 v. Chr. zustande kam, die Handels- und Verkehrsverhältnisse der beiden Mächte (s. u.). Der zweite Vertrag, wahrscheinlich 348 v. Chr. abgeschlossen, war dem ersten sehr ähnlich. Der dritte Vertrag, um 280 v. Chr. abgeschlossen, war ein Bündnisvertrag gegen Pyrrhus. – Wenige Jahre später brach der erste römisch-punische Krieg aus.

Bei diesen Gegebenheiten stellt sich nach unserer Auffassung auf dem Hintergrund der eingangs dargelegten Zielperspektive für den Unterricht folgende zentrale Frage: Warum gelang es Rom und Karthago nicht, die kriegerische Auseinandersetzung zu vermeiden und bei neu auftretenden Interessensgegensätzen erneut zu vertraglichen Regelungen zu kommen? Gerade diese Frage nach den vergebenen Chancen zur friedlichen Beilegung des Konflikts erscheint uns von besonderem Gewicht, da Erkenntnisse darüber eine wichtige Voraussetzung für späteres eigenes politisches Handeln auf friedlichem Wege sind. Eine übertragbare Erkenntnis könnte sein, daß gegenseitiges Mißtrauen durch vertrauensfördernde Maßnahmen aller Beteiligten abgebaut werden kann. (Es sei darauf verwiesen, daß diese Erkenntnis in einige Verabredungen der Schlußakte von Helsinki eingegangen ist.) Ferner könnte erkannt werden, daß verbesserte Kommunikation das Risiko von schwerwiegenden Mißverständnissen verringern kann, vertragliche Regelungen gewöhnlich besser als ein „harter Kurs" sind, agitatorische Reden „führender" Politiker kritisch einzuschätzen sind etc.

Die zentrale Frage nach der „Vermeidbarkeit" des Kriegs und den vergebenen Chancen eines friedlichen Ausgleichs der Interessensgegensätze verlangt, daß im Unterricht zumindest an einem Vertragsbeispiel erarbeitet wird, worauf die Bindung der beiden Mächte an die früheren Verträge beruhte und welche Vorteile sie daraus zogen. Die unmittelbare Vorgeschichte des Kriegs muß dann u. a. auf die Ursachen der Auseinandersetzung, den Anlaß des Kriegs, die Auswirkung einzelner politischer und militärischer Entscheidungen, die „Mechanismen" der Eskalation des Konflikts etc. hin untersucht werden. Die Unterrichtseinheit umfaßt damit zwei Teile: Im Mittelpunkt des ersten steht ein Vertragstext; der zweite konzentriert sich auf die Ereignisse unmittelbar vor Ausbruch des Kriegs.

Die angeführten Fragen zielen weniger auf den Erwerb von Geschichtswissen; vielmehr geht es in erster Linie um die Beurteilung historischer Fakten unter bestimmten Gesichtspunkten. Die Vermittlung dieser Fakten ist damit nicht oberstes Ziel, sondern wesentliche Voraussetzung. Ein in dieser Art problemorientierter Geschichtsunterricht dürfte gerade zur Erarbeitung wichtiger politischer Begriffe und zur Ausbildung komplexer Fähigkeiten beitragen, die auch bei der Behandlung ähnlicher Problembereiche der Gegenwart erforderlich sind. Beispiele für solche Begriffe sind: Vertrag, Vertragsbestimmung, Vertragspartner, Geltungsbereich, politisches Interesse, Konflikt, Agitation, Macht – um nur einige zu nennen. Gefördert werden dürften die Fähigkeiten, historische Texte interpretieren und auswerten, widersprüchlich erscheinende Aussagen überprüfen und vergleichen, unterschiedliche politische Interessen erkennen und reflektieren, politische Entscheidungen bewerten zu können etc.

Die genannten Lernziele können bereits im Geschichtsunterricht eines 7. Schuljahrs verwirklicht werden, wenn natürlich auch nicht in dem ausgeprägten Maß wie das in höheren Klassen möglich ist. Die Schüler sind – hinreichend kleine Lernschritte vorausgesetzt – durchaus in der Lage, eine angemessene Bewertung historischer Fakten vorzunehmen und Erkenntnisse zu formulieren, wie sie oben angesprochen sind.

II. Der erste Vertrag zwischen Rom und Karthago[2]

Qualifikationen
- Fähigkeit, sprachlich formulierte Angaben in eine graphische Darstellung zu übertragen
- Fähigkeit, einen Vertragstext auf seine Gliederung und Bestimmungen hin zu untersuchen und zu interpretieren
- Fähigkeit, die Art eines Vertrages zu bestimmen
- Fähigkeit, die „Ausgewogenheit“ eines Vertragstexts zu beurteilen
- Fähigkeit, den wirtschaftlichen und politischen Wert eines Vertrags abzuschätzen

1. Unterrichtsschritt: Inhaltliche Erarbeitung des Vertrags

Lernziele
- Kenntnis politischer Begriffe: Vertrag, Vertragsbestimmung, Verbotsklausel, Begünstigungsklausel, Hoheitsgebiet, Herrschaftsbereich, Handels- und Verkehrsgrenze, Bundesgenosse, Seemacht, Landmacht, Handelsmacht
- Kenntnis geographischer Angaben: Rom, Karthago, Sardinien, Sizilien, Latium, Schönes Vorgebirge, westliches und östliches Mittelmeer
- Kenntnis des Vertragstexts: Gliederung, wichtigste Bestimmungen, Geltungsbereich

- Erkenntnis, daß der Vertrag Verbots- und Begünstigungsklauseln enthält
- Erkenntnis, daß es sich um einen Handels- und Verkehrsvertrag handelt

Informationen für den Schüler

Zur Zeit des ersten Vertrags zwischen Rom und Karthago um 508/7 v. Chr. war Karthago eine der führenden Handels- und Seemächte im westlichen Mittelmeer. Karthagische Schiffe vermittelten den Handel zwischen dem westlichen und östlichen Mittelmeer. Rom war dagegen eine kleine Landmacht, die an der Spitze einer latinischen Bundesgenossenschaft stand. Es besaß keine nennenswerte Flotte und war aufgrund seiner geringen Wirtschaftsmacht kein ernsthafter Konkurrent Karthagos.

Arbeitstext

Der Geschichtsschreiber *Polybios* berichtet über den ersten Vertrag zwischen Rom und Karthago:

„Unter folgenden Bedingungen soll Freundschaft bestehen zwischen den Römern und den Bundesgenossen der Römer und den Karthagern und den Bundesgenossen der Karthager. Die Römer und die Bundesgenossen der Römer sollen nicht über das Schöne Vorgebirge hinausfahren, es sei denn, daß sie durch Sturm oder Feinde dazu gezwungen werden. Wenn aber einer durch Gewalt verschlagen und zu landen genötigt ist, soll es ihm nicht gestattet sein, etwas zu kaufen oder zu nehmen, außer was zur Ausbesserung des Fahrzeugs oder zu Opfern nötig ist . . . Soweit ein Römer nach Sizilien kommt, soweit es unter der Hoheit der Karthager steht, sollen die Römer in allem Gleichberechtigung genießen. Die Karthager aber sollen sich keine Übergriffe zuschulden kommen lassen gegen das Volk der Ardeaten, Antiaten, Laurentiner, Kirkaiiten, Tarrakiniten, noch sonst gegen irgendeinen von den Latinern, soweit sie den Römern untertänig sind.

Das Schöne Vorgebirge nun ist dasjenige, welches unmittelbar vor Karthago gen Norden liegt. Über dieses Vorgebirge hinaus nach Süden wollen die Karthager ein für allemal nicht, daß die Römer mit Kriegsschiffen fahren . . . Nach Karthago aber und ganz Libyen diesseits des Schönen Vorgebirges sowie nach Sardinien und Sizilien, soweit es karthagisches Hoheitsgebiet ist, ist es den Römern zu Handelszwecken erlaubt zu fahren, und ihre Rechte versprechen die Karthager ihnen zu gewährleisten. Der Wortlaut des Vertrages läßt klar erkennen, daß sie von Sardinien und Libyen als von ihrem eigenen Besitz sprechen; im Gegensatz dazu machen sie bei Sizilien einen ausdrücklichen Unterschied, indem sie den Vertrag nur für den Teil der Insel abschließen, der unter die Herrschaft der Karthager fällt. Ebenso schließen auch die Römer nur für das Gebiet von Latium einen Vertrag, das übrige Italien dagegen erwähnen sie nicht, weil es nicht unter ihrer Botmäßigkeit steht“ (*Polybios* III, 22, 4–13).

Aufgaben und Leitfragen

1. Trage die im Text angegebenen Ortsnamen in die Karte ein. Zeichne mit verschiedenfarbigen Buntstiften die Herrschaftsgebiete Roms und Karthagos ein. Benutze dazu auch den Geschichtsatlas.

2. Für wen gilt der Vertrag?
3. Führe die einzelnen Bestimmungen des Vertrags auf.
   Bestimmungen für die Römer und ihre Bundesgenossen:
   a) Verbote:
   b) Begünstigungen:
   Bestimmungen für die Karthager und ihre Bundesgenossen:
   a) Verbote:
   b) Begünstigungen:
4. Um welche Art von Vertrag handelt es sich,
   a) um einen Freundschaftsvertrag,
   b) um einen Friedensvertrag,

c) um einen Bündnisvertrag oder
d) um einen Handels- und Verkehrsvertrag?

2. Unterrichtsschritt: Bewertung des Vertrags

Lernziele
- Kenntnis politischer Begriffe: Rechtsanspruch, wirtschaftliches Interesse, politisches Interesse, Interessensausgleich, Vertragsbindung
- Erkenntnis, daß Karthago eine grundsätzliche Regelung des fremden Handels zur Sicherung der eigenen Handelsherrschaft erreichte
- Erkenntnis, daß sich Rom die Wahrnehmung seiner politischen Rechte in Latium und den Schutz der latinischen Küstenstädte sicherte
- Einsicht, daß der Vertrag zum gegenseitigen Vorteil abgeschlossen wurde
- Einsicht, daß der gegenseitige Vorteil die Bindung an den Vertrag bewirkt

Historisch-politisches Lernziel
Einsicht, daß trotz unterschiedlicher wirtschaftlicher und politischer Interessen und Machtpositionen vertragliche Regelungen zum gegenseitigen Vorteil vereinbart werden können und so kriegerischen Auseinandersetzungen vorgebeugt werden kann

Leitfragen
1. Was haben a) die Römer und b) die Karthager mit diesem Vertrag für sich erreicht?
2. Ist der Vertrag für beide Seiten vorteilhaft?
3. Warum dürften beide Vertragsparteien daran interessiert gewesen sein, den Vertrag auch wirklich einzuhalten?
4. Warum dürften a) die Römer und b) die Karthager eine vertragliche Regelung ihrer verschiedenen wirtschaftlichen und politischen Interessen einer kriegerischen Auseinandersetzung vorgezogen haben?

III. Der Ausbruch des 1. Punischen Kriegs[3]

Qualifikationen
- Fähigkeit, historische Texte zu interpretieren und auszuwerten
- Fähigkeit, sprachliche formulierte Angaben in eine graphische Darstellung zu übertragen
- Fähigkeit, geopolitische Konstellationen einzuschätzen und zu beurteilen
- Fähigkeit, politische Sachlagen einzuschätzen und zu bewerten
- Fähigkeit, die Auswirkungen politischer Entscheidungen zu beurteilen
- Fähigkeit, aus historischen Ereignissen allgemeine historisch-politische Schlußfolgerungen zu ziehen

- Fähigkeit, Vorschläge zur Vermeidbarkeit kriegerischer Auseinandersetzungen und zur Beilegung politischer Konflikte zu entwickeln

1. Unterrichtschritt: Das 1. Hilfegesuch der Mamertiner

Lernziele
- Kenntnis der wesentlichen geographischen Angaben
- Kenntnis der Herrschaftsgebiete von Rom, Karthago, Messina und Syrakus nach dem Pyrrhuskrieg
- Kenntnis der wesentlichen historischen Fakten bis zum 1. Hilfegesuch der Mamertiner
- Kenntnis politischer Begriffe: Hilfegesuch, Vorherrschaft, Herrschaftsbereich, politisches Interesse
- Erkenntnis, daß Karthago daran interessiert gewesen sein muß, eine Ausdehnung des Machtbereichs von Syrakus zu verhindern
- Erkenntnis, daß sich die Mamertiner mit der Bitte um Hilfe an die Karthager gewandt haben dürften
- Erkenntnis, daß sich *Hieron* zurückgezogen haben dürfte, als er von dem neuen Bundesgenossen der Mamertiner gehört hatte

Historisch-politisches Lernziel
Einsicht, daß die Störung „ausgewogener" Machtverhältnisse in einem Gebiet das Eingreifen der anderen Mächte zur Wahrung ihrer eigenen Interessen nach sich ziehen kann

Informationen für den Schüler
Der Krieg gegen *Pyrrhus*: Auf ein Hilfegesuch der von Rom bedrängten Tarentiner setzte *Pyrrhus* 280 v. Chr. mit einem Heer von Griechenland nach Süditalien über. Syrakus schloß sich etwas später *Pyrrhus* an. Rom, das in Süditalien im Kampf mit *Pyrrhus* stand, und Karthago, das seine Interessen in Sizilien gefährdet sah, schlossen einen Bündnisvertrag gegen *Pyrrhus*, in dem eine militärische Zusammenarbeit vereinbart wurde. Nach schweren Niederlagen mußte sich *Pyrrhus* schließlich nach Griechenland zurückziehen. 275 v. Chr. war der Krieg beendet.

Messina: Die Mamertiner, wie sich die Bewohner Messinas nannten, waren ursprünglich Söldner im Dienste des 289 v. Chr. gestorbenen Tyrannen *Agathokles* gewesen. Sie hatten sich Messinas bemächtigt, die männliche Bevölkerung ausgerottet und ihr eigenes Staatswesen gegründet. Im Krieg gegen *Pyrrhus* standen sie auf der Seite der miteinander verbündeten Römer und Karthager. Zusammen mit ihren Stammesverwandten in Rhegion unternahmen sie immer wieder Raubzüge und bildeten eine ständige Gefahr für Syrakus.

Rhegion: Vor dem Krieg gegen *Pyrrhus* hatten sich eine Anzahl von Griechenstädten in Süditalien unter römischen Schutz gestellt und eine Besatzung erhalten, so auch Rhegion. Die Ankunft des *Pyrrhus* löste eine antirömische Bewegung unter den Griechen aus. So wurde beispielsweise die römische Besatzung in Locri verjagt. Die Besatzung von Rhegion jedoch verjagte die griechischen Bewohner.

Im Krieg gegen *Pyrrhus* wurde den Soldaten in Rhegion seitens Rom freie Hand gelassen, was sie zu zahlreichen Raubzügen ausnutzten.

Nach dem Pyrrhuskrieg begann Rom mit der Festigung und dem Ausbau der neugewonnenen Gebiete in Süditalien. Dabei wurde 270 v. Chr. auch Rhegion unterworfen. Damit verloren die Mamertiner ihre Bundes- und Raubgenossen.

Syrakus: Nach dem Rückzug des *Pyrrhus* spaltete sich Sizilien erneut. Die Karthager beherrschten den Westen und die Mitte Siziliens, Syrakus die Ostküste bis Tauremenium, den Norden bis Halaesa und das Hinterland bis Akragas, Messina den Nordosten der Insel.

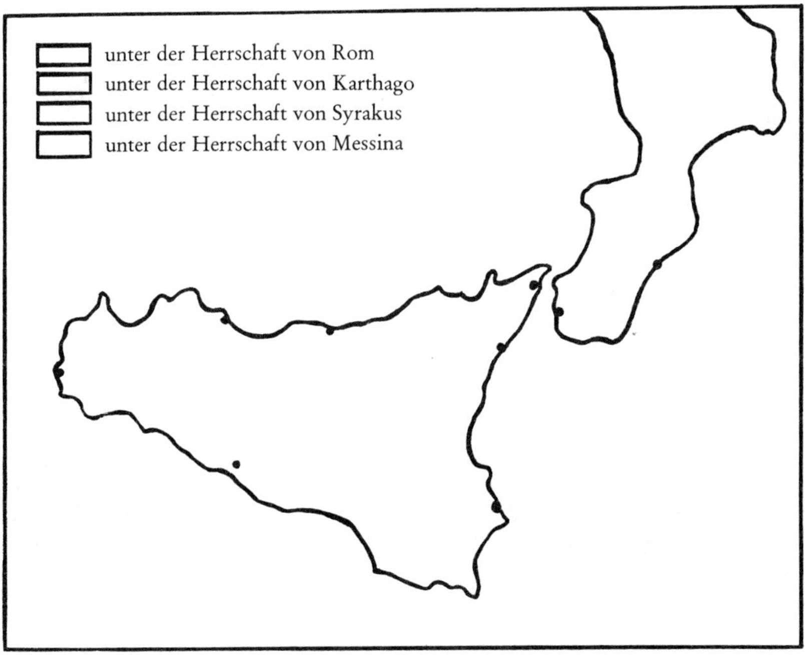

In Syrakus war *Hieron* an die Macht gekommen. Als die Römer Rhegion unterworfen hatten, sah er die Gelegenheit, gegen Messina vorzugehen. Er besiegte die Mamertiner entscheidend in der Schlacht am Fluß Longanos. Hieron konnte seinen Sieg jedoch nicht ausnutzen, da die Mamertiner einen Bundesgenossen erhielten.

Aufgaben und Leitfragen

1. Trage die Herrschaftsbereiche von Rom, Karthago, Syrakus und Messina mit verschiedenen Farben in die Karte ein. Trage auch die Ortsnamen ein. Benutze dazu den Geschichtsatlas.

2. Wer dürfte – neben den Mamertinern – daran interessiert gewesen sein, daß Syrakus seinen Machtbereich nicht zu sehr ausdehnte?
3. An wen dürften sich die Mamertiner um Hilfe gewandt haben?
4. Wie dürfte *Hieron* reagiert haben, als er kurz nach der Schlacht am Fluß Longanos von dem neuen Bundesgenossen der Mamertiner erfahren hatte?

2. Unterrichtsschritt: Das zweite Hilfegesuch der Mamertiner

Lernziele
- Kenntnis der wesentlichen Fakten zum zweiten Hilfegesuch der Mamertiner
- Kenntnis der Herrschaftsbereiche Karthagos im westlichen Mittelmeer
- Erkenntnis, daß die Römer die Gefahr seitens Karthago offenbar falsch einschätzten
- Erkenntnis, daß für die Römer keine Notwendigkeit bestand, das Hilfegesuch der Mamertiner anzunehmen
- Erkenntnis, daß die Annahme des Hilfegesuchs Rom in Konflikt mit Karthago bringen würde

Historisch-politisches Lernziel
Einsicht, daß die Fehleinschätzung einer politischen Sachlage zu politischen Fehlentscheidungen führen kann

Informationen für den Schüler
Die Karthager gewährten den Mamertinern Schutz und legten eine Besatzung nach Messina. Als *Hieron* davon erfuhr, zog er sich nach Syrakus zurück und ließ sich zum König ausrufen.

Für die Mamertiner war es zunächst naheliegend, sich an die Karthager zu wenden, da diese ein Interesse haben mußten, daß Syrakus nicht zur Vorherrschaft in Sizilien gelangte. Als jedoch die Bedrohung seitens Syrakus gebannt war, setzte in Messina ein Stimmungsumschwung ein. Die Gründe dafür sind nicht überliefert. Die karthagische Besatzung wurde schließlich verjagt, ein neuer Bundesgenosse gesucht: Rom.

Arbeitstext 1
Das Hilfegesuch der Mamertiner wurde im römischen Senat debattiert. Von der Senatsdebatte berichtet *Polybios*:

„Die Römer aber schwankten lange Zeit hin und her, weil eine solche Hilfeleistung in einem gar zu offensichtlichen Widerspruch zu ihrer Haltung gegenüber Rhegion gestanden hätte. Dort hatten sie nämlich ihre eigene Besatzung, die in einer Militärrevolte die Bürger von Rhegion niedergemetzelt und verjagt hatte, mit dem Tode bestraft. Und jetzt sollten sie gleich danach auf den Gedanken kommen, die Mamertiner zu unterstützen, die nicht nur den gleichen Frevel an der Bürgerschaft von Messina begangen, sondern sich auch an der Revolte in Rhegion beteiligt hatten. Das würde eine schwer zu entschuldigende Inkonsequenz bedeuten. All dies erkannten sie nun sehr wohl . . .“ (*Polybios* I, 10).

Leitfrage

Eine Gruppe von Senatoren äußerte also Bedenken. Handelt es sich dabei um gewichtige Argumente? Berücksichtige, daß die Untat der Mamertiner gegenüber den Einwohnern von Messina bereits etwa 25 Jahre zurücklag, die Besatzung von Rhegion die griechischen Bewohner durchaus im Interesse Roms niedergemetzelt hatte, Rhegion und Messina im Pyrrhuskrieg auf der Seite der Römer (und der ebenfalls gegen *Pyrrhus* kämpfenden Karthager) gestanden hatten.

Arbeitstext 2

Polybios berichtet über einen weiteren Teil der Senatsdebatte:

„. . . da sie aber auf der anderen Seite sahen, daß die Karthager sich nicht allein ganz Libyen, sondern auch große Teile von Iberien unterworfen hatten, überdies alle Inseln im Sardinischen und Tyrrenischen Meer in ihrer Gewalt hatten, waren sie in schwerer Sorge, sie könnten, wenn sie auch noch die Herrschaft über Sizilien gewännen, ihnen äußerst gefährliche Nachbarn werden, da jene sie dann eingekreist hätten und Italien von allen Seiten bedrohten. Daß sie aber Sizilien in kurzer Zeit unter ihre Herrschaft bringen würden, wenn die Mamertiner keine Hilfe erhielten, lag klar zutage. Denn wurde ihnen Messina ausgeliefert und waren sie erst Herren dieser Stadt, so stand zu erwarten, daß sie binnen kurzem Syrakus vernichten würden, da sie beinahe über das ganze übrige Sizilien geboten. Dies alles sahen die Römer zwar voraus und erkannten, daß ihnen nichts anderes übrig blieb, als Messina nicht preiszugeben und nicht zuzulassen, daß die Karthager einen Brückenkopf für den Übergang nach Italien gewännen. Dennoch berieten sie lange Zeit hin und her . . ." (*Polybios* I, 10–11).

Aufgaben und Leitfragen

1. Stelle fest, wo Libyen und Iberien liegen und welche größeren Inseln sich im Sardinischen und Tyrrenischen Meer befinden.
2. Handelte es sich um „starke" Argumente, die ein Eingreifen Roms in Messina notwendig machten? Berücksichtige:
   a) Die Karthager beherrschten in Wirklichkeit nur einen kleinen Küstenstreifen der Iberischen Halbinsel.
   b) Korsika und Elba standen nicht unter karthagischer Herrschaft.
   c) Die Karthager hatten schon einmal – auf Wunsch der Mamertiner – eine Besatzung in Messina, ohne daß sich die Römer aufgeregt hatten.
   d) Bislang war es den Römern und Karthagern stets gelungen, ihre unterschiedlichen politischen Interessen vertraglich zu regeln.
3. Schätzten die Senatoren die Gefahr seitens Karthago richtig ein?
4. Die Römer entsprachen schließlich dem Hilfegesuch der Mamertiner und legten eine Besatzung nach Messina. Wie dürften darauf die Karthager reagiert haben?
5. Fällten die Römer mit der Annahme des Hilfegesuchs eine falsche politische Entscheidung?

3. Unterrichtsschritt: Die Reaktion der Karthager auf die Annahme des mamertinischen Hilfegesuchs seitens Rom

Lernziele
- Kenntnis politischer Begriffe: Ultimatum, Volksversammlung
- Kenntnis der Reaktion der Karthager auf die Annahme des Hilfegesuchs
- Erkenntnis, daß die Karthager bestrebt waren, Roms Einmischung in Sizilien mit allen Mitteln zu verhindern
- Erkenntnis, daß Karthago ein Ultimatum stellte und römische Schiffe zurückgab, um einen Krieg mit Rom zu vermeiden
- Einsicht, daß die Belagerung Messinas und das Ultimatum wenig dazu geeignet gewesen sein dürften, die Römer umzustimmen

Historisch-politisches Lernziel
Einsicht, daß Maßnahmen zur Durchsetzung eigener politischer Interessen die Interessen anderer Mächte berühren und zu schwerwiegenden Konflikten führen können

Informationen für den Schüler
Der karthagische Befehlshaber *Hanno* kam nach Sizilien, sammelte seine Streitkräfte und rückte an der Nordküste bis Soluntum vor. Er selbst ging nach Akragas und gewann die Bewohner als Bundesgenossen. Nach Soluntun zurückgekehrt traf er Abgesandte des Königs *Hieron*, mit denen er ein Bündnis schloß, die Römer zu bekriegen, falls diese nicht in kürzester Zeit Sizilien räumten.

Hanno und *Hieron* rückten gegen Messina vor, belagerten die Stadt, machten jedoch keine großen Anstrengungen, die Stadt auch zu erobern. Stattdessen richteten sie ein Abzugsultimatum an die Römer. Währenddessen gerieten römische Schiffe in karthagische Hand. Sie wurden zurückgegeben.

Leitfragen
1. Warum dürften die Karthager ein Interesse daran gehabt haben, daß die Römer Messina wieder räumten?
2. Was dürfte die Karthager bewogen haben, die römischen Schiffe wieder zurückzugeben?
3. Was dürfte die Karthager veranlaßt haben, ein Ultimatum zu stellen?
4. Welche Reaktion dürfte die Belagerung Messinas und das Ultimatum bei den Römern hervorgerufen haben?

4. Unterrichtsschritt: Die Reaktion der Römer auf das Ultimatum der Karthager und der Ausbruch des Kriegs

Lernziele
- Kenntnis der Reaktion Roms auf das Ultimatum
- Erkenntnis, daß das römische Volk kriegsmüde war und erst die kriegshetzeri-

schen Reden der Konsuln eine Entscheidung zugunsten der militärischen Unterstützung Messinas herbeiführten
- Erkenntnis, daß die Römer den Konflikt begrenzen wollten

Historisch-politisches Lernziel
Einsicht, daß die Verschärfung eines Konflikts zu einem Krieg führen kann, obwohl die Beteiligten diesen noch bis kurz vor Ausbruch zu vermeiden suchen

Information und Arbeitstext
Als die Nachricht von der Belagerung Messinas und dem Ultimatum der Karthager in Rom eintrafen, wurde in der dafür zuständigen Volksversammlung über eine militärische Unterstützung der Mamertiner beraten. *Polybios* berichtet:
„Das Volk . . ., das durch die vorhergehenden Kriege schwer gelitten hatte und eine Gelegenheit suchte, seine Lage zu verbessern, beschloß die Hilfe zu gewähren, da ihm die Konsuln nicht bloß mit den eben genannten Gründen den für den Staat aus dem Krieg zu erwartenden Nutzen, sondern für jeden einzelnen ebenso sicheren wie großen Beutegewinn vor Augen stellten" (*Polybios* I, 11).

Leitfrage
War das römische Volk von der Vorstellung, um Messina einen Krieg gegen Karthago und Syrakus zu führen, begeistert?

Informationen für den Schüler
Die Volksversammlung beschloß, ein konsularisches Heer unter Führung des Konsuln *Appius Claudius* nach Messina zu schicken.
Als *Claudius* mit seinem Heer in Rhegion angekommen war, schickte er einen Brief an die Karthager und *Hieron* mit der Aufforderung, die Belagerung zu beenden. Darin teilte er auch mit, daß er keinen Krieg gegen *Hieron* führen wolle. *Hieron* wies die Botschaft jedoch schroff zurück.
Da das Schreiben ohne Erfolg blieb, suchte *Claudius* sein Heer nach Messina überzusetzen. Der erste Versuch schlug jedoch fehl; er wurde von der karthagischen Flotte nach Rhegion zurückgetrieben. Die Karthager richteten eine erneute Aufforderung an *Claudius*, von Messina abzulassen. *Claudius* konnte jedoch mit seinem Heer im Schutz der Nacht nach Messina übersetzen. Dort angekommen, erklärte er Karthago und Syrakus den Krieg.

Leitfragen
1. Warum dürften die Römer lediglich mit einem konsularischen Heer und ohne den Schutz einer eigenen starken Kriegsflotte nach Messina aufgebrochen sein?
2. Was dürfte *Claudius* noch vor dem Versuch, nach Messina überzusetzen, bewogen haben, einen Brief an *Hanno* und *Hieron* zu schicken?

5. Unterrichtsschritt: Bewertung der Vorgeschichte des 1. Punischen Kriegs unter dem Gesichtspunkt seiner Vermeidbarkeit

Lernziele
- Erkenntnis, daß die Konsuln auf kriegshetzerische Reden hätten verzichten können
- Erkenntnis, daß die Volksversammlung gegen die Konsuln hätte entscheiden können
- Erkenntnis, daß sich Rom und Karthago über ihre gegenseitigen Absichten und Interessen hätten informieren können
- Erkenntnis, daß Rom und Karthago auf die Entsendung von Heeren hätten verzichten können
- Erkenntnis, daß Rom und Karthago auf ultimative Forderungen hätten verzichten können
- Erkenntnis, daß Rom und Karthago mehr vertrauensfördernde Maßnahmen (wie z.B. die Rückgabe von Schiffen) hätten ergreifen können

Historisch-politisches Lernziel
Einsicht, daß die Austragung von Konflikten mit kriegerischen Mitteln vermieden werden kann, wenn u. a. das Volk seine Einflußmöglichkeiten nutzt, führende Politiker auf agitatorische Reden verzichten, sich die beteiligten Staaten gegenseitig über ihre politischen Absichten und Interessen informieren, Maßnahmen vermieden werden, welche die andere Seite als bedrohlich empfindet, vertrauensfördernde Maßnahmen und vertragliche Regelungen angestrebt werden

Leitfragen
1. Welche politischen und militärischen Entscheidungen haben den Konflikt zwischen Rom und Karthago immer mehr verschärft?
2. Gibt es im Ablauf der Ereignisse Punkte, an denen die Römer und die Karthager durch andere Entscheidungen den Konflikt hätten entschärfen und die kriegerische Auseinandersetzung vermeiden können?
3. Welchen Einfluß hätte das Volk auf die Ereignisse nehmen können?
4. Welche Maßnahmen hätten die Römer und die Karthager ergreifen können, um einen Ausgleich ihrer unterschiedlichen Interessen herbeizuführen?

IV

Die vorgelegte Unterrichtseinheit dürfte deutlich machen, daß auch die Behandlung der Vorgeschichte des 1. Punischen Kriegs einen gegenwarts- und zukunftsbezogenen Geschichtsunterricht ermöglicht. Mit der Entwicklung von Fähigkeiten, die auch zur Erschließung und Beurteilung anderer politischer Sachlagen erforderlich sind, und mit der Vermittlung von historisch-politischen Einsichten und Begriffen, die eine wesentliche Voraussetzung für ein späteres rational begründetes politisches Handeln sind, geht der Unterricht über die Erarbeitung des historischen Themas hinaus.

Der Schüler lernt, unter dem Gesichtspunkt bestimmter gegebener Fragestellungen Texte zu analysieren und auszuwerten, unterschiedliche Fakten aufeinander zu beziehen, Annahmen und Behauptungen zu überprüfen, begründete Urteile abzugeben etc. Die Aufgabenstellungen verlangen, daß er mit großer Sorgfalt, Umsicht und Genauigkeit vorgeht. Drei Beispiele seien dazu aufgeführt: So wird der Schüler zunächst dazu verleitet, in dem ersten römisch-punischen Vertrag einen Freundschaftsvertrag zu sehen, da das Wort „Freundschaft" im ersten Satz des Textes auftritt. Erst die genauere Analyse ergibt, daß es sich um einen Handels- und Verkehrsvertrag handelt. – Die Ausgewogenheit des Vertrags wird vom Schüler erst erkannt werden können, wenn er die damals geringe politische und wirtschaftliche Macht Roms gegenüber Karthago mit berücksichtigt. – Auf die Kriegsmüdigkeit des römischen Volks zum Zeitpunkt des karthagischen Ultimatums führt nach genauer Analyse des Texts erst die Überlegung, daß kriegshetzerische Reden der Konsuln nicht notwendig gewesen wären, wenn die Römer von der Aussicht auf einen neuen Krieg so begeistert gewesen wären.

Die Unterrichtseinheit zeigt weiterhin, daß es möglich ist, historisch-politische Einsichten anzustreben, die sich nicht nur auf die gegebenen historischen Ereignisse beziehen, sondern auch auf Probleme der Gegenwart übertragbar erscheinen. Hier geht es um Einsichten über die Ursachen, Bedingungen, Auswirkungen und die Vermeidbarkeit eines Konflikts zwischen zwei Staaten. Voraussetzung ist allerdings die Erkenntnis, daß geschichtliche Ereignisse zwar nicht rückgängig zu machen sind, jedoch keineswegs unabänderlich gewesen sind. Deshalb wurden scheinbar unhistorische Fragestellungen aufgenommen, die sich auf die Möglichkeiten alternativer politischer Entscheidungen beziehen. Wenn z. B. gefragt wird, ob es im Ablauf der Ereignisse Punkte gegeben hat, an denen die Römer und die Karthager durch andere Entscheidungen den Konflikt hätten entschärfen und die kriegerische Auseinandersetzung vermeiden können, dann zielt diese Frage zunächst auf die Ursachen des Konflikts und die Bewertung gefällter politischer Entscheidungen. In diesem Sinn ist sie von den „üblichen" historischen Fragen nicht verschieden. Die Vermittlung übergreifender Einsichten über die Vermeidbarkeit kriegerischer Auseinandersetzungen verlangt jedoch darüber hinaus das Aufzeigen von Möglichkeiten anderer politischer Entscheidungen. Deshalb ist diese Art von Fragen angebracht und notwendig.

Die hier skizzierten historisch-politischen Einsichten sind keinesfalls als direkte Anweisungen für späteres eigenes politisches Handeln der Schüler zu verstehen. Auf der Grundlage dieser und anderer Einsichten dürfte es jedoch möglich sein, politische Sachlagen der Gegenwart nach vorangegangener Analyse zunehmend besser einzuschätzen, eigene politische Vorstellungen zu formulieren und rational zu begründen und schließlich in Übereinstimmung damit politische Entscheidungen mitzutragen.

Es kann allerdings nicht erwartet werden, daß eine einzige derartige Unterrichtseinheit ausreicht, die hier formulierten übergreifenden Ziele zu erreichen. Die in Ansätzen erworbenen Fähigkeiten und Einsichten müssen an anderen Beispielen gefestigt und erweitert sowie übertragbar gemacht werden. Es wird also sehr auf den weiterführenden Geschichtsunterricht ankommen, ob die angestrebten historisch-politischen Lernziele auch tatsächlich operationalisiert werden können.

Anmerkungen

1 Die hier kurz skizzierte Zielperspektive korrespondiert mit den „Richtlinien für den Unterricht an den Gymnasien des Landes Niedersachsen". Diese fordern, daß in einem gegenwarts- und zukunftsbezogenen Geschichtsunterricht u. a. der Blick dafür geöffnet werden soll, „daß der Spielraum menschlicher Selbstverwirklichung reichhaltiger und vielförmiger, aber auch begrenzter ist, als der Erfahrungshorizont der Gegenwart vermuten läßt", auf das „Verständnis politischer Phänomene und Begriffe" hingearbeitet werden soll, das „Problem der Wertung" nicht ausgeklammert werden darf, die „thematische Ordnung und die exemplarische Auswahl" „neben die chronologische Geschichtsbetrachtung" treten soll etc. (vgl. Richtlinien 1970, S. 67–69).

2 Zur Quellenlage: Unsere Hauptquelle ist Polybios (etwa 200–118 v. Chr., Staatsmann des Achäischen Bundes, nach der Schlacht von Pydna im Jahr 168 v. Chr. als Geisel nach Rom gebracht).
Es ist unbekannt, wie der Text bei *Polybios* (III, 22, 4–13 – Übersetzung von *H. Drexler*: *Polybios*, Geschichte. Bd. 1. Zürich, Stuttgart 1961), der den Wortlaut des ersten Vertrags zwischen Rom und Karthago enthält, entstanden ist. *Cato* hatte vermutlich die Originaltafeln in den kapitolinischen Archiven gefunden und dem Senat zugänglich gemacht. *Polybios* hat die Verträge entweder selbst gesehen oder davon erfahren. Sein Text könnte also authentisch sein, aber auch ein Exzerpt oder eine Umschreibung.
Weitere Quellen für die römisch-punischen Verträge sind *Livius* (VII, 27, 2 und IX, 43, 26) und *Diodor* (XVI, 69, 1 und XXIII, 7, 5). Eine eindeutige Datierung geht aus den Quellen nicht hervor. Für 508/7 v. Chr. (1. Vertrag) sprechen die Angaben des *Polybios.*

3 Zur Quellen- und Forschungslage: Über den Ausbruch und die Ursachen der Feindseligkeiten zwischen Rom und Karthago sind uns der vollständige Bericht von *Polybios* (I, 8, 1–12), ein Abriß von *Cassius Dio (Zonaras)* und einige Exzerpte von *Diodor* erhalten. Von den drei Geschichtsschreibern war *Polybios* den Ereignissen zeitlich noch am nächsten. Er konnte auf (verloren gegangene) Berichte zurückgreifen, die der römische Senator *Fabius Pictor* etwa 60 Jahre nach den Ereignissen geschrieben hatte, und auf *Philinus* aus Akragas, der den Krieg selbst miterlebt und aus karthagischer Sicht dargestellt hatte.
Wie die neuere Geschichtsforschung (insbesondere *Hoffmann* 1969) ergeben hat, läßt die Darstellung des *Polybios* unterschiedliche Auslegungen über den tatsächlichen Ablauf der Ereignisse zu. Die diesem Unterrichtsentwurf zugrunde liegende Darstellung orientiert sich in erster Linie an *Hoffmann.* Wir gehen davon aus, daß Rom und Karthago die Tragweite ihrer politischen und militärischen Entscheidungen bezüglich Messina nicht richtig erkannten und in einen Krieg gerieten, den sie vermeiden oder doch zumindest zu lokalisieren hofften.

Literatur

Heuss, A.: Der erste punische Krieg und das Problem des römischen Imperialismus. In: HZ 169 (1949) S. 457–513.

Hoffmann, W.: Das Hilfegesuch der Mamertiner am Vorabend des Ersten Punischen Krieges. In: Historia 18 (1969) S. 153–180.

Klafki, W.: Didaktische Analyse als Kern der Unterrichtsvorbereitung. In: *W. Klafki:* Studien zur Bildungstheorie und Didaktik. 8/9Weinheim 1967. S. 126–153.
Kuhn, A.: Die Französische Revolution. Unter Mitarb. von *M. Hochgeschurz*. (Geschichte im Unterricht. Entwürfe und Materialien.) München 1975.

Mommsen, T.: Römische Geschichte. Bd. 1, 2. 91902, 91903. (neue Ausgabe im Deutschen Taschenbuch Verlag (dtv) 1976).

Richtlinien für den Unterricht an den Gymnasien des Landes Niedersachsen 9, 1970, Erdkunde, Geschichte, Sozial- und Gemeinschaftskunde.

Walbank, F. W.: A Historical Commentary on Polybios. Vol. 1. (Commentary on books I–VI.) Oxford 1957.

Leonhard Friedrich

Aufgaben und Qualifikationen des Lehrers

Das Thema gleicht einem Gelände, in dem eine Orientierung schwierig ist. Es ist oft durchstreift und es sind schon zahlreiche Orientierungsmarken gesetzt worden[1]. Viele der Gelände- und Wegzeichen sind heute verblaßt; ihre Vielfalt ist eher verwirrend als hilfreich. Manche sind Warntafeln. Sie signalisieren, das Areal werde zweckwidrig genutzt. Hier wird die massive Kritik an Schule und Lehrer wie auch die technologische Mißdeutung ihrer Funktion angesprochen. Sie werden im ersten Kapitel „Radikale Infragestellung und technologische Verkürzung" behandelt.

Andere Beschilderungen und Skizzen zeigen neue Wege und Parzellen an. Sie erinnern an die programmatischen Formeln, in denen die derzeitigen Trends im Verständnis der Lehrerrolle ihren Niederschlag finden und an darüber hinausgehende Versuche, die Aufgaben des Lehrers zu beschreiben. Im zweiten Kapitel „Das Verständnis der Lehrerrolle. Trendformeln und Skizzen" wird diesen nachgegangen.

Das Schilderdickicht macht eine Neumarkierung erforderlich. Schneisen sind zu schlagen, um einen ersten Durchblick zu ermöglichen. Das wird im dritten Kapitel „Versuch einer systematischen Fragestellung" unternommen.

Wer das Gelände anderen erschließen soll, muß sich an festen Positionen orientieren. Danach wird im Kapitel „Konstitutiva pädagogischen Handelns" gefragt.

I. Radikale Infragestellung und technologische Verkürzung

Die Kritik an Funktion und Rolle des Lehrers, wie sie besonders im letzten Jahrzehnt geübt wurde, steht in einem engen Zusammenhang mit der radikalen Kritik an den gesellschaftlichen Institutionen, besonders der Schule. Vor allem die gesellschaftspolitisch motivierte Kritik hat beträchtliche Irritation bewirkt und eine sachliche Auseinandersetzung mit dem Thema erschwert. Gelegentlich muß der Eindruck entstehen – zumal verbindliche Beurteilungsmaßstäbe weithin fehlen –, daß dadurch sogar die Basis für jeglichen Versuch, die Aufgaben des Lehrers und die zu deren Bewältigung erforderlichen Qualifikationen zu bestimmen, entzogen wurde.

Die Gesellschaftskritiker unterschiedlicher Provenienz werfen dem Lehrer vor, als Exponent des Bestehenden zu fungieren. Dieser Vorwurf erscheint in vielen Variationen. Nach *Illich* z. B. dient der Lehrer einer überholten Institution[2]; *Reimer* behauptet, er stütze die „Privilegien"[3]; er wirke – so das Urteil *Combes* – als „Ordnungsfaktor des gesellschaftlichen Status quo"[4]; und *Coopers* Verdikt lautet kurzerhand, „Lehren" sei „reine Kollaboration" mit dem System[5].

Psychoanalytisch orientierte Kritiker versehen ihre Offensive gegen Lehrer und Schule, wie gegen Erziehung überhaupt, mit dem Hinweis, „die pädagogische Ambition" sei im Grunde nichts anderes als „der triebhafte Wunsch, andere Menschen zu formen"[6]. Der Psychoanalytiker *Müller-Bek* apostrophiert den Lehrer als Hirten, „der seine Kühe einen schmalen Steinpfad hinauftreibt, links und rechts saftiges Gras und schattige Bäume"; „wenn eine nebenhinaus nascht", – fährt er im Bilde fort – „wird mit der Geißel geknallt"[7]. Der Autor sieht in Übereinstimmung mit anderen Psychoanalytikern im Lehrer einen Unterdrücker der kindlichen Triebe und Affekte.

In diesen Rahmen fügen sich auch die Thesen *Bernfelds* und *v. Braunmühls* ein. Dieser behauptet in seinem Buch „Anti-Pädagogik", dem er den Untertitel „Studien zur Abschaffung der Erziehung" gegeben hat, die „Menschen- und Kulturfeindlichkeit des erzieherischen Denkens"[8]. *Bernfeld* kritisiert die Überschätzung des Erziehers, dessen Bemühen in Wahrheit dem des Sisyphos gleiche, dessen „fleißige, nützliche Arbeit . . . ewig mißlingt"[9]. Was speziell die Lehrer anbetrifft, lasse man die vielfältigen und unaufgedeckten Momente der komplizierten Institution Schule außer Betracht, verkenne, daß „die Tätigkeit des einzelnen Lehrers, sein Unterrichten bloß *ein* Faktor in dem Ganzen dieser Wirkungen"[10] darstelle und seine Bemühungen deshalb von „lächerlicher Aufgeblasenheit"[11] zeugten. Diese Feststellung *Bernfelds* nimmt die aktuelle Frage nach dem „heimlichen Lehrplan"[12] vorweg, der in den weniger an pädagogische Intentionen gebundenen Mechanismen des schulischen Lebens besteht.

Eine äußerste Zuspitzung hat die Kritik am Lehrer bei *Berthold Brecht* erfahren. Sie gilt nicht allein der gesellschaftlichen Funktion des Lehrers, sondern zielt vor allem auf die Berufsmentalität und damit zugleich auf die Person des Lehrers. *Brecht* klagt den Lehrer an, daß er die ihm zugewiesene Rolle mißbrauche und sich auf der Bühne seiner Lehrtätigkeit als eitler Akteur gebärde. Er benutze „den Unterrichtsstoff, wie die Schauspieler eine Fabel brauchen, um sich zu zeigen"[13] – schlimmer noch: „ausgestattet mit pädagogischen Kenntnissen und langjähriger Erfahrung erzieht er den Schüler zu seinem Ebenbild"[14]. Darin offenbart sich – nach *Brecht's* Urteil – die Vermessenheit des Lehrers, und er nennt ihn deshalb einen „Unmenschen"[15]. *Brecht* greift den Lehrer massiv und unverhüllt an und bewertet seine Funktion negativ. Er erweise sich als der „nützliche Idiot" der Etablierten, zugleich als charakterlicher Schwächling, der sich zum Maßstab erhebe und seine Macht ausspiele.

Damit ist die persönliche Integrität des Lehrers in Zweifel gezogen. Unter diesem negativen Vorzeichen kann eine sinnvolle pädagogische Aufgabe des Lehrers nicht mehr gesehen werden. Die Frage nach seinen pädagogischen Aufgaben und Qualifikationen ist irrelevant geworden, das Bild des Lehrers zur Karikatur entstellt, seine gesellschaftliche Position wie seine persönliche Identität sind gefährdet.

Das Lehrersein wird aber nicht allein von radikalen Schulkritikern in Frage gestellt, sondern auch von Vertretern einer Position, die der Demontage der pädagogischen Existenz des Lehrers nicht so leicht verdächtigt werden. Die Vertreter dieser Position schätzen die Schule vielmehr als eine zentrale Institution und den Lehrer als den unentbehrlichen Organisator des Lernprozesses. Die Schule gilt als das entscheidende Instrument der Qualifizierung für die moderne Lerngesellschaft[16]. Die technologisch denkenden Pädagogen plädieren für die Wirtschaftlichkeit des Betriebes Schule, arbeiten auf Leistungsanhebung hin, treten für die Standardisierung der Leistungsanforderungen und für die Objektivierung der Leistungsbeurteilung ein. Sie setzen auf ein modernes Schulmanagement, das die wachsenden Leitungs- und Verwaltungsaufgaben der Schule der Zukunft bewältigen könne.

Jeder kritische Beobachter erkennt rasch hinter den selbstbewußten schulpositivistischen Äußerungen das Dogma der Machbarkeit, das z. B. in Konzepten gigantischer Schulen und in raffinierten Programmen der Schülerkonditionierung geistert. Der Lehrer handelt – nach den Erwartungen der Vertreter dieser Position – als optimal ausgebildeter Spezialist[17]. Wenn aber, wie es hier zum Ausdruck kommt, die Frage nach den pädagogischen Qualifikationen zu der nach effektiven Berufstechniken, die antrainiert werden können, verkürzt und darin das Kernstück der Professionalisierung begriffen wird, dann signalisiert dies ein technologisches Lehrerverständnis.

In der Geschichte der Pädagogik artikulierten sich immer wieder mehr oder weniger technologische Positionen und – meist unverzüglich – auch deren Kritiker. Es sei nur erinnert an die im 18. Jahrhundert weitverbreitete Methodengläubigkeit und die von *Schiller* formulierte Skepsis gegenüber allen, die sich „mit Methode brüsten und den zarten Schößling in Philanthropinen und Gewächshäusern systematisch zugrunde richten“[18]; und es sei auch hingewiesen auf die Methodenideologie des 19. Jahrhunderts, die Lehrer und Schüler in das Prokrustesbett der Formalstufen zwang und das schulische Lernen qua Methode weitgehend vorprogrammierte. Diese Tendenz zur Reduktion des unterrichtlichen Tuns auf Methode provozierte ebenfalls die Kritik pädagogisch wacher Zeitgenossen. So wetterte *Jeremias Gotthelf* 1843: „die Methodenjägerei tötet alle Tüchtigkeit in der Schule“[19]. Die Tendenz zur perfekten Methode konnte im 19. Jahrhundert vor allem im Bereich der Volksschule beherrschend werden. Eine Variante der am Prinzip der Methode orientierten Denkweise, die allerdings weit über die Vermittlungsfunktion im Unterricht hinausgreift, tritt uns in der Pädagogik *Makarenkos* entgegen. In seinem „Pädagogischen Poem“ spricht er mit Nachdruck – in polemischer Abgrenzung gegen die Theoretiker „auf den Gipfeln des pädagogischen Olymp“[20] – von der „pädagogischen Technik“[21] und betont die Ähnlichkeit „zwischen den Erziehungsprozessen und den gewöhnlichen Prozessen in der materiellen Produktion“[22]. Sein Denken kontrastiert scharf zur Position der Reformpädagogen seiner Zeit, die in Theorie und Praxis durch Kindgemäßheit und „freie geistige Schularbeit“[23] die in Methode erstarrte „alte Schule“ überwinden wollten. Freilich ist nicht zu übersehen, daß der technologische Akzent der Pädagogik *Makarenkos* durch seine charismatische Erziehungspersönlichkeit gemildert wird.

Die beiden hier verdeutlichten Positionen – die der radikalen Kritiker wie die der Technologen der Erziehung und des Unterrichts – bedeuten gleichermaßen einen Anschlag auf die pädagogische Aufgabe und Funktion des Lehrers. Die Attacke der Gesellschaftskritiker gilt dem System und trifft indirekt den Lehrer, so, wenn *Bloch* von „einer zum Lehren nicht mehr berechtigten Gesellschaft“[24] spricht und unterstellt, die herrschende Gesellschaft erzeuge aus Egoismus „mit Bildung synthetisch Dummheit“[25]. Mag dieses Urteil im Hinblick auf totalitäre Systeme zutreffen, für offene, hochtechnisierte Gesellschaften mit ihrem wiederum nicht unproblematischen Meinungspluralismus gilt es so nicht. Die Dynamik moderner Gesellschaften wird von *Bloch* hier merkwürdigerweise kaum in Rechnung gestellt. Zugleich bekundet dieses Urteil eine Geringschätzung der Eigenständigkeit von Lehrern und ihres kreativen Potentials. Zudem stellt sich die Frage, ob nicht auch die unter den Bedingungen einer offenen Gesellschaft bestehenden Möglichkeit des Kindes, auf die vielfältigen Einwirkungen zu antworten bzw. ihnen auszuweichen, verkannt werden.

Die Zumutung der Bildungstechnologen an den Lehrer ist anderer Art. Ihre Leitvorstellung von Gesellschaft, Erziehung und Unterricht ist die eines quasi-gesetzmäßigen Funktionsmechanismus. Der Lehrer hat dem Aufbau und der Perfektionierung von Funktionen zu dienen, lediglich Steuerungsaufgaben im Prozeß der Verhaltenskonditionierung zu erfüllen. Dabei ist seine Aufgabe weitgehend reduziert auf „Planung, Management und Kontrolle des Lernens“[26]. Wesentliche Vorentscheidungen sind getroffen, die Maßgaben erfolgt, und so geht es für den Bildungstechnologen lediglich darum, die „angemessenen“ Maßnahmen zu ergreifen. Der Lehrer wird zum Vollstrecker der Vorgaben, analog zur technischen Fertigung, zum „Einrichter-Experten“. Die Normen und Ziele, die Eingang finden und im Handeln des Lehrers wirksam werden, bleiben unerörtert. Die technologische Gesinnung bringt Lehrer wie Schüler in Gefahr, der Zweckrationalität aufgeopfert zu werden; darüber hinaus leistet sie einem „Verfall des Problembewußtseins“[27] Vorschub.

II. Zum Verständnis der Lehrerrolle. Trendformeln und Skizzen

Die radikal negativen und skeptischen Stellungnahmen zur Funktion des Lehrers wie auch ihre technologische Verkürzung fordern heraus, die Problematik eingehender zu erörtern. Die formelhaften – überwiegend positiv gemeinten – Kennzeichnungen der Lehreraufgabe, die in der neueren Literatur zu finden sind, geben hilfreiche Anstöße, reichen jedoch nicht aus. Sie haben überwiegend programmatischen Charakter, dennoch lassen sie deutlich die vorherrschenden Trends im sich wandelnden Verständnis der Lehreraufgabe erkennen.

Die meisten dieser Formeln enthalten die nachdrückliche Forderung, der Lehrer solle nicht als „dominanter Informator“ fungieren, sondern zunehmend mehr „Organisator selbständig ausgeführter Lernprozesse“[28] sein; sein erzieherisches Bemühen sei vor allem darauf zu richten, „Situationen für die Selbsterziehungsaktionen des Schülers zu bereiten, ihm Anlässe und Hilfen zur Aktivierung seiner Verantwortungsintention sich selbst, Mitmensch und Sache gegenüber zu bieten"[29]. Dies entspricht dem Postulat *Gattegnos* von der „Unterordnung des Lehrers unter das Lernen"[30], das er mit der Erwartung verbindet, daß der „Lernprozeß zu einem Prozeß der Selbsterziehung wird"[31], wie auch der Forderung von *Dienes* und *Golding*, „die Lehratmosphäre in eine Lernatmosphäre zu verwandeln"[32]. – Damit einhergehend setzt sich immer stärker die Auffassung durch, mit dem Schwinden der Rolle des Lehrers als Informationsvermittler gewinne seine Rolle als Berater und Erzieher verstärkt an Bedeutung.

Im Rahmen der Curriculumdiskussion wurde die These vertreten, die „wissenschaftsorientierte Schule" verlange den „wissenschaftsorientierten Lehrer"[33] und die Aufgabe des Lehrers bestünde vornehmlich darin, Initiator „handlungsorientierter Curriculumentwicklung"[34] zu sein. In den Konzepten offener Curricula wird gefordert, der „Unterrichtsingenieur, der fertige Programme nur noch anwendet" sei vom „Lernregisseur"[35] abzulösen, der Lehrer müsse sich verstehen als „Regisseur mit sozialpädagogischen Aufgaben, der seine Kompetenzen mit den Schülern teilt"[36].

Der Wandel im Verständnis der Lehrertätigkeit wird z. B. auch erkennbar an der Resonanz, die *Piagets* Theorie des operativen Lernens im Bereich der Didaktik gefunden hat und der auf dieser Basis vorgenommenen Bestimmung der Aufgabe des Lehrers, nämlich: nicht „vorzutragen und zu demonstrieren, sondern zu beobachten und Fragen zu stellen, um . . . den Kindern Anstöße zum Denken, zum Entdecken neuer Lösungen und zum Aufbau neuer Denkstrukturen zu geben"[37]. Aus der Sicht vorwiegend gesellschaftspolitisch argumentierender Pädagogen wird dem Lehrer aufgetragen, „Agent des sozialen Wandels"[38] zu sein, eine Aufgabenstellung, die freilich die Gefahr des manipulativen Eingreifens verstärken und damit die zuvor beschriebenen Intentionen aufheben kann.

Nicht übersehen sollten wir die Stimmen in der neueren Literatur, die auf das Grunddilemma des Lehrerberufs hinweisen. Dieses drücke sich in der Spannung zwischen der Aufgabe, „wissenschaftlich denkender und arbeitender Fachmann für Unterricht und Erziehung"[39] zu sein und jener gegenläufigen – die Grenzen des Fachmanns zu überschreiten und eine umfassende Perspektive des Denkens, die des eine allgemeine Begründung suchenden Nichtspezialisten zu gewinnen; das Dilemma spiegele sich auch in der Spannung, „in eine bestimmte Verwaltungs- und Autoritätsstruktur"[40] eingegliedert zu sein und zugleich einen „selbständig zu verwirklichende[n] pädagogische[n] Auftrag"[41] zu erfüllen. Ferner bestünde eine Spannung zwischen der Forderung, Souveränität zu haben, und der, sich nicht dominant zu verhalten[42]. Der existentiell folgenreichste „Lebenswiderspruch" besteht – nach *Langeveld* – für den Lehrer jedoch darin, „Erwachsener zu sein . . ., aber in der Welt des Kindes"[43].

Schließlich sollten wir nicht den Hinweis auf die rapide gesellschaftliche Dynamik unbeachtet lassen, wodurch Eindeutigkeit und Unbestrittenheit der Lehrerrolle verlorengingen, der Lehrer aber doch irgendwie genötigt ist, „etwas zu verkörpern und zu vermitteln", was „für die Zukunft in dieser Form von niemandem mehr gewünscht wird"[44] und damit ständig in der Gefahr steht,

„nur noch Aggressionsobjekt"[45] zu sein. Die Situation des Lehrers werde außerdem dadurch erschwert, daß das moderne, auf Selbstentdeckung gerichtete Lehren dem Lehrenden „wenig Anreiz zum Selbstlernen"[46] verschaffe und ihm „auch noch die narzistische Befriedigungsmöglichkeit der Selbstdarstellung"[47] nehme.

Nach wie vor gilt die Feststellung *Nipkows*, es fehle eine „Pädagogik des Lehrers"[48]. Daß eine solche notwendig ist, deuten schon die Bemerkungen über das Berufsdilemma des Lehrers an. Eine Pädagogik des Lehrers könnte das Selbstverständnis des Lehrers neu stabilisieren und verhindern helfen, daß seine Tätigkeit beliebig mediatisiert wird[49]. Für einen derartigen theoretischen Entwurf müßte man, wie schon *Dilthey* zu Recht feststellte, den „ganzen Umfang der Aufgabe des Erziehungsgeschäfts und der Organisation des Schulwesens"[50] beachten.

Wenngleich es an umfassenden theoretischen Entwürfen zur Aufgabe und Qualifikation des Lehrers fehlt, mangelt es nicht an skizzenhaften Versuchen. Im folgenden sollen einige analysiert werden[51].

Zuerst seien die „Aufgaben des Lehrers", die die *Bildungskommission des Deutschen Bildungsrates* in ihrem 1970 vorgelegten „Strukturplan für das Bildungswesen"[52] formuliert hat, vorgestellt. Die *Kommission* kennzeichnet die vielfältige Aufgabe des Lehrers als die fünf Teilaufgaben Lehren, Erziehen, Beurteilen, Beraten und Innovieren. Sie bietet damit ein Strukturierungsschema für die komplexe Tätigkeit des Lehrers, an das manch späterer Versuch anknüpfte, es weiterführte und differenzierte[53].

Lehren wird als „primärer Inhalt des Lehrerberufs"[54] gewertet. Es bestehe im „Vermitteln von Kenntnissen und Fertigkeiten", außerdem darin, „Verständnis für das Gelernte [zu] wecken und den Zusammenhang der Dinge sichtbar [zu] machen", „in die Erkenntnisprozesse und die Lehre von Methoden, wie Wissen gewonnen und gesichert wird", einzuführen, „Problembewußtsein . . . und Kreativität zu entwickeln" und „zu tätiger Mitwirkung in Gruppenarbeit anzuleiten"[55]. Die pauschale wie auch ergänzungsbedürftige Kennzeichnung der Lehraufgabe schließt ab mit der Forderung an den Lehrer „beim Lernenden den Willen zu wekken, aus eigenem Antrieb zu lernen"[56]. Es folgt die Kategorie Erziehen, deren wesentlichste Definitionselemente darauf verweisen, „dem Lernenden Hilfe zu persönlicher Entfaltung und Selbstbestimmung [zu] geben", „zu freiem und verantwortlichem Handeln hin[zu]leiten", „zu Kritik [zu] befähigen" und „Einsicht [zu] vermitteln in die Notwendigkeit eines Reformprozesses auf der Grundlage von Kompromissen"[57].

Mit der Lehreraufgabe Beurteilen zielt die *Kommission* auf die möglichst gerechte Einschätzung des Lernerfolgs des Schülers und schließt „die Anwendung objektivierter Leistungsmessung"[58] ein. Auch wenn zudem von der „Erfassung von Entwicklungs- und Entfaltungsmöglichkeiten" die Rede ist, so ist damit die Beurteilung des Schülers als Person doch nicht deutlich in den Blick genommen, genausowenig wie die Beurteilung spezifischer Verhaltensqualitäten wie z. B. des sozialen Verhaltens. Die Kategorie Beurteilen wird offensichtlich vorwiegend der des Lehrens zu- und untergeordnet.

Die Aufgabe des Beratens wird abgeleitet aus der „Vielfalt unterschiedlichster

Informationen, denen der Lernende ausgesetzt ist"[59]. Sie sei nicht nur gestellt „im Bereich des fachbezogenen Unterrichts"[60], sondern in umfassender Weise als „Bildungs- und Erziehungs-, Schullaufbahn- und Berufsberatung"[61], gefordert, um Schülern und Eltern die nötigen Hilfen zu geben[62].

Die *Kommission* schließt den Katalog mit der Kategorie Innovieren ab, die die „Verantwortung des Lehrers"[63] anspricht, „kritisch aufzunehmen und zu verarbeiten, was an Ansätzen methodischer, didaktischer und curricularer Art in sein Blickfeld kommt"[64] und ihn „zum ersten und wichtigsten Träger fortschreitender Schul- und Bildungsreform" macht.

Wenden wir uns nun einem auf empirischer Grundlage unternommenen Versuch schweizerischer Forscher aus Fribourg und Zürich zu. Sie richteten ihre Projekte auf die „Bildungsbedürfnisse der Volksschullehrer" (BIVO-Projekt)[65] und hoffen, durch systematische Sammlung von Daten aus dem Tätigkeitsfeld des Lehrers dessen Berufsaufgabe bestimmen, spezifische professionelle Schwierigkeiten („Kritische Entscheidungssituation = KES")[66] ermitteln und anhand dieser Befunde einen Katalog pädagogischer Maßnahmen erstellen zu können – mit dem Ziel, die Befunde in ein Lehrerbildungscurriculum einzubringen. Ihre Vorgehungsweise erinnert an die Argumentation, die *Robinsohn* in seinem Curriculummodell entwickelte[67].

Die sogenannten „Bildungsbedürfnisse" orientieren sich an „Richtzielen" für die Lehrtätigkeit des Volksschullehrers, auf die ein Gremium von Experten sich geeinigt hat. Diese Ziele der Lehrertätigkeit umfassen

1. „das Lernen lehren",
2. „Einsicht in elementare Naturvorgänge vermitteln",
3. „zur Entwicklung der individuellen Persönlichkeit des Schülers beitragen",
4. „den Schüler zu verantwortungsbewußtem Denken und Handeln erziehen",
5. „dem Schüler zum Unterrichtserfolg (Schullaufbahn-Erfolg) verhelfen",
6. „Freude am Lernen wecken",
7. „die sozialen Prozesse im Bereich der Schule pädagogisch sinnvoll steuern",
8. „bei Eltern und in der Öffentlichkeit Verständnis für schulische Probleme wekken"[68].

Die Tätigkeiten des Lehrers wurden eingeteilt in

- „die täglichen Pflichten unmittelbar auf Unterricht und Schüler ausgerichtet", die wiederum in Vorbereitung und Gestaltung des Unterrichts sowie „Beurteilung des Unterrichtserfolgs" untergliedert werden[69];
- „gelegentliche Pflichten, freiwillige Aufgaben, weniger direkte Ausrichtung auf den täglichen Unterricht" mit den Teilbereichen „Aufsicht", „Konferenzen", „Freizeit- und Ferienbetreuung", „Zusammenarbeit mit den Eltern", „Zusammenarbeit mit Fachleuten"[70];
- „alle auf die Schaffung der Voraussetzungen für Erziehung bezogenen Tätigkeiten, sowie gesellschaftliche und kulturelle Betätigungen, die mit der Erzieher- und Unterrichtstätigkeit eine Verbindung aufweisen". Dazu werden gezählt „Administration und Verwaltungsarbeit", „persönliche Fortbildungsbe-

mühungen", „langfristige Schul- und Unterrichtsplanung", Aktivitäten in Vereinen und gemeinnützigen Institutionen wie auch künstlerische und wissenschaftliche Tätigkeiten.

Die Erhebung der „Situationen im Lehrerberuf, die für den Lehrer subjektiv ein Entscheidungsproblem darstellen"[71] erfolgte nach der „critical incident technique", einer besonderen Ausprägung der Arbeitsplatzanalyse. Die Konfliktsituationen, die die beiden ersten Plätze der Rangreihe aller KES-Klassen einnehmen, resultieren aus Leistungs- und Verhaltensstörungen bei den Schülern, die mit ihrer Schullaufbahn zusammenhängen sowie aus wert- und normwidrigem Verhalten der Schüler.

Die Auswertung der „kritischen Entscheidungssituationen" und der in ihnen ergriffenen Maßnahmen ergab

- daß die „schülerbezogenen Maßnahmen" überwogen, die Lehrer in individualpsychologischer Hinsicht offensichtlich eine bachtenswerte Kompetenz besitzen, aber weniger für die Analyse sozialpsychologischer Zusammenhänge und für gruppenpädagogische Maßnahmen qualifiziert sind[72];
- daß die Lehrer vielfältige Kontakt- und Kooperationsprobleme haben und dringend entsprechender Hilfen in der Berufsausbildung bedürfen[73];
- daß ein Defizit im Bereich der psychohygienischen Maßnahmen besteht, die Lehrpersonen in beträchtlichem Umfang von persönlichen Konflikten bedrängt sind und deshalb Möglichkeiten eines psychohygienischen Trainings in Studium und Fortbildung angeboten werden müssen, gerade um des engagierten Lehrers willen, der – wie es *Tolstoj* einmal gesagt hat – trotz äußersten Einsatzes von dem Bewußtsein niedergedrückt wird, immer noch nicht genug getan zu haben[74].

Abschließend soll das Verständnis der „Rolle des Lehrers" nachgezeichnet werden, mit dem *Hartmut von Hentig* sich von gängigen Charakterisierungen absetzen möchte, vor allem solchen, die aus einem „soziopolitischen Kritik- und Entlarvungsbedürfnis"[75] erwachsen sind, wie auch von Aussagen über den Lehrer, die auf empirischen Erhebungen basieren, exakte Details bieten, aber den Blick für das Ganze der Funktion des Lehrers vermissen lassen.

Das Lehrersein hat nach *Hartmut von Hentig* seinen Sinn vor allem darin, daß der Lehrer vom Schüler jenseits aller pädagogischen Verzweckung als Person erfahren werden kann. Die Personalität des Lehrers bereichere das Erfahrungsfeld Schule wesentlich und trage zur Erfüllung der pädagogischen Aufgabe der Schule bei – nämlich die Kluft zwischen „Leben und Lernen"[76] soweit als möglich zu verringern. Dazu müsse der Lehrer imstande sein, vier Rollen auszufüllen, und zwar

- „Vermittler von Informationen oder Erkenntnissen und Fertigkeiten" zu sein[77], womit nicht nur die Vermittlung wissenschaftlicher Erkenntnisse, sondern auch die allgemeiner Erfahrungen gemeint sei;
- „Organisator von Lernprozessen und Lernsituationen"[78] zu sein, was die Fähigkeit einschließt, die Ziele des Unterrichts zu setzen und zu formulieren, die Wahl der Inhalte, Medien und Situationen zu treffen, wie auch die Lernprozesse

zu beurteilen. Das didaktische Modewort „Lernsituation" solle ihn nicht zu dem Irrglauben verleiten, daß die Schule Lebenssituationen ohne weiteres anbieten kann, daß solche für alle ihre Schüler existentiell bedeutsam sind und lehrerunabhängig wirksam werden können. Die „Lernsituation" bleibe in Wahrheit „doch in erster Linie eine Lehrsituation"[79].

Der Lehrer solle darüber hinaus

- „ein Modell eines lernenden, handelnden, genießenden, sich selbst bestimmenden Menschen"[80] sein, eine Formulierung, die Rückfragen an den Autor nötig macht. Will er damit sagen, daß der Lehrer so sein und leben müsse, daß es der Humanität der Schüler dienlich ist, und es sich lohnt, sich mit ihm zu identifizieren; will er also die Vorbildfunktion des Lehrers ansprechen und nur das Reizwort Vorbild vermeiden? Und wenn er seiner Formulierung hinzufügt, „zu dem er seinerseits die Schüler erziehen will", bleibt offen, ob er wirklich darf, unter welchen Bedingungen er darf, wie auch, unter welchen er kann.

Schließlich soll der Lehrer

- „Freund" sein, weil dies „objektiv unvermeidlich und subjektiv unentbehrlich"[81] sei. Hier handelt es sich offensichtlich um die Reaktivierung eines Leitbildes vieler Pädagogen der Reformbewegung im Anfang unseres Jahrhunderts, nämlich das des „Lehrerkameraden", wie es der Schweizer *Jakob R. Schmid* herausgearbeitet hat[82]. *Von Hentigs* These, daß das Verhältnis von Lehrer und Schüler ohne gegenseitige Anerkennung und auch ohne emotionale Zuwendung pädagogisch fruchtlos bleiben, daß der Lehrer sich auch als Anwalt des Kindes verstehen und demgemäß handeln müsse, kann weitgehend zugestimmt werden, ob der Lehrer aber im Raum der Schule Schülern wirklich Freund sein kann, ist doch wohl mit dem gleichen Argument, das *von Hentig* gegen ein euphorisches Konzept der schulischen Lernsituation mit Recht geltend gemacht hat, in Frage zu stellen.

Die Skizzen sind allesamt Beispiele dafür, daß die Aufgaben und Qualifikationen des Lehrers nur aufgrund einer umfassenden erziehungstheoretischen Reflexion zu klären und zu begründen sind. Dazu ist die Aufhellung und Legitimierung der Prämissen erforderlich, die den jeweiligen Auffassungen von Schule und Lehrer zugrundeliegen. Was die genannten Entwürfe anbetrifft, dürfte sich zeigen, daß in wesentlichen Teilen übereinstimmende Grundannahmen gemacht werden[83]. Die Entwürfe können jedoch argumentative Qualität erreichen, wenn die pädagogischen Zielvorstellungen in die Reflexion einbezogen werden und die konkreten Ausgangslagen, in der sie verwirklicht werden müssen, Berücksichtigung finden. Außerdem sollte der Frage der optimalen Bedingungen ihrer Verwirklichung nachgegangen werden.

Freilich bleibt festzustellen, daß diese Forderungen von den Verfassern der Entwürfe nicht eingelöst werden konnten. Das hat jeweils andere Gründe. Die *Bildungskommission des Deutschen Bildungsrates*, ein pluralistisch zusammengesetztes Gremium, ist eher – dessen war sich die *Kommission* wohl bewußt –

„Reflex der Gesellschaft“[84] als eine Instanz systematischer wissenschaftlicher Reflexion. Die Ebene ihrer Kompromißlösung war die bildungspolitischer Pragmatik, die auf das Ziel fixiert war (welches inzwischen höchst fragwürdig geworden ist), ein attraktives Berufsbild zu konzipieren, um „für den wachsenden Bedarf an Lehrern den quantitativ und qualitativ entsprechenden Nachwuchs zu gewinnen“[85].

Das BIVO-Projekt, das dem konkreten Anforderungsfeld des Lehrers gilt, hat zur Erhellung der realen Berufssituation erheblich beigetragen. Es offenbart deutlich, daß die Aufgaben des Lehrers nicht leichthin dadurch bestimmt werden können, daß man „Lernziele“ postuliert. Im Anfang des Projekts hatte man aber wohl auf das curriculumtheoretisch aktuelle Konzept der Lernzielorientierung gesetzt[86]. Die Untersuchung bestätigt indirekt, daß pädagogische Perspektiven den ermittelten Daten nicht ohne weiteres immanent sind, sondern jeweils neu im Horizont einer Theorie interpretiert werden müssen. Sie verweist auf die Notwendigkeit, die komplexen Sachverhalte mittels einer präzisen Terminologie durchsichtiger zu machen, was leider aber nicht – das gilt vor allem für den Begriff der „Maßnahme“ – befriedigend gelungen ist.

Bemerkenswert sind einige Schlußfolgerungen, die von maßgeblichen Mitarbeitern des Projekts gezogen worden sind. Sie lassen die empirischen Daten nur als relative Orientierungsgrößen erscheinen – so, wenn *Gehrig* und *Geppert* als Voraussetzung wünschenswerten Lehrerhandelns „große Sicherheit im Fachlichen, Achtung und Ansehen von außen, Selbstbestimmung und hohes Bewußtsein seiner Verantwortung“[87] – nennen, stärker noch, wenn sie in ihrem Forschungsbericht feststellen, daß es keine Lehrerbildung geben könne, „die nicht auch in einer umfassenden anthropologisch-philosophischen Betrachtungsweise verankert ist“[88].

Hartmut von Hentig zeigt in seinem Entwurf, wie überhaupt in seinen neueren Arbeiten, Sensibilität für Tendenzen und Erfordernisse unserer Zeit. Er bezieht aktuelle gesellschaftliche Bedürfnisse in seine pädagogischen Überlegungen ein, vermag aber – weil er über historisches Bewußtsein und zugleich auch kritische Distanz zum aktuellen Geschehen verfügt – unbegründete und überzogene pädagogische Zielsetzungen zu entlarven. Er wehrt die technologische Verkürzung des pädagogischen Handelns ebenso ab wie dessen politische Indienstnahme und reflektiert Rahmenbedingungen der konkreten pädagogischen Arbeit. Doch entbehrt auch seine Skizzierung der „Rolle des Lehrers“ eines weiter gesteckten Begründungshorizonts und vor allem auch einer kritischen Auseinandersetzung mit den die Funktion des Lehrers deutenden Rollentheorien.

Die Beispiele fordern über diese kritischen Anmerkungen hinaus dazu auf, die erzieherische Aufgabe des Lehrers und seine bloße Lehraufgabe näher zu bestimmen und ihr Verhältnis zueinander zu klären. Besonders dringlich erscheint dies angesichts der schlagwortartigen Umschreibungen der Lehreraufgaben, wie sie oben ausgeführt wurden. Auch wenn das Lehren in allen Entwürfen eine gewisse Priorität genießt, so wird doch daneben Schule und Lehrer die Aufgabe der Erziehung mit Nachdruck zugewiesen. Diese Auffassung wird durch unterschiedliche Argumente gestützt; besonders häufig dürften die folgenden genannt werden:

- Die Frühsozialisation vieler Kinder weise Defizite auf, für deren Kompensation die Schule zusätzliche pädagogische Leistungen erbringen müsse[89].
- Die Schule als gesellschaftliche Institution habe die Aufgabe, neuen gesellschaftspolitischen Zielen pädagogisch vorzuarbeiten; deshalb müsse der Lehrer „gegebenenfalls Korrekturen an den sozialen Leitbildern anbringen, sofern sie nach Stil und Inhalt einer sich bereits abzeichnenden sozialen Entwicklung widersprechen"[90].
- Das schulische Lernen vollziehe sich in einem sozialen Feld und erfordere deshalb ständig entsprechende sozialerzieherische Maßnahmen; die vom Lehrer in der Schule zu leistende Sozialerziehung wiederum diene dem Aufbau der gesellschaftlichen Tüchtigkeit.
- Es wird sogar gefordert, der Lehrer müsse die bisherige Selbstbegrenzung seiner Tätigkeit auf das schulische Feld aufgeben, vielmehr mit seinen Aktivitäten in das gesellschaftliche Umfeld ausgreifen, zum Nutzen der schulischen Arbeit die Mithilfe der Gesellschaft in Anspruch nehmen und – wie z. B. *Bronfenbrenner* meint – Vorbildpersonen außerhalb der Schule zur Entlastung und Erweiterung seiner personalen Vorbildwirkung auswählen[91].

Offensichtlich überschreitet ein solches Handeln die Funktion des Lehrens und auch seine Wirkung dürfte weit über Lehreffekte hinausgehen. Die Frage stellt sich, inwieweit Wirkungen, wie sie hier anvisiert werden, durch Lehren überhaupt erzielt werden können. Andererseits wissen wir, welche Tiefenwirkung das Lehren haben kann. Das bestätigt das Beispiel des „guten" Lehrers, der in bescheidenem Maße zu erreichen vermag, was dem pädagogischen Genius *Sokrates* möglich war. Wenn ein Lehrer z. B., wie ihm seine Schüler spontan Jahre nach ihrer Schulzeit versichert haben, eine Gedichtsstunde zu einem nachwirkenden Ereignis werden lassen kann, ist er dann nicht doch mehr als ein Experte für Unterricht? Man könnte darauf antworten: Dient sein Lehren einem Zweck der Erziehung und erfüllt es ihn, wird er zum Erzieher, vielleicht sogar – wie *Gusdorf* meint – zum „Wegbereiter der Kultur"[92].

Das Argument, die Lehrtätigkeit müsse im Horizont des Erziehungszwecks beurteilt werden, gilt im Prinzip auch für jede andere Tätigkeit des Lehrers, z. B. die Tätigkeit des Beratens und Beurteilens. Den einzelnen Lehrertätigkeiten kommt also nicht ohne weiteres ein pädagogischer Wert zu, zumal sie sogar erziehungswidrig und damit inhuman praktiziert werden könnten. Mit diesen Fragen und Bemerkungen haben wir das Verhältnis von Erziehen und Lehren noch keineswegs geklärt. Sie lassen aber wohl das unverbundene Nebeneinanderstellen der beiden Kategorien, wie es die *Bildungskommission* in ihrer Beschreibung der Lehreraufgaben getan hat, fragwürdig erscheinen.

Unsere vorläufige Sichtung aktueller Äußerungen zur Frage der Aufgaben und Qualifikationen des Lehrers hat nicht nur die Komplexität des Themas offenbart, sondern schon etliche Ansatzpunkte für eine systematische Fragestellung gebracht. Nicht zuletzt aber signalisiert sie, daß die Antworten, die wir bisher kennengelernt haben, in eine Sackgasse hineinführen, die zwei Gefahren birgt: Entweder die, sich in eine Pädagogik der hehren Bilder zu flüchten oder sich mit positivistischen Fragestellungen zu begnügen und dadurch die Verwickeltheit des Problems zu verkennen.

III. Versuch einer systematischen Fragestellung

Die Frage nach den Aufgaben des Lehrers und nach den Qualifikationen, die zu ihrer Bewältigung erforderlich sind, erhält ihren Stellenwert im Rahmen der allgemeineren Frage nach der Aufgabe der Erziehung und Bildung. Diese wäre von der biologisch, gesellschaftlich und kulturell bedingten Erziehungs- und Bildungsbedürftigkeit des Menschen her zu erschließen.

Wir können den Begründungsrahmen nicht im einzelnen auszeichnen, wollen ihn mit einigen Thesen aber wenigstens abstecken.

1. Erziehung und Bildung sind notwendig,
a) weil der Mensch im Vergleich zum Tier eine für seine Lebenswelt nur unzureichende Ausstattung an Lebenswerkzeug besitzt und dieses nach seiner Geburt noch nicht vollständig entwickelt ist,
b) weil die Lebenswelt des Menschen dem Wandel unterliegt und der Mensch infolgedessen stets neu lernen muß, die sich ändernden Lebenssituationen zu verstehen und human zu bewältigen,
c) weil die Lebenswelt des Menschen nicht frei von Einflüssen ist, die seine biologische, seelische und geistig-moralische Existenz gefährden und die sich ebenfalls wandeln;

2. Erziehungs- und Bildungsbedürftigkeit regen sich
a) in dem Bedürfnis nach emotionaler Zuwendung,
b) in dem Bedürfnis nach Kommunikation und in dem der Integration in eine Gruppe,
c) in dem Bedürfnis, Welt anzueignen, Wissen zu erwerben, Einsicht zu gewinnen;

3. Diese elementaren Bedürfnisse werden im personalen Bezug, zunächst im Mutter-Kind-Bezug befriedigt und dadurch wiederum wird das Kräftepotential des Kindes entfaltet. Die dyadische Einheit von Mutter und Kind wird mit zunehmendem Alter des Kindes offener, die Zahl seiner Bezugspersonen wird größer. Das Kind findet über personale Beziehungen seinen Weg in die und durch die verschiedenen gesellschaftlichen Institutionen. Es vollzieht sich dabei eine Ausdifferenzierung der von der ersten Bezugsperson, im Regelfall der Mutter, total geleisteten Lebenshilfe. Diese Lebenshilfe wird mehr und mehr – gleichsam arbeitsteilig – von einem wachsenden Personenkreis mit übernommen. Das gilt vor allem für die Lernhilfen, die immer größere Kompetenz abverlangen;

4. Die Schule ist die gesellschaftliche Institution, in der dem kindlichen Lernbedürfnis optimal entsprochen, sein Recht auf Bildung eingelöst werden soll. Die Schule bietet im Unterschied zu der meist spontan-situativen Lernhilfe in der Fa-

milie gezielte methodische Lernhilfe. Innerhalb der Schule als Stätte des Lehrens und Lernens ist aber nicht allein der theoretischen Neugier, sondern auch den emotionalen und kommunikativen Bedürfnissen des Kindes in angemessener Weise Rechnung zu tragen; diese werden im Raum der Schule dem Hauptzweck untergeordnet, die intellektuelle Kapazität des Kindes zu stützen und zu mehren.

Das Verständnis der pädagogischen Aufgabe bestimmt die berufliche Qualifikation des Lehrers wesentlich mit. Die Erziehungs- und Bildungsziele, die anvisiert werden, richten das Handeln des Lehrers aus bzw. fordern zweckdienliche Qualifikationen ab. Je nach Ausprägung der pädagogischen Perspektiven – man denke z. B. an die Zielvorstellungen der *Montessoripädagogik*, der *Waldorfpädagogik*, der *Pädagogik des Jena-Plans* – differiert auch die als notwendig erachtete Berufsqualifikation des Lehrers. Die Varianten des pädagogischen Selbstverständnisses wiederum werden Anstöße geben, die Wahl der Ziele, Wege und Mittel zu bedenken und vor diesem Hintergrund auch die Berufsqualifikation immer wieder neu zur Diskussion zu stellen. Es gilt dabei das Notwendige, nämlich Welt zu verstehen, Perspektiven der Lebensbewältigung zu gewinnen und entsprechende Techniken zu erwerben, im Lichte der menschlichen Grundbedürfnisse wie auch im Horizont aktueller gesellschaftlich-kultureller Erfordernisse zu überprüfen. Dies bedeutet, das Notwendige an einem Kriterium zu messen, das uneingeschränkt Gültigkeit für alle beanspruchen kann. Derartige Kriterien lassen sich im Anschluß an die von der Sozialphilosophie der Aufklärung postulierte Kategorie der Mündigkeit und die damit verknüpfte Kategorie der Verantwortung entwickeln. Letztere hat in der theologischen Diskussion der Gegenwart besonderes Gewicht erhalten. Sie wurde im Zusammenhang der Aufgabe der politischen Bildung intensiv erörtert und gewinnt derzeit im Rahmen der Überlebensfragen der Menschheit brennende Aktualität[93].

Die berufliche Qualifikation des Lehrers ist von mancherlei anderen Faktoren abhängig. Zu diesen zählen die Erwartungen, die seitens der verschiedenen Bezugsgruppen – wie Schule, Eltern, gesellschaftliche Gruppen – an ihn herangetragen werden. Da jedoch diese Erwartungen so unterschiedlicher Art sind, muß der Lehrer prüfen, inwieweit sie vereinbar, vor allem aber, ob sie den pädagogischen Intentionen überhaupt dienlich sind. Für eine solche Entscheidung können rollentheoretische Konzepte erst dann eine Hilfe bieten, wenn sie sich an erziehungstheoretisch relevanten Maßstäben orientieren[94], d. h. wenn der Lehrer ein fundiertes pädagogisches Selbstverständnis gewonnen hat und damit nicht mehr so leicht der Gefahr ausgesetzt ist, beliebigem Erwartungsdruck zu erliegen.

Einen maßgeblichen Faktor für das Lehrerhandeln stellt die konkrete institutionelle Struktur des schulischen Anforderungsfeldes dar – seine räumliche Gestalt, sein soziales Klima, seine Kooperationsformen, Lehrpläne, Lernbereiche und Lernorganisation. Im Blick auf die Berufsqualifikationen bedeutet das, daß die gegebenen Anforderungssituationen jeweils entsprechende Qualifikationen verlangen, daß z. B. ungünstige institutionelle Bedingungen besondere Qualifikationen abfordern; vor allem solche, die erst die Voraussetzungen für wirksame pädagogische Maßnahmen schaffen helfen. Demgegenüber wird eine optimale institutionelle Ausgangslage als positive Herausforderung erlebt werden, bei überragender pädagogischer Qualifikation und voller Bereitschaft zum Engagement des Lehrers mit Wahrscheinlichkeit beachtliche pädagogische Erfolge versprechen und – falls der Lehrer nur durchschnittlich qualifiziert ist – immer noch zu einem akzeptablen Standard führen. Herrschen hingegen anarchische, zumindest schwierige Schulverhältnisse, wie sie etwa *Job-Günther Klink* in seinem Erfahrungsbericht „Klasse H 7 E“ schildert[95], verlangt dies außerordentliche Qualifikationen und dennoch bleiben die Chancen, gesetzte Ziele zu erreichen, gering. – Wie ein einzelner Faktor des Unterrichtssystems die Lehrerrolle verändern kann, läßt sich am Beispiel der Unterrichtsmedien illustrieren[96].

In der konkreten institutionellen Anforderungssituation erfährt der Lehrer die Möglichkeiten und Grenzen von Schule wie auch seine eigenen Möglichkeiten und Grenzen. Nur dort kann er die Realisierbarkeit und Brauchbarkeit von Programmen abschätzen und die dafür notwendigen Qualifikationen ermessen[97].

So wie die jeweilige institutionelle Struktur von Schule die berufliche Qualifikation des Lehrers und ihre Wirksamkeit mitbestimmt, so entscheiden auch der gesellschaftliche Auftrag und die gegebenen gesellschaftlichen Rahmenbedingungen mit darüber, welcher Qualifikationen der Lehrer bedarf und welche pädagogische Wirkung diese wahrscheinlich zeitigen werden[98]. Die uneingeschränkte Gewährung pädagogischer Freiheit durch den Staat in einer freiheitlichen Lebensordnung ist eine wesentliche Vorbedingung für ein auf Mündigkeit zielendes pädagogisches Wirken[99]. Schließlich stellt die Persönlichkeitsstruktur des Lehrers eine gewichtige Variable der Berufsqualifikation dar. Je nach Individualität, nach Fähigkeiten und Interessen eröffnen sich Möglichkeiten für den Aufbau von Qualifikationen. Sofern eine entsprechende Persönlichkeitsdisposition vorliegt, werden die beruflichen Qualifikationen sich optimal entfalten können. Jede Persönlichkeitsstruktur macht wiederum spezifische Qualifikationen erforderlich, um Schwächen und Mängel in der persönlichen Leistungsfähigkeit soweit möglich durch Aneignung eines entsprechenden professionellen Instrumentariums ausgleichen zu können. Es ist dabei durchaus möglich, daß die Kompensationsleistung einen hohen pädagogischen Standard erbringt; z. B. wenn ein Lehrer – hier könnte der kriegsversehrte französische Reformpädagoge *C. Freinet* genannt werden – sich von einer körperlichen Behinderung zur Entwicklung eines vornehmlich auf die Schülertätigkeit gegründeten Arbeitsstils herausfordern läßt und wegweisende Unterrichtsarbeit leistet. Das Beispiel dürfte vor allem als ein Hinweis auf die Möglichkeiten der Persönlichkeitsentfaltung interpretiert werden, es sollte uns aber nicht übersehen lassen, daß mit der jeweiligen Persönlichkeitsstruktur auch ihre Grenzen für die Entfaltung der Berufsqualifikation gesetzt sind.

Unter dem Aspekt, welche Persönlichkeitsmerkmale unbedingt nötig sind, um den beruflichen Belastungen standhalten zu können, hat *H. J. Gamm* einen „Vitalkatalog des Lehrers“[100] im Horizont einer Berufsethik des Lehrers formuliert.

Für *Gamm* ist die Grundlage der „Vitalität des Lehrers“ eine „gleichbleibende Demonstrationskraft in Sprache und Gestikulation“[101]. An die erste Stelle seines Katalogs der unabdingbaren Merkmale der Lehrerpersönlichkeit rückt er „geistige

Präsenz"[102]. *Gamm* beschreibt sie als eine „Fähigkeit des Ausharrens", „in keinem Augenblick den Grad seiner Aufmerksamkeit zu mindern"[103]. An zweiter Stelle rangiert die „situationsanalytische Kraft", worunter er die Fähigkeit versteht, „die rasch wechselnden Faktoren zu erkennen und auf sie zu reagieren"[104]. Sie verlange Kontakt- und Organisationsvermögen. Außerdem müsse der Lehrer die Funktion eines „Reizfilters" erfüllen können und durch Ausfilterung der störenden Reize die Konzentration „auf die jeweils bestimmenden unterrichtlichen Faktoren"[105] gewährleisten und „zielstrebiges Handeln" ermöglichen. Schließlich bedürfe der Lehrer der Fähigkeit, den „eigenen Aggressionspegel"[106] zu kontrollieren. Da die körperliche Züchtigung als Aggressionsventil nicht mehr statthaft ist, sei es zudem nötig, daß der Lehrer ausreichende Erkenntnisse über Ursachen und Verlauf aggressiven Verhaltens habe, um auch sein eigenes Aggressionspotential ermessen und kanalisieren zu können.

Ist mit dem Bild der vitalen Lehrerpersönlichkeit auch das Bild der erfolgreichen Lehrerpersönlichkeit gegeben? Sind hier schon alle Persönlichkeitsmerkmale genannt, die Schüler optimal zu fördern vermögen?

Zur Beantwortung der Frage sollen Lehrertypologien, die vielen lediglich Anlaß sind, sie als idealistische Überhöhungen abzutun, hier nicht in Betracht gezogen werden, doch wird man Kennzeichnungen des „guten" Lehrers – wie sie von praxiserfahrenen Pädagogen formuliert worden sind – nicht leicht zurückweisen können. Das gilt z. B. für *Alfred Andreesens* Katalog der wichtigsten Lehrerqualitäten. Nach *Andreesen* zeichnet den „guten" Lehrer aus, daß er „gute Einfälle zur rechten Zeit" hat, sich hütet, „jahrelang im gleichen ausgefahrenen Gleis zu fahren", „eine optimistische Atmosphäre des Vertrauens" stiftet, Humor hat und „sich auf jede Gelegenheit" freut, anderen „etwas beizubringen"[107].

Die hier geforderten Eigenschaften sind allgemeiner Natur und deshalb mehr oder weniger für alle Berufe, die intensiven Umgang mit anderen Menschen pflegen müssen, relevant. Für den Lehrberuf erscheinen sie unentbehrlich. Und auch jene von *Bertrand Russell* geforderte positive emotionale Haltung, daß der Lehrer den Schülern „von Herzen zugetan ist und den aufrichtigen Wunsch hegt, ihnen das weiterzugeben, was ihm selbst für wertvoll gilt"[108], kann schlechterdings nicht in Frage gestellt werden. Die These *Russells* hat vielfach empirische Bestätigung gefunden, so z. B. von *Flanders*, der überzeugend nachweisen konnte, daß Lehrer, die affektive Komponenten auch in kognitiv akzentuierten Prozessen zur Geltung bringen können, besonders erfolgreich sind[109]. Kann nicht auch angenommen werden, *Mitscherlichs* Forderung, der Erzieher und damit auch der Lehrer müsse fähig sein zur inneren „Distanzierung von den eigenen Strebungen im Ich"[110], werde sich jederzeit empirisch ebenso bewähren?

Die Befunde empirischer Forschung bestätigen übrigens weithin die globalen Einschätzungen, die hier angesprochen werden und die in der allgemeinen Literatur über den Lehrer dominieren. *Symonds* und *Dudek* z. B. sehen es als erwiesen an, „daß effektive Lehrer über eine überlegene Persönlichkeitsorganisation, gutes Beurteilungsvermögen, die Fähigkeit, auf andere einzugehen, verfügen und eine geringe Aggression zeigen"[111].

Wie diese Persönlichkeitsmerkmale sind auch die von *Maslow* beobachteten recht unspezifisch. Sie gelten – nach *Maslow* – für erfolgreiche Persönlichkeiten in jedem Arbeitsbereich. Bei ihnen seien folgende Merkmale besonders ausgeprägt:

„1. Hervorragende Auffassungsgabe für die Realität
2. Stärkeres Selbstbewußtsein, Toleranz anderen gegenüber und ein ausgeglichenes Verhältnis zur Umwelt
3. Größere Spontaneität
4. Rasches Erfassen der Probleme
5. Distanz und Wunsch nach Privatleben
6 Größere Autonomie und Widerstand gegenüber Kultureinflüssen
7. Größerer emotionaler Reichtum
8. Häufigere Erfolgserlebnisse
9. Stärkere Identifikation mit der Gattung Mensch
10. Fähigkeit, zwischenmenschliche Beziehungen ... zu verbessern
11. Ein ausgeprägtes demokratisches Bewußtsein
12. Stark ausgeprägte Kreativität
13. Eigenes, individuelles Wertsystem.“[112]

Don Hammachek, der zahlreiche Untersuchungen über erfolgreiches Lehrerverhalten ausgewertet hat, kommt hinsichtlich der „Merkmale eines qualifizierten Lehrers“ schließlich zu einem Ergebnis, das ebenfalls trivial erscheinen mag, das aber keinen geringeren Anspruch an den Lehrer bedeutet als die vielgescholtenen idealtypischen Entwürfe traditioneller Pädagogik. Nach *Hammachek* kennzeichnet den qualifizierten Lehrer, daß er sich um „flexibles Verhalten“ bemüht, „Verständnis für die jeweilige Lage des Schülers zeigt“, sein Unterricht „eine persönliche Note“ trägt, bereit ist, „neue Wege zu beschreiten“, „über qualifizierte Fragetechniken“ verfügt und imstande ist, „sich in die Situation des Antwortenden zu versetzen“, gründliche Sachkenntnis besitzt, „meist vorbereitete Klassenarbeiten schreiben“ läßt, „gezielte Lernhilfen“ gibt, „seine Erscheinung und sein Verhalten „reflektiert“ und „Bereitschaft zu einem informellen, offenen Gespräch“ bekundet[113].

Bemerkenswert in diesem Zusammenhang ist eine Befragung, die *Flanders* bei Lehrern durchgeführt hat, die als außerordentlich qualifiziert galten. Sie haben als Voraussetzungen produktiver Arbeit in der Schule jene unspezifischen Persönlichkeitsqualitäten genannt und die Bedeutung einer positiven Grundhaltung des Lehrers unterstrichen. Sie haben aber kaum je instrumentelle Antworten gegeben, statt dessen z. B. besonders betont, die Kinder müßten vom Lehrer vor allem als „Personen geschätzt werden und nicht als Zulieferer richtiger Antworten“[114]. Auf solch allgemeine persönliche Qualitäten und auf den allgemeinen geistigen Horizont, auf Originalität und Disponibilität beziehen sich auch die Forderungen der kreativen Praktiker *Postman* und *Weingartner*[115].

Daß die Struktur der Lehrerpersönlichkeit für ihr professionelles Wirken von Belang ist, erweisen die empirischen Arbeiten über die Korrelation von Lehrerverhalten und Schülerverhalten; man denke an neuere Untersuchungen über die

Erziehungsstile oder auch an die von *Ahlbrand* verifizierte spezifische und zugleich banale Hypothese, daß die Weckung des Interesses beim Schüler von Ausdrucks- und Darstellungskraft des Lehrers abhängen[116].

Wie alle diese Autoren hebt auch *Rogers*, einer der profilierten Vertreter der humanistischen Psychologie, die Bedeutsamkeit der Persönlichkeitsfaktoren hervor. Von ihnen werde das Unterrichtsklima beeinflußt und der Umgangsstil bestimmt. Beides hänge entscheidend ab vom „Real-Sein" des Lehrers „in der Beziehung zu seinen Schülern"[117]. Der Lehrer ist also mehr als „die gesichtslose Verkörperung einer Curriculumbedingung"[118].

Angesichts der empirischen Befunde über die Lehrerpersönlichkeit ist es naheliegend, Möglichkeiten zu erschließen, durch entsprechendes Training das Verhalten des Lehrers zu modifizieren. Diese Trainingskonzepte dürfen nicht allein die Lehrerpersönlichkeit berücksichtigen, sondern müssen sich zugleich am spezifischen Anforderungsfeld des Lehrers orientieren[119].

Die Möglichkeiten des Verhaltenstrainings zu nutzen, ist nicht nur geboten, um die pädagogische Wirksamkeit des Lehrers zu verbessern, sondern auch, um den Abbauprozessen im Gefolge der Alltagsroutine entgegenzuwirken. Ein solches Bemühen, gegen die déformation professionelle anzugehen, verlangt gewißt nicht geringe Anstrengungen[120].

Das professionelle Verhaltensrepertoire wird konstituiert von den persönlichkeitsbedingten Verhaltensweisen und den beruflichen Techniken. Da diese von ihren Zwecken her definiert werden, erscheinen sie als relativ persönlichkeitsunabhängige Größen. Im aktuellen Vollzug werden sie aber von der persönlichen Aura stark bestimmt und ihre Wirksamkeit hängt weitgehend vom Plus der Persönlichkeit ab. D.h., nicht das indifferente berufstechnische Element besitzt eo ipso pädagogische Qualität, vielmehr entscheiden darüber die Art seines Einsatzes und seiner Verknüpfung mit anderen Elementen, also der Aktions- und Reaktionshabitus des Lehrers. Die Berufstechnik trägt einen persönlichen Stempel, sie erweist sich mit als eine Leistung der persönlichen Flexibilität, Integrations- und Ausdruckskraft.

Pädagogisch legitimiert wird das neutrale Instrument ohnehin erst aufgrund einer Werthaltung, die auf Bejahung und Förderung des menschlichen Lebens gerichtet ist.

An dieser Stelle drängt sich die Frage nach dem von den pädagogischen Zwecken abzuleitenden Instrumentarium zur Bewältigung der beruflichen Anforderungen auf. Ihr soll nicht nachgegangen werden, zumal der Autor hofft, dazu demnächst einen größeren Beitrag vorlegen zu können. Vielmehr wollen wir diese Frage in einen größeren Problemhorizont stellen, den wir schon einmal kurz anvisiert haben, nämlich den des Verhältnisses von Erziehen und Lehren.

Zur Lösung des Problems könnte man verführt sein, sich *Herbarts* Argumentation zu eigen zu machen. Dies bedeutete, mit ihm die Überzeugung zu teilen, daß durch das Lehren die „Bildung des Gedankenkreises" zustandekomme, daß damit einhergehend „Grundsätze und Handlungsweisen" entstehen, der Weg der Einsicht zwangsläufig in den des Handelns einmündet, daß Unterricht also eo ipso erziehend sei.

Könnte man nicht noch eher versucht sein, der Position *Bernfelds* sich anzunähern, der die Aufgabe des Lehrers in nichts anderem sieht als „einen bestimmten Stoff, in einer bestimmten Zeit, an bestimmte Kinder“[121] zu vermitteln, und der weitergreifende Begründungen der Pädagogen ironisch als „äußerste Mühe“ apostrophiert, „diese nüchterne Einfachheit ideologisch zu verzieren“[122]. Eine Argumentation, die von den meisten Pädagogen wohl als ein Zeichen der Amputation des pädagogischen Auftrags empfunden und deshalb mißbilligt wird.

Viel eher wird man die Skepsis *Theodor Litts* gegenüber den pädagogischen Möglichkeiten der Schule teilen wollen und für sinnvoll halten, was er anrät, nämlich „eine weise Bescheidung hinsichtlich dessen, was die Schule sich an lebengestaltenden Wirkungen zutrauen darf“[123].

Muß angesichts der Diskrepanz zwischen pädagogischem Anspruch und pädagogischer Leistung unserer Schulen seine Empfehlung nicht einleuchtend erscheinen? Und muß die Situation der Schule, wie sie seit Jahren besteht, nicht gerade die Vermutung stützen, daß u.a. die Überbürdung der Schule mit Erziehungsaufgaben dahin geführt hat, nicht nur diesen, sondern auch den begrenzteren unterrichtlichen Aufgaben nicht mehr gewachsen zu sein?

Dennoch können wir nicht dafür plädieren, die Schule von Erziehungsaufgaben zu entpflichten. Entledigte sich die Schule der schwierigen Aufgabe, ihre Schüler zu erziehen, verhinderte sie wiederum die Erfüllung der Unterrichtsaufgabe. Erziehung in der Schule wird notwendig allein schon, weil Lernen ohne ein Mindestmaß an Erzogensein nicht geleistet werden kann. Erziehungsaufgaben entstehen aber auch im Vollzug des Lernens, z.B. wenn eine den Lernprozeß beeinträchtigende Konfliktsituation eintritt.

Unsere Überlegungen gehen dahin, die Erziehungsleistungen der Schule weitgehend zu begrenzen, und zwar auf jene individual- und sozialpädagogischen Maßnahmen, die dazu beitragen, die Voraussetzungen beim einzelnen Schüler und den jeweiligen Gruppen für ein humanes und wirkungsvolles Lernen zu schaffen, zu sichern und zu verbessern. Mit einer so verstandenen Einschränkung der Erziehungsaufgaben wird keineswegs behauptet, das pädagogische Handeln des Lehrers ende an den institutionellen Grenzen der Schule. Schon der Hinweis auf die Notwendigkeit einer Kooperation zwischen Elternhaus und Schule könnte ein solches Mißverständnis entkräften.

Wenn die Schule Lehren und Lernen in die Mitte ihrer Arbeit stellt und ihre Schüler dafür qualifiziert, sinnvoll zu lernen, bedeutete dies zugleich – weil im Raum der Schule ohne einen gewissen kommunikativen und moralischen Standard Lernen nicht gelingen könnte – eine beachtliche Erziehungsleistung.

Es kann mit Wahrscheinlichkeit davon ausgegangen werden, daß ein eindeutiger, wenn auch begrenzter Standard, der in den verschiedenen Lernbereichen und Verhaltensdimensionen innerhalb der Schule gewonnen wurde, weit eher im außerschulischen Feld zur Geltung kommen kann, als das Vielerlei der Ziele und Aktivitäten in einer Schule, deren äußere Struktur und innere Aufgabe mit umfassenden gesellschaftlichen Zielen und Aktivitäten zusammenfällt. Neuere Arbeiten zur Pathologie der Schule haben inzwischen diese Thesen bestätigt[124].

Das Plädoyer, die Aufgabe der Schule klar zu umgrenzen und damit erfüllbar zu machen, macht freilich ein weiteres vonnöten, nämlich alle übrigen Erziehungsinstitutionen zu stützen, einerseits durch gesetzgeberische Maßnahmen, andererseits – und das ist mehr als ein nur theoretisches Erfordernis – durch eine Klärung des Selbstverständnisses der einzelnen Institutionen, was wiederum eine entsprechende Akzentuierung und damit auch Begrenzung ihrer spezifischen pädagogischen Leistungen verlangt.

IV. Konstitutiva pädagogischen Handelns

Es ist wohl deutlich geworden, daß mit der Frage nach der Aufgabe des Lehrers sogleich die Frage nach der Aufgabe der Schule und darüber hinaus die Frage nach der Erziehungs- und Bildungsaufgabe überhaupt aufgeworfen ist. Diese Fragen sollen abschließend unter einer spezifischen Perspektive, nämlich der der pädagogischen Grundhaltung des Lehrers, betrachtet werden.

Diese Perspektive holt Positionen ein, die in gegenwärtigen Trends zum Ausdruck kommen; aber auch Thesen, die von der Reformpädagogik, besonders der „Pädagogik vom Kinde aus" und der Arbeitsschulbewegung proklamiert wurden und nicht zuletzt Forderungen, die bereits früh in der Geschichte des pädagogischen Denkens als wesentlich galten und eine beachtenswerte Wirkungsgeschichte aufweisen.

Von daher werden Fragestellungen gewonnen, die gleichermaßen das Lehrer-Schüler-Verhältnis, Bildungsinhalte, Prinzipien der Vermittlung und die pädagogischen Ziele betreffen.

Die Überlegungen zur pädagogischen Grundhaltung zielen auf Theorien, die für den Lehrer schlechthin als relevant angesehen werden können und die weitgehend unabhängig vom Fach des Lehrers und auch von Lebensalter und Schullaufbahn der Schüler sind.

Eine pädagogisch wünschbare Lehrerhaltung wird konstituiert, wenn der Lehrer *Anwalt seiner Schüler* ist. Damit ist gefordert, daß er für sie eintritt, sie beobachtet und auf sie hört, um sie besser kennenzulernen und dadurch, wie eine pädagogische Weisheit des Talmud besagt, unter Umständen mehr lernen kann, als er von seinen Lehrern und Kollegen gelernt hat[125], daß er den Schülern seine Wertschätzung bekundet; Äußerungen akzeptiert, um sie zu bestätigen und ihre Motivation zu verstärken; sein Lernangebot an ihren Interessen orientiert und ihre Leistungsfähigkeit berücksichtigt; doch in seinem Verhalten unaufdringlich ist. „Man lege nahe, aber man zwinge nicht auf."[126]

Doch nicht nur ermutigendes Zuwarten verlangt die Rolle als Anwalt des Kindes. Gegebenenfalls muß der Lehrer Denken und Tun seiner Schüler auch in Frage stellen oder gar zurückweisen. Seine Devise, positive Erwartungen dem Schüler gegenüber zu hegen und taktvoll mit ihm umzugehen, darf ihn nicht daran hindern, einen Sachanspruch geltend zu machen, gleichgültig ob dieser sich auf „natürliche“, theoretische oder zwischenmenschliche Sachverhalte bezieht. Der Lehrer muß *Anwalt der Sache* sein. Weil die Sache für sich spricht, weil ihr „Eigengesetz und bildender Wert“[127] innewohnen, kommt es darauf an, daß der Lehrer im Grunde den Schüler von sich weg und auf die Sache hin lenkt[128] – gemäß dem Grundsatz, die Schüler zu leiten, „Wegweiser“ zu sein. Der Lehrer sollte – wie es *Wagenschein* formulierte – bei den Schülern die „Fühlungnahme mit dem Gegenstand des Nachdenkens“[129] anbahnen. Und wenn der Lehrer selbst den Anspruch der Sache ernst nimmt, motiviert ist, sie zu ergründen, wird ein motivierender Funke auf seine Schüler überspringen können. Das impliziert, daß die bloße Weitergabe von Informationen nicht genügt. Die Anstrengungen des Lehrers müssen vielmehr darauf gerichtet sein, das *Prinzip der Selbsttätigkeit* zum Tragen zu bringen, „dafür zu sorgen, daß der Lernende in Lagen gerät, wo seine eigenen Betätigungen Gedanken erzeugen“[130]. Diese Forderung ist mindestens seit der sokratischen Philosophie Gemeingut philosophischen und pädagogischen Denkens und bis heute immer wieder variiert worden – in den letzten Jahren vor allem in der Diskussion um das entdeckende Lernen [131]. Selbst in der sowjetischen Pädagogik regt sich neuerdings Kritik am pädagogischen Grundsatz der „führenden Rolle des Lehrers“[132], und es gibt nun auch dort – wenigstens in der wissenschaftlichen Diskussion – Tendenzen, den Unterricht verstärkt auf die Eigentätigkeit der Schüler zu gründen[133].

Die Feststellung eines Psychotherapeuten, „daß das einzige das Verhalten signifikant beeinflussende Lernen das Lernen durch Selbst-Entdecken und Selbst-Aneignen“ sei[134], wird zur Bestätigung des sokratischen Postulats. Dies verlangt vom Lehrer, daß er seinen Schülern Mut macht, nicht leichthin seine Schlüsse zu wiederholen, sondern auf „eigene Rechnung . . . etwas Ähnliches [zu] versuchen“[135], daß er sein eigenes Urteil zurückstellt, das Verlangen des Schülers, das *Maria Montessori* auf die Formel brachte: „Hilf mir, es selbst zu tun“, erkennt und entsprechend handelt. Er sollte sogar wie der Lehrer in *André Gides* „Nourritures Terrestres“ sagen können: „Wirf mein Buch fort! Begnüg dich damit nicht! Glaub nicht, daß deine Wahrheit von jemandem anderen gefunden werden könnte . . . Wirf mein Buch weg! Bedenk, daß es nur eine von tausend möglichen Haltungen für dein Leben ist. Such deine!“[136] Eine solche Einstellung des Lehrers ist eine Chance für seine Schüler, selbständiger und dadurch auch mündiger zu werden. Der Lehrer kann diese Einstellung nur gewinnen und erhalten, wenn er selbst bereit ist, zu lernen, wenn er fähig ist zur Selbsterziehung. *Uschinski* hat den Gedanken knapp und scharf formuliert: „Hört der Lehrer auf zu lernen, stirbt der Lehrer in ihm.“[137]

Viele Forderungen an den Lehrer, die im Laufe der Geschichte der Pädagogik erhoben worden sind – besonders gilt dies für diejenigen, die die Grundhaltung des Lehrers betreffen – legen die These nahe, daß pädagogischer Fortschritt eher dadurch erzielt werden kann, daß Theoretiker wie Praktiker der Erziehung sich jene vorgreifenden Postulate der pädagogischen Tradition erschließen und sie mit zum Maßstab ihres Denkens und Handelns machen, als daß sie – mangels historischen Bewußtseins – vermeintlich progressive Vorstellungen gegen eine zur Feindattrappe verformte Tradition mobilisieren.

Anmerkungen

1 *Gerner, B.:* Der Lehrer – Verhalten und Wirkung. Ergebnisse empirischer Forschung im deutschsprachigen Raum. Darmstadt [4]1974.
Gerner, B. (Hrsg.): Literatur über den Lehrer. Orientierung über Buchveröffentlichungen in deutscher Sprache 1945–1970 einschl. Hochschulschriften. Darmstadt 1975.
Gerner, B.: Selbstverständnis von Lehrern. Ergebnisse empirischer Forschung im deutschsprachigen Raum. Darmstadt 1976.
2 *Illich, I.:* Schulen helfen nicht. Über das mythenbildende Ritual der Industriegesellschaft. Hamburg 1972.
3 *Reimer, E.:* Schafft die Schule ab. Hamburg 1972. S.65ff.
4 *Combe, A.:* Kritik der Lehrerrolle. Gesellschaftliche Voraussetzungen und soziale Folgen des Lehrerbewußtseins. München 1971. S.218.
5 *Cooper, D.:* Der Tod der Familie. Hamburg 1972. S.58.
6 *Braunmühl, E. v.:* Gegen die pädagogische Ambition. In: Vorgänge 12 (1974), H. 7, S.111.
7 *Müller-Bek, H.:* Das Berufsmilieu des Volksschullehrers. In: Psyche 12 (1958), S.50f. vgl. auch: *Fürstenau, P.:* Zur Psychoanalyse der Schule als Institution. In: *Fürstenau* (Hrsg.): Zur Theorie der Schule. Weinheim, Basel [2]1972. S.9–25.
8 *Braunmühl, E. v.:* Antipädagogik. Studien zur Abschaffung der Erziehung. Weinheim 1975.
9 *Bernfeld, S.:* Sisyphos oder die Grenzen der Erziehung. Frankfurt/M. 1967. S.114.
10 a.a.O. S.26.
11 a.a.O. S.21, vgl. dazu auch: *G. Grass:* Pädagogik kann nicht alles. Interview mit der *Zeit*, Nr.45 vom 31. Okt. 1975, S.33.
12 *Ulich, D.:* Pädagogische Interaktion. Theorien erzieherischen Handelns und sozialen Lernens. Weinheim, Basel 1976. S.204ff.
13 *Brecht, B.:* Gesammelte Werke. Bd.15. Prosa 4. Frankfurt/M. 1967. S.1403.
14 a.a.O. S.1042.
15 ebd.
16 vgl. z.B. *Bednarik, K.:* Die Lerngesellschaft. Wien, München 1966.
17 vgl. z.B. *Reinhardt, S.:* Zum Professionalisierungsprozeß des Lehrers. Frankfurt/M. 1972; *Döring, K. W.:* Lehrerverhalten und Lehrerberuf. Weinheim 1970; *Reincke, H. J.:* Flucht in die Technologie der Erziehung? In: *Flügge, J.:* Zur Pathologie des Unterrichts. Bad Heilbrunn 1971. S.48–53; *Nicklis, W. S.:* Elementares Verstehen oder gesteuertes Verhalten? In: a.a.O. S.92–115.
18 *Schiller, F.:* Sämtliche Werke. *Fricke, G.; Göpfert, H. G.* (Hrsg.). Bd. 5. München [4]1967. S.829.
19 *Gotthelf, J.:* Werke. Bd.20. Basel 1953. S.275.
20 *Makarenko, A. S.:* Aus: Der Weg ins Leben. Ein pädagogisches Poem. In: *Makarenko:* Ausgewählte pädagogische Schriften. *Wittig, H. E.* (Hrsg.). Paderborn 1969. S. 23.
21 a.a.O. S.24.
22 a.a.O. S.25.

23 vgl. *Kerschensteiner, G.*: Begriff der Arbeitsschule. Leipzig 1912; *Gaudig, H.*: Die freie geistige Schularbeit in Theorie und Praxis. Breslau 1922.
24 *Bloch, E.*: Pädagogica. Frankfurt/M. 1971. S. 9.
25 a.a.O. S. 12.
26 *Möller, B.*: Analytische Denkmodelle. Ergebnisse zur Problematik der Lernorganisation. München, Basel 1966. S. 176f.
27 *Bräuer, G.*: Die Grenzen des verhaltenspsychologischen Unterrichtsmodells. In: *Flügge, J.* (Hrsg.): Pädagogischer Fortschritt? Bad Heilbrunn 1972. S. 80.
vgl. auch *Flechsig, K.-H.*: Die technologische Wendung in der Didaktik. Konstanz 1969.
28 *Geissler, E.E.*: Anmerkungen zur Erziehungsaufgabe des Lehrers. In: WPB (1974) 6, S. 310.
29 *Harling, K.*: Zur Problematik des modernen Lehrers. In: *Kanz, H.*: Einführung in das erziehungswissenschaftliche Grundstudium. Stuttgart 1973. S. 73; auch in: Dt. Sch. 62 (1970).
30 *Gattegno, C.*: Die Unterordnung des Lehrens unter das Lernen. Was wir unseren Kindern schuldig sind. Hannover 1974.
31 a.a.O. S. 8.
32 *Dienes, Z. P.; Golding, E. W.*: Mathematisches Denken und logische Sprache. Freiburg, Basel, Wien ^{7}1971. S. 11.
33 *Roth, L.*: Wissenschaftsorientierte Lehrer in der verwalteten Schule. In: WPB (1974) 6, S. 318f.
34 ebd.
35 *Brügelmann, H.*: Die englischen Teachers'Centres. Dezentralisierung der Curriculum-Entwicklung auf lokaler Ebene. In: Dt. Sch. (1972) 9, S. 535.
36 *Rech, W.*: Die Lehrerrolle im offenen Curriculum. Eine Analyse des Humanities Curriculum Project. In: WPB (1975) 11, S. 639.
37 *Pulaski, M. A.*: Piaget. Eine Einführung in seine Theorien und sein Werk. Ravensburg 1975. S. 157;
vgl. vor allem: *Piaget, J.*: Theorien und Methoden der modernen Erzie! ıng. Wien ^{2}1972. S. 129.
38 *Steinkamp, G.*: Der Lehrer als Agent des sozialen Wandels. In: *Roth, H.; Blumenthal, A.* (Hrsg.): Freiheit und Zwang der Lehrerrolle. Hannover 1975.
vgl. dazu auch: *Plickat, H.-H.*: Die Schule als Instrument des sozialen Aufstiegs. Weinheim 1959.
39 *Harling, K.*: a.a.O. S. 76.
40 *Nipkow, K.-E.* (Hrsg.): Der Lehrer in Schule und Gesellschaft. München ^{3}1973. S. 132.
vgl. dazu auch: *Götz, B.*: Freiheit und Zwang der Lehrerrolle. In: *Roth, H.; Blumenthal, A.* (Hrsg.): a.a.O. S. 37.
41 *Nipkow, K.-E.*: a.a.O. S. 132.
42 vgl. *Dassau, P.*: Über die Schwierigkeit, Lehrer zu sein. In: *Kittel, H.; Wette'ling, H.* (Hrsg.): Behauptung der Person. Festschrift für *H. Bohnenkamp* zum 70. Geburtstag. Weinheim 1963.
43 *Langeveld, M. J.*: Die Schule als Weg des Kindes. Braunschweig ^{4}1968. S. 113.
44 *Sperling, E.*: Das Dilemma des Lernens und Lehrens. In: Neue Sammlung 11 (1971), S. 79.
45 a.a.O. S. 80.
46 ebd.
47 a.a.O. S. 81.
48 *Nipkow, K.-E.*: a.a.O. S. 116.

49 vgl. dazu: *Groothoff, H.-H.:* Zur Geschichte und Theorie des professionellen Pädagogen. In: *Bokelmann, H.; Scheuerl, H.* (Hrsg.): Der Aufbau erziehungswissenschaftlicher Studien und der Lehrerberuf. Heidelberg 1970. S. 248.

50 zit. nach *Groothoff, H.-H.:* a.a.O. S. 250.

51 Einen Versuch, die professionellen Tätigkeiten des Lehrers zu beschreiben, unternehmen z. B. *Hierdeis, H.; Knoll, J.; Krejai, M.:* Erzieherisches Handeln. München 1976; Skizzen der Lehrertätigkeit finden sich u. a. bei: *Grell, J.:* Techniken des Lehrerverhaltens. Weinheim ^{6}1976. S. 187 f.; *Döring, K. W.:* Lehrerverhalten und Lehrerberuf. Weinheim 1970. S. 139 f.; *Morris, J. F.; Lunzer, E. A.* (Hrsg.): Das Lernen in der Schule. Stuttgart 1972. S. 252 ff.; *Pestalozzianum Zürich* (Hrsg.) Informationen zur Gruppendynamik und Gruppenpädagogik. H. 3. Zürich 1975. S. 7ff.; *Susteck, H.:* Lehrer zwischen Tradition und Fortschritt. Braunschweig 1975. S. 78 ff.; *Belschner* u. a.: Verhaltenstherapie in Erziehung und Unterricht. Stuttgart ^{2}1974. S. 27–29.

52 Siehe auch: *Konferenz der Pädagogischen Hochschulen:* Vorschläge zur Reform von Schule und Hochschule. Weinheim 1970. S. 19 ff.

53 vgl. z. B. *Beckmann, H.-K.:* Berufsaufgaben des Lehrers und Konsequenzen für die gegenwärtige Lehrerausbildung. In: Der evangelische Erzieher (1974) 2, S. 71–82.

54 *Deutscher Bildungsrat:* Strukturplan für das Bildungswesen. Stuttgart 1970. S. 217.

55 ebd.

56 a.a.O. S. 218.

57 ebd.

58 a.a.O. S. 219.

59 ebd.

60 ebd.

61 ebd.

62 vgl. z. B. WPB (1975) 6, S. 334, 339–344; *Stark, Aurin, Reschenbecher, Todt* (Hrsg.): Beraten in der Schule? Analysen – Methoden – Strategien. Braunschweig 1976; ältere Beiträge zur Kategorie „Beratung": *Bollnow, O. F.:* Existenzphilosophie und Pädagogik. Stuttgart ^{2}1962. S. 78–86; *Mollenhauer, K.; Müller, C. W.:* Führung und „Beratung" in pädagogischer Sicht. Heidelberg 1965.

63 *Deutscher Bildungsrat:* a.a.O. S. 220.

64 ebd.

65 vgl. *Gehrig, H.; Geppert, M.:* Lehrerverhalten in Konfliktsituationen. Basel 1975.
Isenegger, U.: Bildungsbedürfnisse der Volksschullehrer. (BIVO-Projekt). Projektaufriß. Freiburg 1970.
Roth, P.; Wanzenried, P.: Die allgemeinen Ziele der Volksschullehrertätigkeit nach Ansicht verantwortlicher Personengruppen. (Auswertung von Gruppendiskussionen und einer Befragung). Basel 1971.

66 *Gehrig, G.; Geppert, M.:* a.a.O. S. 69 ff.
vgl. auch: *Roth, P.; Schellhammer, E.:* Entscheidungssituationen im Berufsfeld des Lehrers. Basel 1974.

67 *Robinsohn, S. B.:* Bildungsreform als Revision des Curriculum. Neuwied, Berlin 1967.

68 *Gehrig, G.; Geppert, M.:* a.a.O. S. 31 f.
vgl. bes. *Roth, P.; Wanzenried, P.:* a.a.O.

69 *Gehrig, G.; Geppert, M.:* a.a.O. S. 48 ff.

70 a.a.O. S. 52 ff.

71 a.a.O. S. 70.

72 a.a.O. S. 103.

73 a.a.O. S. 98ff.
74 *Tolstoj, L. N.:* Allgemeine Hinweise für den Lehrer. (Einleitung zum sog. ABC-Buch von 1872.) In: *Tolstoj:* Pedagogičeskie Sočinenija. Vejkšan V. A. (Hrsg.). Moskau ²1953. S. 341.
75 *Hentig, H. v.:* Schule als Erfahrungsraum? Stuttgart 1973. S. 35.
76 a.a.O. S. 37.
77 ebd.
78 ebd.
79 a.a.O. S. 40.
80 a.a.O. S. 37.
81 ebd.
82 *Schmid, J. R.:* Freiheitspädagogik. Schulreform und Schulrevolution in Deutschland. Hamburg 1973, bes. S. 15–51.
83 vgl. *Gramm, H. J.:* Die Lehrerrolle im gesellschaftlichen Feld. In: *Bokelmann, H.; Scheuerl, H.* (Hrsg.): a.a.O. S. 280.
84 *Deutscher Bildungsrat:* a.a.O. S. 15.
85 a.a.O. S. 18.
86 vgl. *Isenegger, U.:* Lernzielerhebung zur Curriculumkonstruktion. Weinheim 1972.
87 *Gehrig, G.; Geppert, M.:* a.a.O. S. 238.
88 a.a.O. S. 239.
89 Man denke z. B. an die mit dem Wandel der Familienstruktur und dem Rückgang der Kinderzahl einhergehende Einschränkung des familialen Kommunikationsfeldes. Vgl. z. B. *Brocher, T.:* Schule ohne Sozialerziehung. In: Neue Sammlung 7 (1967), S. 430.
90 *Gamm, J.:* a.a.O. S. 282; vgl. z. B. auch *Aregger, K.; Flechsig, K.; Frey, K.; Lattmann, U. P.:* Lehrerbildung für die Schulreform. Modelle, Strategien, Resultate. Bern 1975.
91 vgl. *Bronfenbrenner, U.:* Erziehungssysteme – Kinder in den USA und der Sowjetunion. München 1973. S. 149f.
92 *Gusdorf, G.:* Wozu Lehrer. Paderborn 1970. S. 213.
93 *Löwith, K.:* Das Individuum in der Rolle des Mitmenschen. Darmstadt 1962.
Weischedel, W.: Das Wesen der Verantwortung. Ein Versuch. Frankfurt/M. ³1972.
vgl. auch: *Weinstock, H.:* Die politische Verantwortung der Erziehung in der demokratischen Massengesellschaft des technischen Zeitalters. Bonn ⁵1966. (Schriftenreihe der Bundeszentrale für politische Bildung. H. 33.) S. 81.
Henschel, M.: Verantwortung oder Autonomie des Menschen? In: Kerygma und Dogma 8 (1962), S. 46–55.
Løgstrup, K. E.: Verantwortung. In: Die Religion in Geschichte und Gegenwart. Bd. 6. Tübingen ³1962. S. 1254–1256.
Küng, H.: Christ sein. München ²1974. S. 590–593.
Müller, A. M. K.; Solms, F.; Gupta, D.; Weizsäcker, E. v.: Überlebensfragen. Entscheidungen heute für das Leben von morgen. Stuttgart o. J.
94 vgl. *Kramp, W.:* Studien zur Theorie der Schule. München 1973. S. 152–165.
95 *Klink, J.-G.:* Klasse H7E. Bad Heilbrunn 1974;
vgl. auch *Klausmeier, H. J.; Ripple, R. E.:* Moderne Unterrichtspsychologie. Bd. 2. München, Basel 1974. S. 166f.
96 *Holstein, H.:* Neue Medien – Wandel des Schulunterrichts. In: Dt. Sch. (1972) 5, S. 308ff.
97 vgl. z. B. *Roth, P.; Schellhammer, E.:* a.a.O.
98 vgl. *Trost, F.:* Der Erziehungsauftrag der Schule in unserer Zeit. In: *Trost* (Hrsg.): Der Erziehungsauftrag. Weinheim 1964. S. 80–100.

Die Wirkung der pädagogischen Hilfen hängt allerdings von der Bereitschaft der Schüler ab, diese anzunehmen, vgl. dazu: *Trost, Friedrich*: Die Erziehungsmittel. Weinheim 1967. S. 34 ff.

99 vgl. z. B. *Russel, B.*: Erziehung ohne Dogma. München 1974. S. 255.

100 *Gamm, H. J.:* a.a.O. S. 276.
Seine wesentlichen berufsethischen Postulate lauten, daß der Lehrer
- die „Verteidigung derer" übernehme, „die als Heranwachsende den Sinn ihres Daseins suchen" (S. 286);
- bei der Aufgabe der „Traditionssicherung" seine „interimistische Funktion" bejahe (S. 287) und
- eine Kultur der Selbstkritik entwickle, wie sie in *Salzmanns* „Symbolum" zum Ausdruck kommt.

101 a.a.O. S. 275.

102 a.a.O. S. 276.

103 ebd.

104 ebd.

105 a.a.O. S. 277.

106 ebd.

107 *Petersen, P. u. E.:* Die pädagogische Tatsachenforschung. Paderborn 1965. S. 16.

108 *Russel, B.:* a.a.O. S. 252.
vgl. auch *Lansky, M.*: Phantasie, Gefühl und Erkennen im Klassenzimmer. In: Gruppendynamik 1 (1970), S. 431 ff.

109 vgl. *Flanders, N. A.*: Grundlegende Lehrfertigkeiten, abgeleitet aus einem Modell des Sprechens und Zuhörens. In: Unterrichtswissenschaft, Forschung und Entwicklung, Programmierung, Technologie. H. 2. Weinheim, Basel 1974. S. 30.

110 *Mitscherlich, A.:* Auf dem Weg zur vaterlosen Gesellschaft. München 1963. S. 169.

111 *Symonds u. Dudek* (nach *Klausmeier, H. J.; Ripple, R. E.*: Moderne Unterrichtspsychologie. Bd. 2. München, Basel 1974. S. 168.)

112 *Fleming, T. J.:* Die überlegene Persönlichkeit. In: *Strom, R. D.* (Hrsg.): Lehrer und Lernprozeß. Bd. 2. München 1976. S. 392.

113 *Hammachek, D.:* Merkmale eines qualifizierten Lehrers – Folgerungen für die Lehrerausbildung. In: *Strom, R. D.* (Hrsg.): Lehrer und Lernprozeß. Bd. 1. München 1976. S. 118 f.

114 *Grell, J.:* Techniken des Lehrerverhaltens. Weinheim, Basel [6]1976. S. 126.

115 *Postmann, N.; Weingartner, C.:* Fragen und Lernen. Die Schule als kritische Anstalt. Frankfurt/M. 1972.

116 *Ahlbrand jr., W. P.:* Ausdrucksverhalten des Lehrers und Einstellung der Schüler zum Unterricht. In: *Zifreund, W.* (Hrsg.): Training des Lehrerverhaltens und Interaktionsanalyse. Weinheim, Basel 1976. S. 111–131.

117 *Rogers, C. R.:* Entwicklung der Persönlichkeit. Stuttgart 1973. S. 281.

118 ebd.

119 *Nickel, H.:* Beiträge zur Psychologie des Lehrerverhaltens. München, Basel 1974. S. 50.
vgl. auch *Nickel, H.; Schwalenberg, R.; Ungelenk, B.*: Verlaufsanalyse und Erfolgskontrolle eines erziehungspsychologischen Verhaltenstrainings für Lehrer. In: Psychologie in Erziehung und Unterricht 21 (1974), S. 67–80.

120 vgl. *Lengrand, P.*: Permanente Erziehung. München-Pullach 1972; auch: *Brezinka, W.:* Der Erzieher und seine Aufgaben. Stuttgart 1966. S. 39–42.

121 *Bernfeld, S.:* a.a.O. S. 21.

122 a.a.O. S. 22.
123 *Litt, T.:* Pädagogik und Kultur. Bad Heilbrunn 1965. S. 56.
124 vgl. z. B. *Hentig, H. v.:* Sozialpathologie der Schule. In: Merkur, März 1976, S. 213–233. *Krohne, H.-W.:* Die Schule macht die Kinder krank – aber auch die Eltern. In: Bild der Wissenschaft 4 (1976) und: Lernziel Abitur. Gute Noten, kranke Kinder. a.a.O. S. 96–126.
Klein-Alstedde, N.: Schulangst. In: Psychologie heute. Juni 1974, S. 54 ff.
vgl. auch: *Flügge, J.* (Hrsg.): Pädagogischer Fortschritt? Bad Heilbrunn 1972.
Affemann, R.: Lernziel Leben. Der Mensch als Maß der Schule. Stuttgart 1976.
125 nach *E. Simon.* In: Pädagogik in Selbstdarstellungen. Bd. 1. Hamburg 1975. S. 286.
126 *Polya, G.:* Vom Lösen mathematischer Aufgaben. Bd. 2. Basel, Stuttgart 1967, aus „Zehn Gebote für Lehrer". S. 175. vgl. dazu auch:
Buber, M.: Reden über Erziehung. Heidelberg 1953. S. 24; *Wagenschein, M.:* Vertrauen und Distanz. In: *Wagenschein:* Ursprüngliches Verstehen und exaktes Denken. Stuttgart 1965. S. 434–439; *Gordon, T.:* Lehrer-Schüler-Konferenz. Wie man Konflikte in der Schule löst. Hamburg 1977. S. 231;
Ligi. Das Buch der Sitte des älteren und jüngeren Dai. Aufzeichnungen über Kultur und Religion des alten China. Düsseldorf, Köln o. J. S. 171.
127 *Wichmann, O.:* Eigengesetz und bildender Wert der Lehrfächer. Darmstadt 1964; vgl. auch *Klafki, W.:* Didaktische Analyse als Kern der Unterrichtsvorbereitung. In: *Roth, H.; Blumenthal, A.* (Hrsg.): Didaktische Analyse. Hannover [4]1964. S. 8ff.
128 vgl. *Derbolav, J.:* Lehrer- und Schülertum in der Philosophie. In: Erkenntnis und Verantwortung. Festschrift für *T. Litt.* Düsseldorf 1960. S. 16.
129 *Wagenschein, M.:* Natur physikalisch gesehen. Frankfurt/M. 1953. S. 44.
130 *Dewey, J.:* Demokratie und Erziehung. Braunschweig [3]1964. S. 213 f.
131 vgl. z. B. *Neber, H.* (Hrsg.): Entdeckendes Lernen. Weinheim, Basel 1973, darin bes.: *Skowronek, H.:* Das Prinzip des Entdeckens in der deutschen Didaktik. S. 285–289.
132 vgl. Statut der allgemeinbildenden Mittelschule. In: Narodnoe abrazovanie v SSSR. Sbornik dokumentor 1917–1973. g. g. Moskva 1974. S. 231 f.
133 vgl. *Zankow, L. V.:* Didaktik und Leben. Hannover 1973.
134 *Rogers, C. R.:* Entwicklung der Persönlichkeit. Stuttgart 1973. S. 271.
135 *Gilson, E.* nach *Gusdorf, G.:* Wozu Lehrer. Paderborn 1970. S. 217.
136 *Gide, A.* nach *Gusdorf, G.:* a.a.O. S. 178.
137 *Uschinski* nach *Hayakawa, S. J.:* Vom Umgang mit sich und anderen. Darmstadt o. J. S. 44.

Walter Hoffmann

Die ‚didaktische Wende' und ihre Folgen für die Ausbildung des Lehrers in der zweiten Phase

Unter ‚didaktischer Wende' sollen hier Entwicklungen innerhalb der wissenschaftlichen Pädagogik verstanden werden, die, zunächst stark vereinfacht formuliert, zu einer Neueinschätzung des ‚subjektiven Faktors' im Unterricht geführt haben. ‚Wende', und das ist beabsichtigt, erinnert an *H. Roths* Aufsatz aus dem Jahr 1962 "Die realistische Wendung in der pädagogischen Forschung", der auf diese Entwicklung einen bedeutenden Einfluß ausgeübt hat. ‚Realistische Wendung' heißt bei *Roth* Ausbau erfahrungswissenschaftlicher Methoden in der Pädagogik und empirische pädagogische Forschung als ‚Tatsachenforschung' zur Wirklichkeitskontrolle. Pädagogische Aussagen sollen erfahrungswissenschaftlich abgesichert werden können, so daß sie das Gewicht empirisch verfahrender Sozialwissenschaften erhalten, was jedoch für *Roth* nicht bedeutet, daß Pädagogik ausschließlich als rein pragmatische, wertfreie Wissenschaft verstanden werden dürfe. Diese Öffnung zu den Sozialwissenschaften hatte einerseits zur Folge, daß die deutsche Pädagogik den Anschluß an die internationale erziehungswissenschaftliche Forschung fand, und sie verwickelte diese andererseits in den ‚Positivismusstreit'. Hier wird die zweite ‚Wende' erkennbar (wir werden beide im weiteren als Aspekte *eines* Zusammenhangs auffassen), die wir die ‚emanzipatorische' nennen wollen: Es ist die Weiterentwicklung der geisteswissenschaftlichen Pädagogik zu einer ‚kritisch-konstruktiven' Theorie, die besonders mit dem Namen *Klafkis* (1971, 1973, 1976) verbunden ist, die wir in engem Zusammenhang mit neueren psychologischen und soziologischen Theorien sehen müssen, damit das breite Spektrum sichtbar wird, das die Rede von einer ‚Wende' sinnvoll macht. Es ist an dieser Stelle nicht möglich, ausführlicher darzustellen, wie diese für den gegenwärtigen Stand pädagogischer Forschung und Diskussion so folgenreiche Entwicklung verlief[1]. Einige Hinweise müssen genügen. Der erste Hinweis bezieht sich auf *Klafkis* Versuch, in einer ‚Theorie der kategorialen Bildung' (1959) im Anschluß an *Wenigers* Begegnungsbegriff eine Synthese von ‚subjektivem' und ‚objektivem' Faktor zu finden. Sie liegt, wie *Klafki* damals formulierte, in der ‚doppelseitigen Erschließung': „Bildung nennen wir jenes Phänomen, an dem wir – im eigenen Erleben oder im Verstehen anderer Menschen – unmittelbar der Einheit eines subjektiven (formalen) und eines objektiven (materialen) Momentes innewerden . . . Bildung ist Erschlossensein einer dinglichen und geistigen Wirklichkeit für einen Menschen (objektiver Aspekt), aber das heißt zugleich: Erschlossensein dieses Menschen für diese seine Wirklichkeit (subjektiver Aspekt)" (*Klafki* 1959, S. 294). Zu erwähnen sind in diesem Zusammenhang *Klafkis* Bemerkungen zur ‚Fragehaltung' und zum ‚fruchtbaren Moment im Bildungsprozeß', weil in ihnen diejenigen Momente dieser Konzeption enthalten sind, die

Klafki später zur ‚kritischen Theorie' weiterentwickelt hat: Aus der ‚Fragehaltung' entsteht eine ‚sinngerichtete Selbsttätigkeit', die „die der kategorialen Bildung angemessene Form kindlicher und jugendlicher Aktivität" darstellt (S. 359). So gibt es im Prozeß des Lernens keine geschlossenen Horizonte und daher auch keine endgültigen Antworten, die, gegeben von sachlichen oder persönlichen Autoritäten, akzeptiert werden müßten. Das hat Folgen für die Unterrichtsmethode: Wenn Schüler sich selbsttätig auf den Weg machen müssen, wird Methode selbst zum Unterrichtsinhalt, aus Bildung durch Methode wird ‚methodische Bildung': „Mit der fruchtbar gewordenen inhaltlichen Einsicht hat der Schüler in vielen Fällen selbsttätig zugleich einen methodischen Aspekt gewonnen" (S. 362). Offenheit des Sinnhorizontes, Selbsttätigkeit des Schülers und methodische Bildung sind die Grundbegriffe einer didaktischen Theorie, die die Entwicklung zur ‚emanzipatorischen Wendung' wesentlich mitbestimmt hat, wobei ‚emanzipatorisch' auf den gesellschaftlichen Bezug hinweist, der – in Anlehnung an die gesellschaftskritische Soziologie der ‚Frankfurter Schule' – in den drei oben angeführten *Klafki*-Aufsätzen hergestellt ist. Erziehungswissenschaft, bedeutet das, hat den gesellschaftlichen Zusammenhang ihrer empirischen Forschungen zu reflektieren, und insofern hier bestimmte Herrschaftsverhältnisse und Gruppeninteressen ins Spiel kommen, muß eine kritische Didaktik sich als Ideologiekritik verstehen. Der Maßstab, an dem sich das eigene, genuin pädagogische Erkenntnisinteresse orientiert, ist der zur Entfaltung des Kindes erforderliche Freiheitszuwachs. So gründet dialektische Erziehungstheorie in der „wechselseitigen Bedingtheit" von „Selbstbestimmungsmöglichkeiten des einzelnen und einer politisch zu verwirklichenden Gesellschaftsstruktur" (*Klafki* 1971, S. 384).

Wir halten fest: ‚Didaktische Wende' bezeichnet zunächst ein begriffliches Konstrukt, das auf eine bestimmte Entwicklung innerhalb der Pädagogik verweist. Wir wollen es zu einer kritischen Betrachtung der gegenwärtigen Schulwirklichkeit einsetzen. Zwei Aspekte der ‚Wende' sind im vorigen knapp skizziert worden; wir haben sie, in Anlehnung an *Roth* und *Klafki*, als den ‚realistischen' und den ‚emanzipatorischen' Aspekt bezeichnet. Zwischen beiden besteht eine Spannung, die die von gesellschaftlicher Wirklichkeit (bestimmt von Herrschaftsverhältnissen und aus diesen resultierenden Interessengegensätzen) und Selbsttätigkeit und Selbstbestimmung des Kindes (die das pädagogische Erkenntnisinteresse bestimmen) widerspiegelt. Vor diesem Hintergrund müssen die folgenden Untersuchungen gesehen werden.

Dabei ist es unsere Absicht, an Beispielen aus der Referendarausbildung Widersprüche pädagogischen Handelns in der Schule aufzudecken, die sich nicht mit dem einfachen Hinweis auf die ‚antinomische Struktur' (oder ähnliche Aussagen zumeist spekulativer Art) des Erziehungsverhältnisses erklären lassen, deren Ursachen vielmehr in einem Spannungsverhältnis liegen, das durch die von uns als ‚pädagogische Wende' bezeichnete Entwicklung entstanden ist. Dabei soll deutlich werden, daß es sinnvoll ist, von einer solchen ‚Wende' zu reden, weil die dahinter stehenden Forschungen und Theorieansätze Instrumentarien und Kriterien für Untersuchungen dieser Art liefern. Wir wollen, anders formuliert, an Beispielen aus der Unterrichtspraxis zeigen, daß und auf welche Weise Schulunterricht, auch wenn er von progressiven Zielvorstellungen ausgeht, sich in Widersprüche verwickelt, wenn neuere erziehungs- und sozialwissenschaftliche Theorien nicht mit hinreichender Konsequenz auf pädagogische Praxis hin ausgelegt worden sind. So bleibt auch der sich selbst als progressiv verstehende Unterricht hinter dem zurück, was nach dem Stande pädagogischer Erkenntnis möglich wäre. Unser Erkenntnisinteresse ist somit gerichtet auf Verbesserung von Unterricht und Lehrerausbildung durch die explizite Einbeziehung progressiver sozialwissenschaftlicher Theorie in didaktische Reflexion.

Zunächst sollen einige weitere Aspekte der ‚Wende' herausgearbeitet werden, die, wie begründet vermutet werden kann, in das Bewußtsein der Lehrerschaft eingedrungen sind. Dabei ist danach zu fragen, welchen Niederschlag sie in der Unterrichtspraxis gefunden haben und was sie dort zu bewirken vermochten (Abschnitt I). In welcher Weise haben sie die Lehrerausbildung der zweiten Phase beeinflußt (Abschnitt II)? Es soll dann an drei Fällen aus der Unterrichtspraxis gezeigt werden, in welche Widersprüche sich der Lehrer verwickelt findet, der dem emanzipatorischen Anspruch einer kritisch-konstruktiven Didaktik genügen will (Abschnitt III). Im letzten Abschnitt gilt es, die Widersprüche zu interpretieren und Vorschläge zu ihrer Auflösung zu finden (Abschnitt IV).

I

Die folgenden Aspekte sind, wie bereits angedeutet, als Momente eines zum Zwecke analytischer Unterrichtsbetrachtung konstruierten Zusammenhangs aufzufassen. Historische Abläufe können hier außer Betracht bleiben. Wir müssen uns auf knappe Zusammenfassungen komplexer Gegenstandsbereiche beschränken, die es im Blick auf ihre pädagogische Relevanz darzustellen gilt.

Der psychologische Aspekt. Für diesen Aspekt sind zwei Ansätze psychologischer Theoriebildung von Bedeutung: der gruppendynamische und der psychoanalytische, d. h. bezogen auf Unterricht, der Ich-Bezug und der Wir-Bezug. Die Einbeziehung dieser Bezüge in Didaktik-Reflexion bewirkt, daß die Subjektivität des Schülers, seine Affekte und seine Triebe, nicht als ‚Störfaktoren' angesehen werden können, die es zu eliminieren gilt. Bereits 1959 hat *W. Hochheimer* in einer Untersuchung der ‚Tiefenpsychologie des pädagogischen Feldes' die These vertreten, in der Schule dominiere eine „pädagogische Haltung, die das, an dem sie einsetzen müßte, laufend vor sich her aus dem Felde vertreibt" (*Hochheimer, S. 109). Mitscherlich* formuliert eine ganz ähnliche Erkenntnis: Affektbildung, meint er, werde in der Regel nicht nur nicht als Bildungsziel anerkannt, sondern aus dem Unterricht verdrängt (*Mitscherlich* 1963, S. 41). Der Lehrer dagegen ist geradezu im Besitze eines ‚Monopols' auf Trieb- und Interessenbefriedigung (*Fürstenau* 1964, S. 71). Darüber hinaus gilt es, den Unterricht als *Gruppen*prozeß bewußt zu machen. Verwiesen sei hierzu auf die Arbeit *H. E. Richters* (1972, bes. S. 21 ff., S. 43 f.) mit Studenten. Dabei stößt man auf die didaktische Schwierigkeit, wie die Beziehung herzustellen sei zwischen physischen, emotionalen und intellektuellen Bedürfnissen der Schüler und den Unterrichtsinhalten, vereinfacht: zwischen dem

‚subjektiven' und dem ‚objektiven' Faktor (*Cohn* 1975, bes. S. 152–157; *Heinze* 1976). Hier gibt es eine Fülle ungelöster Probleme; festzuhalten bleibt, daß Begriffe wie ‚soziales Lernen', ‚bewußtes Lernen' und ‚entdeckendes Lernen', auf deren Herkunft und Inhalt hier nicht näher eingegangen zu werden braucht, den Lehrer dazu veranlassen sollten, die Aktivität des Schülers in den Unterricht einzubeziehen und diesen auf nichtkognitive und überfachliche Zielsetzungen hin zu planen. Freilich läßt sich nur schwer einschätzen, und die Untersuchungen hierzu sagen noch wenig darüber aus, inwieweit Unterrichtspraxis sich tatsächlich verändert hat, wenn man absieht von vereinzelten Experimenten innovationsfreudiger Lehrer. Welche Hindernisse prinzipieller Art solcher Veränderung entgegenstehen, wird uns im letzten Abschnitt dieser Untersuchung beschäftigen. Auf zwei positive Beispiele sei noch hingewiesen: Die Tendenz zur Entwicklung ‚offener Curricula' in Rahmenrichtlinien anstelle geschlossener Pakete und der Erlaß des Hessischen Kultusministers zur Beteiligung von Schülern an Unterrichtsvorhaben[2] müssen im Zusammenhang mit der Einbeziehung des ‚subjektiven Faktors' in den Unterrichtsprozeß gesehen werden, d. h. des psychologischen Aspekts der ‚didaktischen Wende'. Zu fragen wäre in diesem Zusammenhang, welche Bedeutung psychoanalytischen und gruppendynamischen Lehrveranstaltungen in der ersten Phase der Lehrerausbildung zukommt (oder besser: zukommen sollte) und wie diese mit reinen Fachseminaren zu verknüpfen wären. Denn offensichtlich genügt es nicht, dem Lehrerstudenten eine Art ‚Grundausbildung' in Gruppendynamik und Psychoanalyse zu vermitteln (was z. B. für die Ausbildung eines Erziehungsberaters von zentraler Bedeutung ist – man vgl. hierzu z. B. das Funkkolleg ‚Beratung in der Erziehung'); er muß darüber hinaus Kenntnisse und Erkenntnisse gewinnen können, wie sich z. B. aus literarischen oder politischen Sachverhalten Unterrichtsthemen entwickeln lassen, die subjektive Bedürfnisse und Gruppenbeziehungen für den Schüler erfahrbar und artikulierbar machen. Dabei dürfen jene Sachverhalte jedoch nicht zu bloßen Gesprächsanlässen absinken. Es wird im dritten Teil unserer Darstellung sehr deutlich werden, auf welche Schwierigkeiten das Unterfangen stößt, den subjektiven und den objektiven Faktor im Unterricht angemessen miteinander zu verknüpfen, und welche Probleme die an so hohem Anspruch orientierte Unterrichtsplanung lösen muß. An dieser Stelle wollen wir festhalten, daß der Anspruch selbst erhoben werden muß, daß er jedoch nach wie vor nur in informellen, familialen Lernprozessen primärer Sozialisation realisierbar erscheint (‚Elitebildung' – man vergleiche hierzu z. B. *Elias Canettis* Autobiografie ‚Die gerettete Zunge', die zahlreiche Beispiele für gelungene Verbindungen von subjektivem und objektivem Faktor bietet, freilich in Lernprozessen, die im Umgang zwischen Mutter und Sohn stattfinden), während die ‚öffentliche Erziehung' noch immer nicht hinausgekommen ist über objektbezogene ‚Instruktion' durch Unterricht (Massenbildung).

Der soziologische Aspekt. Die Basis dieses Aspekts bildet der ‚symbolische Interaktionismus'. Er beruht auf der Prämisse, daß die Objekte unserer Umwelt erst dadurch in unser Bewußtsein treten, daß sie eine Bedeutung für uns erlangen. Der Prozeß, in dem diese Bedeutungen entstehen, ist ein Interaktionsprozeß, und demzufolge sind ‚Objekte' „soziale Schöpfungen"[3]. Dieser Interaktionsprozeß läßt sich als ein ‚Interpretationsprozeß' auffassen, die Objektwelt ist eine Leistung, so lautet die *hermeneutische* Formulierung, der „Interpretationsgemeinschaft der erkennenden Subjekte" (*Apel* 1976, S.17). Objekt-Subjekt-Spaltung, genauer: Ich-Identität und Objektbewußtsein entstehen in ein und demselben Kommunikationsprozeß. ‚Lernen', im weiten Sinne des Wortes, ist hiernach abhängig von der Fähigkeit des Individuums, in (sprachlich vermittelten) Interaktionsprozessen Sach- und Personenbeziehungen aufbauen zu können, so daß soziales und kognitives Lernen auf eine ursprüngliche Weise ineinander verwoben sind. Für die Erziehungswissenschaft bedeutet das, daß Unterricht nur im Zusammenhang mit der Institution Schule angemessen erforscht werden kann. Erst die Einbeziehung des sozialen Kontextes in die wissenschaftliche Forschung macht den Prozeß der Interpretation verständlich, in dem Ich-Identität als ‚Balance' zwischen ‚ego' und ‚alter' entsteht (vgl. *Wellendorf* 1973). Schule ist ein soziales Erfahrungsfeld, Unterricht nur ein Ausschnitt, d.h. ein Teil eines umgreifenden Prozesses sekundärer Sozialisation. Folglich lassen Schule und Unterricht sich danach beurteilen, inwieweit und auf welche Art sie den Schülern soziale Erfahrungen ermöglichen, inwieweit Schüler ihre Bedürfnisse und Affekte einbringen können bzw. wie dies verhindert wird durch ‚Ritualisierung' und ‚szenische Arrangements', die den Schüler zwingen, Werte und Normen zu interiorisieren, die im Widerspruch stehen zu den offiziell angegebenen Zielsetzungen (‚heimlicher Lehrplan'). An dieser Stelle wird deutlich, wie Unterrichtstheorie eingebunden ist in politische Zusammenhänge, die reflektiert werden müssen, soll Didaktik nicht in *blinder* Abhängigkeit von politischen Prämissen beschränkt bleiben auf die Darstellung unterrichtlicher Vermittlungsprozesse.

Planung von Unterricht, der auf die oben beschriebene Weise angesehen wird als Ausschnitt und Teil eines Prozesses schulischer Sozialisation, muß Interessen und Bedürfnisse, schulische und außerschulische Erfahrungen der Schüler explizit einbeziehen, und zwar sowohl in die Zielsetzungen als auch in die Methoden und Verfahren. So wie sich die Stellung des Schülers im Unterrichtsprozeß auf diese Weise verändert, ist auch die Auffassung von der Methode eine andere geworden: Diese ist nicht mehr in erster Linie ein Instrument, das starr vorgegebene Objekte für Subjekte verfügbar macht, sondern sie ist selbst immer auch Inhalt, Thema und Ziel des Unterrichts und steht insofern zur Disposition. Reversibilität des Umgangs zwischen Lehrer und Schüler wird erweitert zur Reziprozität, d.h. der Lehrer versteht sich *auch* als ein Lernender. Der Unterricht bleibt dabei jedoch gebunden an die Vermittlung wissenschaftlicher Gegenstände, so daß Unterrichtsplanung *inhaltlich* aufzufassen ist als ‚Rekonstruktion der Disziplin in didaktischer Absicht' und nicht als eine ‚Befragung' unter didaktischem Aspekt (vgl. *Callies* u.a. 1974, bes. S. 67ff.). Es liegt auf der Hand, daß die hier formulierten Kriterien am leichtesten in einem projektorientierten Unterricht zu realisieren sind.

Der psychosoziale Aspekt. Sowohl die oben unter psychologischem als auch die unter soziologischem Aspekt dargestellten Theoriekonzeptionen sind kritisiert worden als ‚individualistisch', ‚eskapistisch', einseitig das Bestehende rechtfertigend und ausgerichtet auf bloße Anpassung. So hat *Horn* die Entpolitisierung und Entfunktionalisierung des ‚subjektiven Faktors' und seine Deformierung im und durch den Konkurrenzkapitalismus hervorgehoben (*Horn* 1972, bes. S. 31, S. 67), und *Hurrelmann* spricht von der ‚Kopflastigkeit' des interaktionstheoretischen Ansatzes, in dem die sozioökonomische Basis unberücksichtigt bleibe (*Hurrelmann* 1975). Es gibt zahlreiche Versuche, den Zusammenhang zwischen ökonomischer Basis und Persönlichkeitsstrukturen aufzuzeigen und, darüber hinaus, die Abhängigkeit der Sozialisationsprozesse von den Produktionsverhältnissen zu erweisen[4]. Wir können an dieser Stelle nicht auf die komplizierten Probleme eingehen, die mit Versuchen dieser Art verknüpft sind; hingewiesen sei lediglich darauf, daß selbst rein marxistische Autoren ein einseitiges Determinationsverhältnis in der Regel nicht annehmen. Für eine didaktische Untersuchung ist noch heute *Bernfelds* Hinweis aus dem Jahr 1925 wichtig: „Es wird hingenommen wie ein gottgewolltes Schicksal alles Unterrichtens, daß es im Rahmen ... des jeweils gegebenen Schulwesens verläuft; und nicht einmal die Frage wird gesehen, welche Rückwirkungen dieser Rahmen auf den Unterrichtsprozeß hat" (*Bernfeld* 1973, S. 26). *Bernfeld* fordert eine Disziplin, „die man Instituetik nennen könnte" (S. 27). Diese gründet ihre Aussagen auf die Analyse der ökonomischen Basis des Systems, innerhalb dessen Schule und Unterricht verstanden werden müssen. Neben marxistischen Untersuchungen (z. B. *Beck* u. a. 1970, *Becker-Jungblut* 1972) liegt hierzu der für unseren Zusammenhang höchst bedeutsame Ansatz *Bronfenbrenners* vor, dessen Untersuchung der Wirksamkeit kompensatorischer Erziehung, nach *v. Hentigs* Worten, gekennzeichnet ist durch die Spannung zwischen ‚Sozialdeterminismus' und ‚pädagogischem Optimismus' (*Bronfenbrenner* 1974, S. 10). Der ‚Sozialdeterminismus' bezieht sich vermutlich auf *Bronfenbrenners* generell negative Einschätzung kompensatorischer Erziehung, wohingegen als optimistisch gelten kann, daß der Autor am Ende seiner Untersuchungen eine Förderung des Kindes auf ‚ökologischer Ebene' fordert, und das bedeutet „radikale Veränderungen in der unmittelbaren Umgebung der Familie des Kindes ..." (S. 144). Es bleibt abzuwarten, wie Forschungsansätze, die auf eine ‚Sozialökologie' als einer interdisziplinär arbeitenden Umweltforschung gerichtet sind[5], sich auswirken auf die Weiterentwicklung didaktischer Theoriebildung, insbesondere auf die ideologiekritische Einstellung einer kritisch-konstruktiven Didaktik.

Deutlich geworden ist bereits jetzt, in welcher Weise eine sozioökologisch orientierte Didaktik hinausweist über bloße Ideologiekritik. Indem hier nämlich nach der gesellschaftlich-ökonomischen Basis des Unterrichts gefragt wird, wird der in Fragestellungen dieser Art geschulte Lehrer nicht bei der theoretischen Feststellung offensichtlicher Diskrepanzen zwischen Zielen des Unterrichts und realen Herrschaftsverhältnissen stehen bleiben können. Er wird mit den Schülern auf Abhilfe sinnen müssen, wodurch Unterricht eine besondere politische Brisanz erhält. Überlegungen dieser Art zeigen jedoch auch, wie wenig die ‚didaktische Wende' das Praxis-Verständnis des Lehrers in der gegenwärtigen Situation der BRD bestimmen kann. So werden naturwissenschaftlich-mathematische Fächer in der Regel rein objektivistisch vermittelt, und selbst in Fächern mit politisch dimensionierten Inhalten bleibt die ökonomische Basis häufig verborgen. Das erinnert an die Kritik *Sèves*, der in Anlehnung an *Freud* vom ‚ökonomisch Unbewußten' in der kapitalistischen Gesellschaft spricht, das sich erklärt aus der immensen Schwierigkeit, die Mystifikationen aufzuklären, unter denen gesellschaftliche Verhältnisse hier erscheinen (*Sève* 1972, S. 229). Aber – und das gibt paradoxerweise Anlaß zu einem gewissen (pädagogischen) Optimismus: Disziplinierende Maßnahmen progressiven Lehrern gegenüber können auch als Anzeichen dafür gedeutet werden, daß das Bewußtsein von den praktisch-ökonomischen Voraussetzungen (und Konsequenzen) didaktischen Handelns zugenommen hat. Maßnahmen dieser Art wären sonst überflüssig.

Wir haben festgestellt, daß aufgrund neuerer sozialwissenschaftlicher Forschungen und Theorieansätze, deren Eindringen in die Allgemeine Didaktik und die eng damit verknüpfte Weiterentwicklung geisteswissenschaftlicher Didaktik zu einer kritisch-konstruktiven Theorie des Unterrichts von einer ‚didaktischen Wende' gesprochen werden kann, die auf mehreren Ebenen aufweisbar ist. Diese wurden als Aspekte eines größeren Zusammenhangs aufgefaßt und dargestellt. Es lassen sich hieraus die folgenden Forderungen ableiten, an denen sich Unterrichtstheorie und Unterrichtspraxis, sollen sie nicht hinter dem Stande des Möglichen bleiben, orientieren müssen:

- Die Stellung von Lehrer und Schülern im Unterrichtsprozeß muß, im Blick auf individualpsychologische und gruppendynamische Vorgänge, neu definiert werden (Interaktionsbezug).
- Unterrichtsprozesse sind für den Schüler durchschaubar und in ihren Entscheidungshorizonten nachvollziehbar zu machen, damit diese ihre Affekte, Bedürfnisse und Interessen in den Unterricht einbringen können (personaler Bezug).
- Dadurch gewinnt die Unterrichtsmethode ein anderes Verhältnis zu den am Unterrichtsprozeß beteiligten Personen und zur Thematik und Intentionalität: Sie muß selbst thematisiert und als Gegenstand der Verständigung zwischen Lehrer und Schülern zur Disposition gestellt werden (methodischer Bezug).
- Lernziele dürfen sich nicht ausschließlich auf den kognitiven oder pragmatischen Bereich beziehen; affektive Ziele sind *gleichwertig*. Das Verhältnis beider Bereiche zueinander ist, besonders im Blick auf die Unterrichts*themen* zu problematisieren (curricularer Bezug).
- Unterricht muß im Kontext des Schulsystems und dieses im gesamtgesellschaftlichen ökonomischen Zusammenhang gesehen werden (ökologischer Bezug).

II

Welchen Einfluß hat die ‚Wende' auf die Lehrerausbildung ausgeübt? Wir haben an anderer Stelle dargestellt, auf welche Schwierigkeiten der Versuch stößt, die Ausbildung der zweiten Phase an emanzipatorischen Prinzipien (im oben beschriebenen Sinne) zu orientieren (*Hoffmann* 1975). Der dort beschriebene Versuch wurde unternommen in Hessen, in der für Emanzipation so günstigen Zeit zwischen 1971 und 1973, und er konnte sich auf den Grundsatz stützen, den wir den ‚bildungspolitischen Informationen‘ des Hessischen Kultusministers 1/71 entnehmen: „Die Organisation emanzipatorischer Lernprozesse kann nur von einem Lehrer geleistet werden, der selbst in seiner Ausbildung emanzipatorische Lernprozesse durchlaufen hat, die nicht nur als Problem des Inhalts, sondern gerade auch als Problem der Kommunikation begriffen worden sind“ (S. 63). Grundsätze dieser Art erscheinen heute obsolet; und doch gibt es Belege dafür, daß ‚Emanzipation‘ noch nicht völlig aus der Lehrerbildungsdiskussion verschwunden ist. Der ‚Gießener Kriterienkatalog zur Beurteilung von Unterricht‘ (HLZ 1/2, 1976, S. 25–27) ist ein solcher Beleg. Planung und Durchführung von Unterricht sollen, so wird dort gefordert (und diese Forderung steht an erster Stelle), danach beurteilt werden, inwieweit es dem Lehrer gelungen ist, „die für die geplante Unterrichtseinheit wichtigen Bedingungen der Lerngruppe, sich selbst mit einbezogen, zu erfassen und bei den Entscheidungen zu berücksichtigen“ (S. 27). Es soll danach gefragt werden, wie der Lehrer die Lerngruppe an der Planung beteiligt hat, welche Beiträge die Lernziele im Hinblick auf die Selbstverwirklichung und Selbstbestimmung der Schüler leisten, inwieweit den Schülern die Möglichkeit gegeben wurde, im Lernprozeß „eigenständig, aktiv und zielgerichtet mitzuarbeiten . . .“. In den ‚Erläuterungen‘ wird Unterricht definiert als „ein gesellschaftlicher Prozeß . . ., der in einer demokratischen Gesellschaft ständig weiterentwickelbar sein muß“ (S. 26). So halten die Kriterien an einem pädagogischen Optimismus fest, der in einen unübersehbaren Widerspruch zur tatsächlichen Ausbildungssituation, die gekennzeichnet ist durch den Kampf um die gute Note, die Angst vor Arbeitslosigkeit und die dadurch entstehenden Abhängigkeiten, getreten ist. Aber wir wollen das Verdienst der Verfasser mit solchem Hinweis nicht schmälern; vielmehr im Gegenteil: Es ist wichtig, daß Ausbildungstheorieentwürfe an der Utopie emanzipatorischer Lehr- und Lernprozesse festhalten, damit die Misere der Praxis nicht als unveränderbares Schicksal erscheint!

Im nächsten Abschnitt ist an drei Beispielen zu zeigen, wie auf ‚Emanzipation‘ (den Kernbegriff solcher Theorie) gegründeter Unterricht in einen Selbstwiderspruch gerät, der nicht durch die erwähnten *äußeren* schwierigen Ausbildungsbedingungen herbeigeführt wird, dessen Ursachen vielmehr tiefer liegen. Wir wollen zeigen, wie das durch die ‚didaktische Wende‘ bereitgestellte Instrumentarium zur Aufdeckung solcher Ursachen genutzt werden kann; wir beabsichtigen damit auch, eine Art Rückmeldung aus der Praxis an die wissenschaftliche Forschung zu geben, aus der sich weiterführende Fragestellungen und Hypothesen formulieren lassen. Dadurch wird der für jede erziehungswissenschaftliche Theoriebildung unabdingbare Praxisbezug hergestellt, ebenso der für die Ausbildung und den Unterricht genauso unabdingbare Theoriebezug.

III

Die folgenden Unterrichtsbeispiele entstammen der Schulpraxis eines hessischen Gymnasiums; in den Fällen A und B sind Referendare die Lehrer, den Fall C teilen wir mit, weil die innere Widersprüchlichkeit, in die emanzipatorische Unterrichtsplanung und Unterrichtsführung sich verstricken können, hier auf der personalen Ebene besonders deutlich hervortritt.

A. Gegenstand des Unterrichts ist ‚literarische Rezeption am Beispiel der Darstellung Probleme Jugendlicher'; das Thema der Stunde lautet: „Die DDR-Rezeption von *Ulrich Plenzdorfs* ‚Leiden des jungen W.' – Inhalt und Voraussetzungen der Kritik." Den Schülern liegen zwei Leserbriefe an die Redaktion von ‚Sinn und Form' vor, die ganz verschiedene Positionen kritischer Literaturbetrachtung erkennen lassen. Im Unterrichtsentwurf werden die folgenden ‚Zielhypothesen' formuliert: „Die Schüler sollen erkennen, daß es in der DDR verschiedene Positionen hinsichtlich der Beurteilung und Interpretation des Stückes von *Plenzdorf* gibt . . .; daß die Erwartungshaltung gegenüber Literatur bzw. Theaterstücken die Voraussetzung der Kritik bildet; . . . daß beide Autoren trotz sonstiger unterschiedlicher Standpunkte von der Literatur die Abbildung von für die Gesellschaft Repräsentativem verlangen." Die Schüler, so lassen sich die Ziele zusammenfassend kommentieren, sollen erfahren, daß Kritik nicht voraussetzungslos ist, daß in sie persönliche Überzeugungen, Interessen, Bedürfnisse etc. einfließen, daß es in der DDR jedoch eine gemeinsame Basis gibt, und das ist die Einstellung der bestehenden Gesellschaft gegenüber. In dem Entwurf steht nichts darüber (und auch im Verlauf der Stunde wird das nicht erkennbar), wie man diese Relativität literarischer (und wohl auch sonstiger!) Kritik einzuschätzen habe, ob es nicht z. B., wenn die Position des Kritikers durchschaut ist, doch irgendwo ‚darunter' objektive Maßstäbe gibt, die eine gewisse Sicherheit verbürgen, ‚das Richtige' gefunden zu haben – das alles bleibt offen, und so müßten die Schüler, die ja ihrerseits in der Situation von ‚Rezipienten' sind, an sich selbst die Erfahrung machen können, daß auch sie die Texte von einem bestimmten Vorverständnis aus angeben, das z. B. bestimmt sein könnte durch ihre Einstellung der DDR gegenüber. Selbstverständlich trifft das auch auf den Lehrer zu. Erfahrungen dieser Art muß der Unterricht vermitteln, damit die Inhalte vom Schüler nicht objektivistisch, d. h. rein informativ zur Kenntnis genommen werden, was der Zielsetzung widerspräche. Aber hier ist zu fragen, ob der Lehrer, der ja zeigen soll (im Examen beispielsweise), daß er Ziele erreichen kann (auch wenn diese – als Konzession an eine bestimmte Didaktik offenbar! – nur als ‚Hypothesen' formuliert werden), daß er Schüler ‚führen', Unterrichtsprozesse ‚steuern' kann, ob in einer solchen Situation eine der Zielsetzung wirklich entsprechende Unterrichtsform überhaupt möglich ist! So werden die Schüler häufig lediglich informiert darüber, daß es die Abhängigkeit des Textverstehens von eigenen Erwartungen, Vorerfahrungen und Interessen gibt, aber die Erkenntnis bleibt ihnen äußerlich. Greifbar wird dies als Widerspruch zwischen Intentionalität und Unterrichtsführung in Lehrerbemerkungen, wie z. B.: „Das will ich genauer hören" (als ein Schüler sich nicht ganz klar ausgedrückt hat, wie der Lehrer meint) oder „Ist das richtig?" auf eine Schülerantwort, die (nach Lehrermeinung) den Text nicht trifft. ‚Sprachspiele' (*Bellack* u. a. 1974) dieser Art lassen erkennen, daß der Lehrer es sich nicht leisten kann, Mißverständnisse oder Fehlinterpretationen in ihren Verursachungszusammenhängen aufzuklären (oder sie gar, je nach der eigenen Position, als besondere ‚Verstehensweise' gelten zu lassen!), denn er muß seine Ziele an*steuern*, auch wenn das Steuern jenen widerspricht. Anstatt, methodisch formuliert, im und durch den Unterrichtsprozeß verschiedene Positionen entstehen zu lassen, hervortreten zu lassen, um sie dann zu diskutieren mit den Schülern, versucht der Lehrer, den Erkenntnisprozeß als Unterricht sichtbar zu machen und vorzuführen, und das geht nur im sog. ‚gelenkten Unterrichtsgespräch', das bestimmten Mustern folgt und dadurch Besonderheiten nivelliert. Es wäre absolut verfehlt, dem Lehrer den Rat zu geben, er solle seine Sprache ändern – wohin ein solches Kurieren am Sympton führt, ist treffend an der Analyse einer von *R. Tausch* gehaltenen Unterrichtsstunde gezeigt worden (*Zehrfeld/Zinnecker* 1973).

B. Auch in unserem zweiten Fall handelt es sich um eine Deutschstunde (Kl. 8). Gegenstand ist *Brechts* ‚Fragen eines lesenden Arbeiters', das Thema lautet: „Inhaltliche Selektion bei der Vermittlung von Wissen am Beispiel der Geschichtsschreibung". Dem Schüler soll anhand des *Brecht*-Gedichts (ob das dazu taugt, muß hier außer Betracht bleiben) gezeigt werden, „daß Fakten eines Wissensgebietes . . . selektiv vermittelt werden können . . ." (aus dem Unterrichtsentwurf). Dabei soll am Ende die Erkenntnis gewonnen werden können, daß auch in der Schule erworbenes Wissen Ergebnis einer bestimmten, interessengeleiteten Selektion ist. Als Lernziel formuliert der Lehrer: „Die Schüler sollen lernen, daß Ansichten beeinflußbar sind . . ., daß Informationsauswahl den Aussagewert der Information bestimmt, und daß diese Tatsache auch für in der Schule vermitteltes Wissen gilt." Die Schwierigkeit für den Lehrer liegt nun darin, daß das auch auf seine eigene Stunde zutrifft, worin andererseits die Chance liegt, daß die Schüler das, was sie lernen sollen, sozusagen am eigenen Leibe erfahren können. Hier wäre, wie im Falle A, die Möglichkeit gegeben, den ‚subjektiven Faktor' fest auf den Unterrichtsinhalt zu beziehen. Aber auch hier wird durch den Unterrichtsprozeß das subjektive Moment weg*gesteuert*. Es wird zwar, bei sehr offener Aufgabenstellung, in Gruppen gearbeitet, das Klima ist angstfrei und entspannt, und am Ende sammelt der Lehrer die Ergebnisse. Er selbst hält sie, um die Zielerreichung augenfällig zu machen, an der Tafel fest. So wird allen sichtbar vor Augen geführt: Nicht die Könige haben Theben erbaut (wie unser Geschichtsbuch schreibt), sondern die Sklaven, die Maurer etc. Und vielleicht wäre keinem der Beteiligten etwas aufgefallen, hätte nicht ein Schüler (halblaut, für den Beobachter jedoch deutlich vernehmbar) zu seinem Nachbarn gesagt: „Das mußte ja so kommen", und damit meinte er die die Zielsetzung repräsentierende Schlußerkenntnis, die am Ende der Stunde (z. B. für eine Prüfungskommission) abhakbar vorhanden sein muß. So hat auch in diesem Falle der Unterrichtsverlauf mit seiner ‚teleologischen' Struktur (also nicht notwendig und allein die Vorführsituation, sondern ein noch tieferliegender Zwang) das Emanzipatorische zerstört. Die Schüler wurden manipuliert, um Manipulation erkennen zu können, und keiner hat sie darüber aufgeklärt. Hier wird deutlich, daß sich, besonders in den sozialwissenschaftlichen Inhalten nahestehenden Fächern, emanzipatorische Themen unschwer formulieren lassen, daß sich jedoch die Methodenreflexion häufig dem Emanzipatorischen entzieht. Die Neueinschätzung der Unterrichtsmethode, von der oben die Rede war, fällt dem Lehrer offenbar schwerer, als das Einbeziehen emanzipatorischer

Ziele in seine Unterrichtsplanung. Das hat Gründe, auf die wir noch einzugehen haben.

C. In diesem Fall haben wir es mit einem Sprachkurs der Klasse 11 zu tun: Sprachliche Übungen und Sprachreflexion. In seinem Kursangebot hat der Lehrer, offenbar bewußt den ‚subjektiven Faktor' ansteuernd, seine Absichten in folgender Weise formuliert: „In diesem Kurs kommt es darauf an, die sprachliche Übung ... mit dem Nachdenken über Sprache so zu verknüpfen, daß die Kursteilnehmer ihre eigenen Sprachprobleme im gesellschaftlichen Zusammenhang von Schule und Unterricht erkennen können. Dabei sollen sie angeleitet werden, ihre eigenen Interessen zu finden und sich diesen entsprechend im Kurssystem der Sekundarstufe II zu verhalten ..." Es zeigt sich, daß Thema („10 Jahre Schüler – Erinnerungen, Erfahrungen und Beobachtungen") und Zielsetzung die Schüler stark motivieren zur Mitarbeit. Es werden Schulerinnerungen formuliert, Bilder gezeigt (Einschulung), Fälle von Lehrer-Schüler-Konfrontation geschildert usw. Am Ende ist eine interessante Sammlung von Fällen aus der Schulpraxis zu verschiedenen Themen aus verschiedenen Perspektiven entstanden. Aber auch in einem solchen Kurs müssen Berichte geliefert (und das bedeutet: Termine eingehalten), Protokolle und Klassenarbeiten geschrieben und schließlich Noten gegeben werden, und das mindert auch die stärkste Motivation. Der Schulalltag schleicht sich ein, und damit tritt auch hier ein Widerspruch hervor, der darin liegt, daß ein Lehrer eine Schülergruppe aufklären will über Schule und Unterricht durch Unterricht in der Schule. Auch hier können wir den sprachlichen Beweis für die Unvereinbarkeit des ‚subjektiven' mit dem ‚objektiven' Faktor in der Unterrichtsplanung und -realisierung unter den gegenwärtigen Bedingungen bringen, und dieser kam auf die folgende Weise zustande: Die Schüler hatten einen Schlußbericht zu liefern, wobei eine Gruppe sehr in Verzug geriet. Als auch der letzte (vom Lehrer ‚gewährte'!) Termin nicht eingehalten wurde, wies dieser, ungeduldig werdend, darauf hin, daß er nun auf den Bericht verzichten wolle. Ihm sei es, sagte er dazu, ganz unverständlich, daß gerade schwache Schüler ihre Verpflichtungen so wenig ernst nähmen, anstatt die in den geringen Anforderungen liegende Chance zu nutzen. Der Lehrer erhielt die Antwort am nächsten Tag in Form eines Briefes, der ihm mit dem Bericht zusammen auf den Tisch gelegt wurde. Wir zitieren daraus: „Bei einer Besprechung unserer Gruppe konnten wir uns über eine Frage nicht einigen. Kann es bei einem ‚guten' Lehrer durch Versagen der Schüler zu Konflikten kommen, oder wird er versuchen, hinter Gründe und Ursachen des Versagens zu kommen, um sie zu beheben. Peter und Gerd vertraten die zweite Meinung. Ich hielt es für wahrscheinlicher, daß auch ‚gute' Lehrer durch krasses Versagen der Schüler in Wut geraten würden und die betreffenden Schüler bestrafen würden. Auf die Gefahr hin, Ihr Selbstbewußtsein übermäßig zu stärken, haben wir Sie als ‚Testobjekt' ausgesucht. ... Wir haben zu diesem ungewöhnlichen Mittel gegriffen, da die Beantwortung der Frage sehr wichtig für die Verteilung der ‚Schuld' an Konflikten in der Schule ist, mit denen wir uns befassen wollen. Kann man von einem ‚guten' Lehrer erwarten, immer Gründe und Ursachen von Versagen zu erforschen, oder ist er damit überfordert? Ihre Reaktion auf unser ‚Versagen‘ könnte diese Frage zumindest teilweise beantworten.“ Nach der erfreulich milden Interpretation der Gruppe ist also der Lehrer überfordert. Daß der Brief zu einer lebhaften Auseinandersetzung innerhalb des Kurses führte, sei hier nur angemerkt.

IV

An drei Beispielen aus dem Bereich geisteswissenschaftlicher Unterrichtsfächer (eine Übertragung auf Mathematik und Naturwissenschaften steht noch aus, wobei zunächst zu fragen wäre, ob die Unterscheidung überhaupt gemacht werden sollte) versuchten wir zu zeigen, wie Themen mit emanzipatorischem Gehalt, d.h. solche, in denen Rezeption von Inhalten, schulischer Wissenserwerb oder Interaktionsverhältnisse problematisiert werden, das emanzipatorische Ziel verfehlen können, weil a) die berufliche Situation des Lehrers (also nicht nur die Ausbildungssituation des Referendars) und b) das Bewußtsein des Lehrers, d.h. sein Selbst- und Unterrichtsverständnis (wobei a) und b) in engem Zusammenhang gesehen werden müssen), den Anforderungen eines solchen Unterrichts nicht entsprechen. So geht das emanzipatorische Lernpotential verloren, und übrig bleibt die inhaltliche Information über einen Sachverhalt. Es entsteht der Widerspruch zwischen Unterrichtsinhalt und Unterrichtsziel auf der einen und Unterrichtsführung auf der anderen Seite. Man könnte hier – in Anlehnung an *Watzlawicks* Darstellung der ‚Doppelbindung‘ – von einer ‚pädagogischen Beziehungsfalle‘ sprechen: Dem Schüler wird „eine Mitteilung gegeben, die a) etwas aussagt, b) etwas über die eigene Aussage aussagt (und zwar durch die Art, wie der Unterrichtsprozeß abläuft – *W. H.*) und c) so zusammengesetzt ist, daß diese beiden Aussagen einander negieren bzw. unvereinbar sind“ (*Watzlawick* u.a. 1974, S. 196). In allen drei Fällen wird etwas ausgesagt (Fall A: ‚Interpretationen hängen von der Position des Rezipienten ab‘; Fall B: ‚Schulisches Wissen ist Ergebnis interessegeleiteter Selektion‘; Fall C: ‚In der Schule lassen sich Konflikte rational lösen‘), es wird etwas über die eigene Aussage ausgesagt, und beide Aussagen widersprechen einander (Fall A: Der Lehrer legt Schüler-Antworten auf ‚falsch‘ und ‚richtig‘ fest, obzwar die solche Eindeutigkeit ausschließende Abhängigkeit von Aussagen von der Position des Sprechers gelehrt werden soll; Fall B: Der Lehrer ‚manipuliert‘ durch seine didaktisch-methodischen Maßnahmen die Erkenntnis, daß schulisches Wissen Ergebnis manipulierender Selektion sei, ohne darüber aufzuklären; Fall C: Der Lehrer ‚interpretiert‘ das Verhalten einer Gruppe von Schülern, ohne sich mit diesen darüber auseinanderzusetzen, obwohl ‚rationale Konfliktlösung‘ Unterrichtsthema ist). In allen drei Fällen ist hiernach der Lehrer die Ursache für das Entstehen der Doppelbindung – genauer: seine Dominanz im Unterrichtsprozeß: Er bestimmt Inhalte und Ziele, er legt den Ablauf fest und er führt den Unterricht.

Glücklicherweise, muß man wohl sagen, reagiert der Schüler hierauf in der Regel nicht, denn er ist mit Situationen dieser Art vom Beginn seiner Schulzeit an vertraut. Indessen sind die Folgen eines solchen Unterrichts noch nicht hinlänglich beschrieben. Indem das emanzipatorische Lernpotential der Thematik durch den

Unterrichts*prozeß* widerlegt wird, sinkt Emanzipation ab zum bloßen Schein; was ‚didaktischer Wende' verpflichtet schien, ist jetzt nichts weiter als die Einbeziehung ‚modischer Inhalte' in den Unterricht (wie Comics, Trivialliteratur, Familie, Atommodell etc.), und Didaktik, als ‚kritisch-konstruktive Theorie' bemüht, die breite Kluft zwischen Wissenschaft und Unterricht zu überbrücken, erscheint am Ende genauso praxisfern, wie zahlreiche andere, vorgeblich allein empirisch-analytischen Methoden verpflichtete pädagogische Konzeptionen.

Werden nämlich die wirklichen Ursachen für das Mißlingen des auf Emanzipation angelegten Unterrichts nicht aufgedeckt (wozu, wie deutlich geworden sein dürfte, *sämtliche* Aspekte der ‚didaktischen Wende' in das Bewußtsein des Lehrers gerückt werden müßten), entsteht die Gefahr, daß ‚Kritische Didaktik' ihren emanzipatorischen Anspruch verliert und mit diesem ihren Praxisbezug. Anders formuliert: Kritische Didaktik ist auf eine ganz besondere Weise auf Rückmeldungen aus der Praxis angewiesen (was sich neben anderem auch darin zeigt, daß ‚Handlungsforschung' die ihr angemessene wissenschaftliche Methode darstellt (vgl. *Klafki* 1973). Bleiben diese aus, werden ihre Vertreter, wie die vieler anderer didaktischer Theorien auch, sich konzentrieren auf die Erweiterung und Differenzierung des begrifflichen Instrumentariums, d.h. auf die Binnenstrukturen des Systems; auf diese Weise wird aus der auf Wirkung und Praxisveränderung angelegten Konzeption eines der zahlreichen Glasperlenspiele, die den ratsuchenden Leser pädagogischer Fachzeitschriften so unzufrieden zurücklassen – weit hinter sich!

Es kommt hinzu, daß die Erkenntnisse und Prinzipien, und besonders der emanzipatorische Anspruch der kritisch-konstruktiven Didaktik, weder im Bereich der Schulverwaltung noch bei der Mehrheit der Lehrer auf eine starke Rezeptionsbereitschaft treffen. So wird es zunehmend schwieriger, in der Lehrerausbildung der zweiten Phase den emanzipatorischen Anspruch, der unter den gegenwärtigen Bedingungen Lehrer und Schüler so leicht in eine Beziehungsfalle laufen läßt, aufrechtzuerhalten.

Will man das trotz der Schwierigkeiten versuchen, so gilt es, den wissenschaftlichen Hintergrund, die Wirkung und die Problematik emanzipatorischen Unterrichts fest im Bewußtsein des Referendars zu verankern. Und das heißt praktisch: Der Referendar muß die ‚didaktische Wende' als einen pädagogisch-historischen Entwicklungsprozeß, auf dessen Darstellung, wie bemerkt, hier verzichtet werden mußte, und als einen theoretischen Zusammenhang mit verschiedenen Aspekten (vgl. oben) verstehen lernen. Die Frage, ob das nicht in die erste Ausbildungsphase gehört, kann hier offenbleiben; die Grenze zwischen beiden Phasen muß solange als offen bezeichnet werden, wie die Voraussetzungen, die Referendare von verschiedenen Hochschulen mitbringen, so stark voneinander abweichen, wie das noch immer der Fall ist. Wir werden in einer Schlußbemerkung auf das Problem zurückkommen. Eine Ausbildungskonzeption, deren theoretische Basis die ‚didaktische Wende' darstellt, und deren Praxis auf die Vermittlung emanzipatorischer Lehr- und Lernprozesse abzielt, muß Umwertungen vornehmen. Nicht mehr die Planungstätigkeit steht im Mittelpunkt der Ausbildung, sondern die Unterrichtsanalyse tritt gleichwertig neben sie. Ihr ist von seiten der Kultusministerien, soweit wir informiert sind, bislang nirgends ein der Planung entsprechendes Eigengewicht zuerkannt worden. So ist auch in dem Entwurf der ‚neuen Richtlinien für die pädagogische Ausbildung' des Hessischen Kultusministers von Analyse zunächst nur im Hinblick auf den zu planenden Unterricht die Rede; und wenn es schließlich heißt (als fünfte von sechs in § 2 genannten Qualifikationen): „Der Referendar soll den durchgeführten Unterricht analysieren können", so bezieht sich auch diese Formulierung ausschließlich auf den Vergleich zwischen Planung und Realisierung des Geplanten. Analyse, bedeutet das, erscheint nicht als die Reflexion eines Interaktionsprozesses zwischen prinzipiell gleichgestellten Personen, sondern als pädagogische Veranstaltung des Lehrers. Es fehlt die Erkenntnis von der dialektischen Struktur des Unterrichtsprozesses, die, solange die Aufmerksamkeit auf Planung und Zielerreichung gerichtet ist, verborgen bleiben muß. Diese Dialektik müßte, soll der Widerspruch von Unterrichtsthema und Unterrichtsführung, von, wie gezeigt werden konnte, Sach- und Beziehungsstrukturen mit all seine Konsequenzen bewußt und damit vermeidbar werden, auf drei Ebenen erfahrbar und durchschaubar werden für die Beteiligten (d.h. Referendar, Ausbilder, Schüler):

a) Auf inhaltlicher Ebene: Der Unterricht bedarf eines Themas und einer Zielsetzung, an der Lehrer und Schüler sich orientieren, aber er ist zu gleicher Zeit ein Thematisierungs- und Zielfindungsprozeß. Ohne eine solche Auffassung vom Unterrichtsprozeß ist Schülerbeteiligung eine Farce. Eng damit zusammen hängt die methodische Ebene (b). Die unterrichtliche Vermittlung einer Thematik setzt methodische Entscheidungen voraus, andererseits entfalten Thema *und* Methode sich erst gemeinsam im Unterrichtsprozeß. Es gehört zur Wesensbestimmung von Unterricht, daß sich die Beteiligten diesen Vorgang ständig bewußt machen (bewußtes Lernen). c) Die personale Ebene: Der Lehrer ‚bringt den Schülern etwas bei', aber er ist dabei gleichzeitig ein Lernender. Dahinter steht die Erkenntnis, daß jedes Lebensalter einen originären Zugang zu einem Sachverhalt hat, wenn dieser (bzw. sein Problemhorizont) altersspezifisch präsentiert wird. Erfolgt eine Präsentation dieser Art, wird der Lehrer automatisch zum Lernenden; andernfalls versperrt er sich den Zugang zu Lernprozessen, von denen seine eigene Weiterbildung wesentlich abhängt. Überdies wird es nur durch Reziprozität des Lernens möglich sein, die Interessen und Bedürfnisse der Beteiligten sowie gruppendynamische Vorgänge in den Unterrichtsprozeß einzubeziehen. Zusammengefaßt: Die ‚didaktische Wende' wird nur in einem dialektischen Unterrichtsverständnis, dessen Entwicklung davon abhängt, daß die Prädominanz der Unterrichtsplanung in der Ausbildung aufgegeben wird, erfahrbar und für die Unterrichtspraxis nutzbar.

Die hierzu erforderlichen, interdisziplinär organisierten, politisch reflektierten und an Unterrichtspraxis orientierten Ausbildungsveranstaltungen müssen als Projekte konzipiert werden. Vorschläge dazu sollen an anderer Stelle gemacht werden.

Zum Schluß noch zwei ausbildungspraktische Hinweise: 1. Referendarunterricht sollte, besonders in der ersten Hälfte der Ausbildung als ‚Anwendungsfall' theoretischer Erörterungen aufgefaßt werden. Nur wenn das geschieht, kann, anknüpfend an die erste Phase, das ‚Innovatorische' der ‚didaktischen Wende' in die Ausbildung der zweiten Phase eingebracht werden. Es ist dies das dynamische Moment, das, auf den Unterricht als Interaktionsprozeß bezogen, dem Lehrer zu seinem Rollen- und Funktionsverständnis verhelfen kann. 2. Ausbildungsziele, die an der ‚didaktischen Wende' orientiert sind, müssen auch die erste Ausbildungsphase bestimmen. Dabei wäre das Problem zu diskutieren, wie man Lehrer ohne Schule und Schüler ausbilden kann. Ob es sich lösen läßt durch Praktika, muß offenbleiben. Es liegt nahe, die Lösung in einer einphasigen Ausbildung zu suchen.

Anmerkungen

1 Auch *Uhles* Untersuchung der geisteswissenschaftlichen Pädagogik und der kritischen Erziehungswissenschaft leistet das, obzwar der Titel es zu versprechen scheint, nicht (1976).
2 ABL. d. Hess. KM 7/70, S. 799/800.
3 Vielleicht gehört hierher auch die KMK-Erklärung zur Stellung des Schülers in der Schule (ABL. d. Hess. KM 6/73, S. 836–874), in der freilich auf die emanzipatorische Erklärung stets die Einschränkung folgt – offenbar das Ergebnis eines Kompromisses der Kultusminister!
4 Vgl. hierzu z. B. *Fromm* 1970, *Kilian* 1971, *Mollenhauer* 1972 und *Sohn-Rethel* 1972 und meinen eigenen Versuch (*Hoffmann* 1975), im Anschluß an *Mollenhauer* und *Sohn-Rethel* die Ergebnisse meiner Untersuchung zur Lehrerbildung aus der Sicht einer materialistischen Gesellschaftstheorie zu interpretieren (S. 180/81), *Sève* 1972 und *Vinnai* 1973.
5 Eine ausführliche Darstellung des Forschungsstandes findet sich bei *Walter* 1973.

Literatur

Apel, K. O. (Hrsg.): Sprachpragmatik und Philosophie. Frankfurt a. M. 1976.

Beck, J. u. a.: Erziehung in der Klassengesellschaft. München 1970.
Becker, E./Jungblut, G.: Strategien der Bildungsproduktion. Frankfurt a. M. 1972.
Bellack, A. A. u. a.: Die Sprache im Klassenzimmer. Düsseldorf 1974.
Bernfeld, S.: Sisyphos oder die Grenzen der Erziehung. Frankfurt a. M. 1973 (1925).
Blumer, H.: Der methodologische Standort des symbolischen Interaktionismus. In: Arbeitsgruppe Bielefelder Soziologen (Hrsg.): Alltagswissen, Interaktion und gesellschaftliche Wirklichkeit. Hamburg 1973, S. 80–146.
Bronfenbrenner, U.: Wie wirksam ist kompensatorische Erziehung? Stuttgart 1974.

Callies, E. u. a.: Sozialwissenschaft in der Schule. Stuttgart 1974.
Cohn, R. C.: Von der Psychoanalyse zur themenzentrierten Interaktion. Stuttgart 1975.

Fromm, E.: Analytische Sozialpsychologie und Gesellschaftstheorie. Frankfurt a. M. 1970.
Fürstenau, P.: Zur Psychoanalyse der Schule als Institution. In: *P. Fürstenau* (Hrsg.): Der Psychoanalytische Beitrag zur Erziehungswissenschaft. Darmstadt 1974, S. 264–283.

Heinze, T.: Unterricht als soziale Situation – zur Interaktion von Schülern und Lehrern. München 1976.
Hochheimer, W.: Zur Tiefenpsychologie des pädagogischen Feldes. In: Dtsch. Sch. 3 (1959), S. 101–119.
Hoffmann, W.: Beschreibung, Analyse und Planung von Unterricht als Kernstück der Gymnasiallehrerausbildung in der Zweiten Phase. Bern, Frankfurt a. M. 1975.
Horn, K. (Hrsg.): Gruppendynamik und der ‚subjektive Faktor'. Frankfurt a. M. 1972.
Hurrelmann, K.: Erziehungssystem und Gesellschaft. Hamburg 1975.

Kilian, H.: Das enteignete Bewußtsein. Neuwied 1971.
Klafki, W.: Das pädagogische Problem des Elementaren und die Theorie der kategorialen Bildung. Weinheim, Berlin 1959.
ders.: Erziehungswissenschaft als kritisch-konstruktive Theorie. In: Z. f. Päd. 16 (1971), S. 351–385.
ders.: Handlungsforschung im Schulfeld. In: Z. f. Päd. 18 (1973), S. 487–516.
ders.: Zum Verhältnis von Didaktik und Methodik. In: Z. f. Päd. 22 (1976), S. 77–94.

Mitscherlich, A.: Auf dem Weg zur vaterlosen Gesellschaft. München 1963.
Mollenhauer, K.: Theorien zum Erziehungsprozeß. München 1972.

Richter, H. E.: Die Gruppe. Hamburg 1972.
Roth, H.: Die realistische Wendung in der Pädagogik. In: Neue Sammlung 1962, S. 481 ff.

Sève, L.: Marxismus und Theorie der Persönlichkeit. Frankfurt a. M. 1972.
Sohn-Rethel, A.: Geistige und körperliche Arbeit. Frankfurt a. M. 1972.

Uhle, R.: Geisteswissenschaftliche Pädagogik und kritische Erziehungswissenschaft. München 1976.

Vinnai, G.: Sozialpsychologie der Arbeiterklasse. Hamburg 1973.

Walter, H. (Hrsg.): Sozialökologie – neue Wege in der Sozialisationsforschung. (Sozialisationsforschung. Bd. 3). Stuttgart-Bad Cannstatt 1975.
Watzlawick, P. u. a.: Menschliche Kommunikation. Bern [4]1974.
Wellendorf, F.: Schulische Sozialisation und Identität – zur Sozialpsychologie der Schule als Institution. Weinheim 1973.

Hans Jürgen Finckh

Ist die kritisch-konstruktive Theorie ein „unbrauchbares Ideenkonglomerat"?

Zu einer Auseinandersetzung über die wissenschaftstheoretische Grundlegung der Erziehungswissenschaft im allgemeinen und der Didaktik im besonderen

I. Vorbemerkung

Im folgenden Beitrag wird auf eine konkrete pädagogisch-wissenschaftstheoretische Kontroverse Bezug und zu ihr Stellung genommen. Die Argumentationsebene, auf der diese kontroverse Diskussion geführt wird, bringt es mit sich, daß auch in der vorliegenden Stellungnahme vorwiegend auf der Ebene der allgemeinen Erziehungswissenschaft argumentiert wird. Das bedeutet aber nicht, daß die auf dieser Ebene erörterten Probleme im Hinblick auf die Ebene der Didaktik irrelevant wären; im Gegenteil. Da es zwischen der Erziehungswissenschaft im allgemeinen und der Didaktik im besonderen – wie einmal in vergleichbarem Zusammenhang formuliert worden ist – „keine prinzipiellen Unterschiede hinsichtlich der Forschungsmethodik oder der Kriterien der Theoriebildung (gibt)" (*Klafki* 1976, S. 79), betreffen die folgenden Ausführungen grundsätzlich auch die erziehungswissenschaftliche Teildisziplin ‚Didaktik'; sie können also nicht nur, sondern sie sollen auch als solche verstanden werden, die auf eine Transponierung auf die besondere didaktische Ebene angelegt sind.

Die beiden unterschiedenen Ebenen sind aber nicht nur wechselweise ineinander überführbar, sondern auch auf eine ihnen *gemeinsame* Grundproblematik, auf die hier im Mittelpunkt stehende Frage nach ihrer wissenschaftstheoretischen Grundlegung, bezogen: Es ist ja ein und derselbe Problemzusammenhang, der erörtert wird, wenn es darum geht, begründet festzulegen, als was „Erziehungswissenschaft generell und Didaktik speziell" (S. 77) *wissenschaftstheoretisch* zu verstehen ist. So gesehen, wird im folgenden nicht nur implizit, sondern auch explizit ein (auch) didaktisches Problem angesprochen.

II. Problemstellung

Der im Titel formulierten Frage liegt eine Behauptung zugrunde: *Franz Hofmann* (Nationalpreisträger, Direktor der Sektion Erziehungswissenschaften der *Martin-Luther-Universität* in Halle-Wittenberg) kommt in seinem Beitrag „Zur Situation der pädagogischen Wissenschaft in der BRD" (*F. Hofmann* 1973 a) zu dem Schluß, daß es sich bei der von *Wolfgang Klafki* in ihren Grundzügen entwickelten, die Didaktik ausdrücklich mit einbeziehenden „Erziehungswissenschaft als kritisch-konstruktive Theorie: Hermeneutik, Empirie, Ideologiekritik" (*Klafki* 1971) um ein „Ideenkonglomerat" handelt, dem zwar „exemplarische Bedeutung" für den in der BRD geführten „ideologischen Klassenkampf" „für die Stabilisierung des Imperialismus und . . . gegen den Marxismus-Leninismus" beizumessen, das aber in wissenschaftstheoretischer Hinsicht „bestenfalls" als „unbrauchbar" zu bezeichnen sei (*F. Hofmann* 1973 a, S. 273, 277)[1]. So sehr dieses Urteil dazu verführen mag, die von *F. Hofmann* selbst als „kritisch und in die Tiefe der Problematik vordringend" charakterisierte Stellungnahme als Polemik anzusehen[2] und sie – wie es meines Wissens bisher geschehen ist – undiskutiert auf sich beruhen zu lassen, so besteht doch kein Zweifel, daß eine nüchterne Untersuchung dieses Versuches einer „marxistisch-leninistischen Klärung im Bereich der Grundfragen der Pädagogik" (*F. Hofmann* 1973 a, S. 273) angebracht ist. Als besonders interessant erweist sich eine solche Untersuchung, wenn sie, wie es im folgenden versucht wird, in wissenschaftstheoretischer Hinsicht nicht nur aus der Perspektive der von *F. Hofmann* so genannten „imperialistischen Pädagogik", sondern auch von jenem Standpunkt aus durchgeführt wird, der in der DDR zweifellos nicht im Verdacht steht, eine antikommunistische „Unterwanderung der sozialistischen Pädagogik" (S. 277, 273) zu intendieren, nämlich vom Standpunkt der Sowjetpädagogik aus, wie er von der *Akademie der pädagogischen Wissenschaften der UdSSR* vertreten und im Hinblick auf die hier allein interessierende Frage nach der „wissenschaftstheoretischen Ortsbestimmung" (*Klafki* 1971, S. 351) der Erziehungswissenschaft im allgemeinen und der Didaktik im besonderen von *R. G. Gurowa* erläutert wird (*Gurowa* 1972).

Die doppelte Perspektive der nachfolgenden Analyse bringt Problemfelder zum Vorschein, die im begrenzten Rahmen eines Aufsatzes nur genannt, nicht aber besprochen werden können. Dabei handelt es sich vor allem um zwei eng miteinander zusammenhängende Probleme, nämlich erstens um den Sachverhalt, daß zwischen den wissenschaftstheoretischen Positionen *F. Hofmanns* und *R. G. Gurowas* Widersprüche bestehen, so daß zu fragen wäre, ob die marxistisch-leninistische Pädagogik tatsächlich den monolithischen Charakter hat, der ihr von westlicher Seite oft, von östlich-offizieller Seite immer zugeschrieben wird[3]; zweitens handelt es sich um die Tatsache, daß zwischen *W. Klafkis* und *R. G. Gurowas* wissenschaftstheoretischen Ortsbestimmungen der modernen Erziehungswissenschaft und Didaktik Analogien bestehen, daß beide Positionen in wenigstens *einem* zentralen Punkt sogar direkt miteinander verglichen werden können, wodurch Fragen aufgeworfen werden wie z. B.: Deutet sich in diesem Sachverhalt eine Ideologiefreiheit, zumindest aber Wertambivalenz der ‚allgemeinen Grundlagen der Pädagogik' an, würde das die Notwendigkeit bedeuten, einen ‚rein' instrumentellen Charakter der auf die Erziehungswirklichkeit bezogenen bzw. ihrer Erkenntnis zugrundeliegenden Wissenschaftstheorie anzuerkennen, oder verhält es sich am Ende so – was für konservative Pädagogen in der BRD eine abgemachte Sache[4], für die meisten Erziehungswissenschaftler der DDR dagegen eine inakzeptable Unterstellung[5] ist –, daß die Erziehungswissenschaft als marxistisch-leninistische und als kritisch-konstruktive Theorie wenn nicht dieselbe, so doch eine ähnliche philosophisch-methodologische Grundlage haben, und wie wäre diese zu charakterisieren: als „auf der Höhe ihrer Zeit“ (*Gurowa* 1972, S. 183; vgl. *Klafki* 1971, S. 385) stehend oder als „unhaltbar“ und „wissenschaftlich absolut unbegründet“ (*Meves* 1976, S. 2270)? – Diesen Fragen gegenüber kommt der folgenden Analyse der *Hofmannschen* Kritik an der kritisch-konstruktiven Theorie nur der Charakter einer Voruntersuchung zu.

III. Analyse

1. Zunächst ist die Frage zu beantworten, von welcher wissenschaftstheoretischen und -methodologischen Grundlage aus *F. Hofmann* versucht, sein vernichtendes Urteil über die kritisch-konstruktive Theorie zu begründen. Der bei einem in der DDR anerkannten Autor zu erwartende und von ihm selbst auch gegebene Hinweis auf den Marxismus-Leninismus reicht hierfür nicht aus, denn er ist nicht nur zu allgemein, sondern auch – jedenfalls dann, wenn man darunter eine dialektische Weltsicht zu verstehen hat – insofern geradezu irreführend, als *F. Hofmanns* eigenes Denken statt von dialektischer Zusammenschau in starkem Maße von Antagonismen geprägt ist. Das kommt schon äußerlich, in der martialischen Metaphorik seiner Ausführungen zum Ausdruck: Da wird gleich zu Beginn (und zwar so, als wäre es das Selbstverständlichste von der Welt) der kritisch-konstruktiven Theorie die *Gegen*position zur „sozialistischen Pädagogik“, nämlich die Position der „spätbürgerlichen Pädagogik“ zugewiesen, da wird von ihrer „Aggression“ und von ihrem „strategischen Ziel“ gesprochen, das darin besteht, die „bisher getrennt marschierenden Heersäulen der imperialistischen Pädagogik (gemeint sind: Hermeneutik, Empirie und Ideologiekritik; d. Verf.) zum ‚gemeinsamen Schlagen‘ gegen die marxistisch-leninistische Pädagogik zu führen“, usw. (*F. Hofmann* 1973 a, S. 273 f., 277). Was hieran befremdet, ist natürlich nicht der von *F. Hofmann* möglicherweise intendierte Versuch einer politisch-weltanschaulichen Ortsbestimmung der kritisch-konstruktiven Theorie, eher schon der Umstand, daß die auch und gerade von der „‚dialektischen Erziehungstheorie‘“ hervorgehobene Aufgabe der wissenschaftsbezogenen Ideologiekritik (*Klafki* 1971, S. 383–385) als bloßes Etikettierungsproblem aufgefaßt wird, wobei die stereotype Wiederholung der immer gleichen Formeln (z. B. „marxistisch-leninistisch“ bzw. „imperialistisch“) ihre bloß stilistische Funktion, nämlich epitheta ornantia bzw. deformantia zu sein, noch unterstreicht. Was an *F. Hofmanns* wissenschaftstheoretischem Ansatz entschieden zurückgewiesen werden muß und was im Prinzip auch von Vertretern des Kommunismus als falsch kritisiert wird (siehe z. B. *Havemann* 1976), ist die ihm zugrundeliegende mechanistische Auffassung der Dialektik von Politik und Pädagogik, von „Revolution und Bildung“ (*F. Hofmann* 1973 a, S. 280; vgl. S. 276), und demzufolge auch von Parteilichkeit und Wissenschaftlichkeit im Rahmen der Erziehungswissenschaft einschließlich der Didaktik.

F. Hofmann macht aus der allgemeinen Formel ‚Das Sein bestimmt das Bewußtsein' die konkretere Formel ‚Die Politik bestimmt die Pädagogik als Wissenschaft', nimmt dann diesen im dogmatischen Sinne der marxistischen Klassenkampftheorie interpretierten politisch-ideologischen Leitsatz und leitet aus ihm direkt die vermeintliche wissenschaftstheoretische Einsicht ab, daß die kritisch-konstruktive Theorie deshalb „bestenfalls ein unbrauchbares Ideenkonglomerat" ist, weil sie als „antikommunistische" Theorie notwendigerweise unwissenschaftlich ist; in Wahrheit ist die kritisch-konstruktive Theorie nach dieser Auffassung nicht nur unwissenschaftlich, sondern in ihrer Ablehnung der allein die „Einheit und Systematik des zu schaffenden geistigen Gebäudes sichernden methodologischen Basis, wie sie die sozialistische Pädagogik im Marxismus-Leninismus besitzt" (S. 277), sogar wissenschaftsfeindlich. Weil *Hofmann* von der Voraussetzung ausgeht, daß die von ihm vertretene Auslegung des Marxismus-Leninismus die einzig mögliche, mit anderen Worten: die politisch und deshalb auch pädagogisch und wissenschaftstheoretisch allein richtige ist, erübrigt sich für ihn die Durchführung einer rational-kritischen Auseinandersetzung mit der kritisch-konstruktiven Theorie. Dabei ist hervorzuheben, daß es sich bei dieser Charakterisierung des *Hofmannschen* Vorgehens nicht etwa um eine böswillige Unterstellung eines „Pädagogen des Imperialismus" (S. 273), sondern um die in der DDR offiziell vertretene Strategie der „Auseinandersetzung mit der bürgerlichen Pädagogik" handelt: Die von marxistisch-leninistischer Seite „offensiv geführte Auseinandersetzung mit der bürgerlichen Ideologie (heißt) unter anderem, die Fragen *nicht* von den jeweils neuen Formulierungen des (zu neuen Einsichten offenbar grundsätzlich unfähigen; d. Verf.) Gegners her zu stellen (d. h. gar nicht ernsthaft auf sie einzugehen; d. Verf.), sondern von der *eigenen politischen und ideologischen Strategie* des Marxismus-Leninismus aus und *da hinein* die ideologischen Anpassungsprodukte des Gegners zu stellen" (*Neubert* 1974, S. 677, 680; Hervorhebungen durch d. Verf. – vgl. in diesem Zusammenhang das Verfahren in *Wettstädt* 1972), wobei unter den „ideologischen Anpassungsprodukten" die defensiven Reaktionen des Imperialismus auf die durch den weltweit siegenden Sozialismus im staatsmonopolistischen System selbst hervorgerufenen Veränderungen zu verstehen sind.

Hiernach ist klar, daß es Ausfluß eines bestimmten Verständnisses von ‚Parteilichkeit' ist, wenn *F. Hofmann* im Hinblick auf die in der DDR betriebene Erziehungswissenschaft mit Nachdruck die Notwendigkeit betont, „den Problemen metatheoretischer Fragen . . . unbedingt Rechnung zu tragen"[6], zugleich aber feststellt, daß diejenigen, die sich wegen eben dieser Notwendigkeit um „‚wissenschaftstheoretische Ortsbestimmungen', ‚Metatheorien der Erziehung' und andere grundlegende Aussagen über die Erziehungswissenschaft" bemühen, nichts weiter verraten als ihre „Unsicherheit im Hinblick auf die Tragfähigkeit ihrer geistigen Fundamente" und zu nichts Besserem gelangen können als zu einem ‚unbrauchbaren Ideenkonglomerat', weil es sich bei ‚denjenigen', namentlich bei *W. Klafki*, um Erziehungswissenschaftler handelt, die – wie es heißt – „keinen Zweifel" daran lassen, daß sie ihre „Leistung voll in den Dienst der gegenwärtig vorhandenen (sprich: imperialistisch-antikommunistischen; d. Verf.) Gesellschaftsordnung der BRD" stellen (*F. Hofmann* 1973 a, S. 273 f.).

Die hier zutagetretende undialektisch-mechanistische Bestimmung des wissenschaftstheoretisch in der Tat höchst bedeutsamen Verhältnisses zwischen Parteilichkeit und Wissenschaftlichkeit ist vulgärmarxistisch, und das nicht nur im Sinne der vom DDR-Sozialismus als imperialistisch und deshalb unwissenschaftlich diffamierten Erziehungswissenschaft, sondern auch im Sinne anderer Varianten marxistischer Erziehungstheorie, die – in umgekehrter Blickrichtung – von westdeutschen Konservativen zu Unrecht pauschal als „wissenschaftlich absolut unbegründet" abqualifiziert werden. In *R. G. Gurowas* bereits erwähntem Beitrag heißt es jedenfalls, daß die Pädagogik und damit ja auch die pädagogische Wissenschaftstheorie „ebenso wie die anderen gesellschaftlichen Erscheinungen ... nicht nur dem letztlich bestimmenden Einfluß der materiellen Basis, die sie hervorgebracht hat, (unterliegt), sondern ... auch spezifische Züge auf(weist). Jede gesellschaftliche Erscheinung hat ihre inneren Quellen und ihre eigene Entwicklung". Im Hinblick auf die hier allein in Rede stehende Problematik stimmt *R. G. Gurowa* weitgehend mit den Dialektikern unter den geisteswissenschaftlichen Pädagogen, nicht zuletzt mit *Herman Nohl* und dessen Verständnis von der „relativen Autonomie" der Pädagogik (siehe hierzu *Finckh* 1977) überein, indem sie weiterhin betont, daß die marxistische Methodologie „nur dann" richtig angewendet wird, „wenn die qualitative Eigenart dieser Erscheinungen in vollem Umfang beachtet wird" (*Gurowa* 1972, S. 205)[7].

Indem *F. Hofmann* im Widerspruch zu diesem Grundsatz die sachlich-wissenschaftliche Unhaltbarkeit der kritisch-konstruktiven Theorie direkt und ausschließlich, d. h. ohne Beachtung ihrer „qualitativen Eigenart", aus der politisch-ideologischen Inferiorität der sozioökonomischen Verhältnisse in der BRD ableitet, macht er in wissenschaftstheoretischer Hinsicht deutlich, daß seine Kritik an dieser „,dialektischen Erziehungstheorie'" letztlich auf jenem „vulgärmarxistischen Mißverständnis" (*Klafki* 1971, S. 378, vgl. *Gurowa* 1972, S. 204) des Verhältnisses von Sein und Bewußtsein beruht, das von dialektisch denkenden Erziehungswissenschaftlern sowohl im „staatsmonopolistischen System" (*F. Hofmann* 1973 a, S. 273) als auch unter den Bedingungen des sogenannten „realen Sozialismus" als solches bezeichnet und zurückgewiesen wird[8].

2. Nach der Analyse der wissenschaftstheoretischen und -methodologischen Grundlage der *Hofmannschen* Kritik an der kritisch-konstruktiven Theorie soll im folgenden kurz der methodische Aspekt dieser Kritik betrachtet, also die Frage nach der zu ihrem Ergebnis führenden Verfahrensweise behandelt werden. Dabei ist nach den bisherigen Ausführungen eine thematische Beschränkung auf den zwischen der initialen politisch-ideologischen Gesamteinordnung und der daraus abgeleiteten vorgeblich wissenschaftstheoretischen Gesamtbeurteilung liegenden Mittelteil möglich und sinnvoll, in welchem *F. Hofmann* die kritisch-konstruktive Theorie in ihrer Inhaltlichkeit zu referieren und zu kommentieren beansprucht.

Referiert wird, und zwar ebenso zutreffend wie oberflächlich, daß sich diese Theorie mit den im wesentlichen drei erziehungswissenschaftlichen Richtungen auseinandersetzt, „die in dem Zeitraum zwischen 1945 und 1970 in irgendeinem Sinne die Entwicklung der Erziehungswissenschaft in der BRD beeinflußt haben oder noch beeinflussen" (*Klafki* 1971, S. 352), nämlich mit der geisteswissenschaftlichen, mit der empirischen und mit der gesellschaftskritischen Pädagogik, – wobei in diesem Referat dem *„existenzialistischen Widerpart"* (*F. Hofmann* 1973 a, S. 275) der geisteswissenschaftlichen Pädagogik ein weitaus größeres Gewicht als in der Vorlage gegeben und die dort vollzogene kritische Distanzierung von dieser Position (vgl. *Klafki* 1971, S. 365) völlig verschwiegen wird. Im Unterschied zum Original, in dem die drei hauptsächlichen Pädagogik-Positionen in ihrem faktischen *und* systematischen Beziehungsgefüge, d. h. in ihrer positionellen (dogmatischen) Gegensätzlichkeit *und* in ihrer historisch-systematisch nachgewiesenen sowie argumentativ erhärteten „Ergänzungsbedürftigkeit" charakterisiert werden (*Klafki* 1971, S. 371 ff., 383 ff.), beschreibt *F. Hofmann* diese „Strömungen" ausschließlich als isolierte und sich gegenseitig ausschließende, ja „bekämpfende pädagogische Parteiungen" (*F. Hofmann* 1973 a, S. 277 f.). Dabei ignoriert er den Sachverhalt, daß es sich bei diesen Wissenschaftsrichtungen ausweislich des Ergebnisses der von *W. Klafki* durchgeführten und von *F. Hofmann* an anderer Stelle als methodisch ergiebig charakterisierten (*F. Hofmann* 1973 b, S. 12) historisch-systematischen Analyse ihrer jeweiligen Eigenart und ihres Verhältnisses untereinander eben nicht um „einander notwendigerweise ausschließende" (*Klafki* 1971, S. 385) Positionen handelt, daß sie aber auch nicht (wie *Hofmann W. Klafkis* Ergebnis uminterpretiert) eine „Einheit des Unvereinbaren" (*F. Hofmann* 1973 a, S. 277), sondern daß sie eine im Sinne dialektischen Denkens verstandene Einheit realer, einem ‚Ganzen' zugeordneter ‚Teile' bilden.

Statt diese Inhaltlichkeit der kritisch-konstruktiven Theorie, daß sie nämlich (erstens) im Nachweis der dialektischen Einheit der ‚polaren' Wissenschaftsansätze (zweitens) sich selber konstituiert, zu referieren, kommentiert *F. Hofmann* sowohl die „verwirrende Vielfalt der Theorien" in ihrer „Heterogenität" als auch ihre mit und in der kritisch-konstruktiven Theorie angeblich erstrebte „Kampfgemeinschaft im Bereich der Theorie" unterschiedslos als „pädagogisch-theoretische Instrumentarien" für die „Stabilisierung des Imperialismus und für die Aggression gegen den Marxismus-Leninismus" (*F. Hofmann* 1973 a, S.273). Auch nach *Hofmann* gibt es, so deutet sich hier bereits an, eine Einheit zwischen den ‚heterogenen' Wissenschaftsansätzen untereinander und in Bezug auf ihre „geistige Fusion" in der kritisch-konstruktiven Theorie, nämlich die in „ihren gesellschaftlichen Grundlagen und Zielen im Wesen vorhandene ideelle Verwandtschaft" des „Antikommunismus"; so als gäbe es die von *W. Klafki* erörterte Problematik nicht auch in der DDR, werden hier die in der BRD stattfindenden wissenschaftstheoretischen Auseinandersetzungen zwischen Hermeneutik, Empirie und Ideologiekritik politisch-ideologisch zum kapitalistischen „‚Bruderzwist'" nivelliert und zusammen mit ihrer ‚unbrauchbaren Konglomeration' in der kritisch-konstruktiven Theorie als „antikommunistische Strategie des Imperialismus" attackiert (*F. Hofmann* 1973 a, S. 273, 277). Diese in der DDR nicht nur bei *F. Hofmann* anzutreffende Methode der Auseinandersetzung mit den „Anpassungsprodukten" der „bürgerlichen Ideologie" zwingt im Ernst zu der Frage, ob hier nicht der propagierte „ideologische" Klassenkampf in einen solchen mit paranoiden Zügen umschlägt.

3. Wie wenig begründet die Sicherheit ist, mit der *F. Hofmann* sich bei seiner Kritik auf ‚die' marxistisch-leninistische Position glaubt berufen zu können, soll im folgenden durch eine Gegenüberstellung mit Auffassungen der sowjetischen Pädagogin *R. G. Gurowa* – im Vergleich mit denjenigen *W. Klafkis* – gezeigt werden. Dabei muß zwar (erstens) in erziehungstheoretischer Hinsicht festgestellt werden, daß *R. G. Gurowa* die Problematik des Verhältnisses empirischer, hermeneutischer und ideologiekritischer Ansätze in der Erziehungswissenschaft nicht, jedenfalls nicht ausdrücklich erörtert; ihr Thema ist das Verhältnis der Pädagogik zu anderen Wissenschaften (vor allem zur Philosophie und zur Psychologie), weswegen ein direkter Vergleich mit den Aussagen *W. Klafkis* – trotz aller aufweisbaren Analogien dazu – nicht möglich ist. Dennoch kann (zweitens) im Hinblick auf die hier primär interessierende Frage nach der Bestimmung des Verhältnisses zwischen Politik und Pädagogik eine weitgehende Übereinstimmung zwischen diesen beiden Auffassungen festgestellt und zusammenfassend folgendermaßen expliziert werden:

Der diesen beiden Entwürfen gemeinsame Hauptpunkt, auf den hier in erster Linie abgehoben werden soll, besteht darin, daß in ihnen die Frage nach der „wissenschaftstheoretischen Ortsbestimmung der heutigen Erziehungswissenschaft" und damit auch der Didaktik bzw. die Frage nach dem Verhältnis zwischen der „Pädagogik und den anderen Wissenschaften", namentlich nach ihren „Erkenntnissen und Methoden" (*Gurowa* 1972, S. 183, 225), als ein wissenschaftliches, d. h. als ein zwar historisch-gesellschaftlich fundiertes und politisch relevantes, aber nicht als ein politisch-ideologisch-taktisches Problem gesehen und behandelt wird. Auch bei *R. G. Gurowa*, aber im Gegensatz zu *F. Hofmann*, ist nämlich weder das Problem der Hermeneutik in Gestalt der geisteswissenschaftlichen oder – wie sie lieber sagt – der bürgerlich-idealistisch-philosophischen Pädagogik noch das Problem des Empirismus in der Pädagogik primär oder gar ausschließlich eine Frage des politisch-ökonomischen Systems. Statt die Auseinandersetzung über diese wissenschaftstheoretischen und -methodologischen Fragen als antikommunistische „Einzeloperation im ideologischen Klassenkampf" zu disqualifizieren, wie es *F. Hofmann* (1973 a, S. 273) tut, belegt sie in ihren Ausführungen faktisch die These von der „relativen Eigenständigkeit" der Erziehungswissenschaft, indem sie nachweist, daß diese Auseinandersetzung sowohl in der „bürgerlichen" als auch in der „sowjetischen Pädagogik" stattgefunden hat und noch keineswegs abgeschlossen ist (*Gurowa* 1972, S. 185 u. ö.). Dabei bedient sie sich sowohl bei der Analyse und Interpretation der einzelnen Wissenschaften bzw. Wissenschaftsansätze als auch bei ihrer Forderung nach der in der Erziehungswissenschaft zu leistenden „organischen Synthese von Theorien und Methoden verschiedener Wissenschaften" der in ihren Augen „fortgeschrittensten Methodologie, ... der marxistischen Philosophie" (S. 198, 183), – also jener, wie *F. Hofmann* formuliert, „die Einheit und Systematik des zu schaffenden geistigen Gebäudes sichernden methodologischen Basis", die die „sozialistische Pädagogik im Marxismus-Leninismus besitzt". Interessant ist dabei dann freilich, daß die auf diese Weise gewonnenen Ergebnisse, jedenfalls die Einsicht in die „sich aus den Erfordernissen der pädagogischen Praxis" ergebende „dringende Notwendigkeit komplexer Untersuchungen" und ihrer Fundierung in einer die „dialektische Einheit der Welt" spiegelnden Wissenschaftstheorie (*Gurowa* 1972, S. 200, 183) in erheblichem Maße mit jenen Erkenntnissen und Schlußfolgerungen übereinstimmen, die *W. Klafki* dargestellt hat und die von *F. Hofmann* als ‚unbrauchbares Ideenkonglomerat' charakterisiert worden sind.

Es stimmt eben nicht, daß – wie behauptet wird – *W. Klafki* den geisteswissenschaftlichen, den erfahrungswissenschaftlichen und den gesellschaftskritischen Ansatz in seiner jeweiligen (von *F. Hofmann* allein *so* referierten) *dogmatischen* Position „zur Synthese und zur wissenschaftlichen Kooperation" im Sinne des „vielzitierten ‚Pluralismus'" (*F. Hofmann* 1973 a, S. 274, 273) führen möchte, und es erweist sich *F. Hofmanns* Kritik als Kritik an seinen eigenen Mißverständnissen, wenn er die der kritisch-konstruktiven Theorie angeblich zugrundeliegende vermeintliche wissenschaftstheoretische Einsicht in die „Einheit des Unvereinbaren" zurückweisen zu müssen glaubt. Richtig ist demgegenüber, daß in dieser Theorie (wie angedeutet) die im Sinne dialektischen Denkens verstandene Synthese der in ihren jeweiligen Absolutheitsansprüchen als falsch erwiesenen Wissenschaftsrichtungen vollzogen werden soll – in der Überzeugung, daß diese Synthese der „uns heute möglichen wissenschaftstheoretischen Einsicht" (*Klafki* 1971, S. 385) entspricht.

4. Es soll an dieser Stelle wenigstens kurz auch ausdrücklich auf die zumindest indirekt schon mehrfach angesprochene Problematik der weltanschaulichen Grundlage der *Hofmannschen* Stellungnahme zur kritisch-konstruktiven Theorie eingegangen und damit ein Problem schlaglichtartig beleuchtet werden, das über seine Ausprägung in der gegenwärtigen Pädagogik der DDR hinaus für die Gestaltung der Erziehungswissenschaft generell und der Didaktik speziell als einer Theorien produzierenden Praxis von Bedeutung ist.

Es muß davon ausgegangen werden, daß *F. Hofmanns* Behauptung, die kritisch-konstruktive Erziehungswissenschaft sei ein ‚unbrauchbares Ideenkonglomerat', subjektiv ebenso ernst gemeint ist wie die Selbstkennzeichnung seiner zu dieser Behauptung führenden Interpretationsweise als „kritisch und in die Tiefe der Problematik vordringend". Offensichtlich glaubt *F. Hofmann*, gerade durch den ‚Nachweis' des imperialistischen Charakters der kritisch-konstruktiven Theorie die „Tiefe der Problematik" voll ausgelotet zu haben, hat er doch die als bloß sekundär betrachtete wissenschaftliche oder sachbezogene Erscheinungsform dieser Theorie – wie jeder wissenschaftlichen Aussage, auch der eigenen marxistisch-leninistischen – auf ihr objektives Wesen zurückgeführt, das darin besteht, ein Instrument der Politik zu sein. Diese als objektiv richtig vertretene Auffassung vom letztlich rein politisch-instrumentellen, genauer: parteipolitischen oder klassenkämpferischen Wesen der Wissenschaft ist, jedenfalls von der hier vertretenen Auffassung ‚dialektischen Denkens' aus beurteilt, unzulänglich. Denn so richtig es ist, die politischen Implikationen der Erziehungswissenschaft im allgemeinen und der Didaktik im besonderen zu betonen, so irrig ist die undialektische Meinung, sie seien direkt vom sozioökonomischen System bzw. von entsprechenden Zielsetzungen in demselben Sinne abhängig, in welchem das Wesen eines politischen Instruments tatsächlich darin liegt, „voll in den Dienst der gegenwärtig vorhandenen", für die Zukunft ‚abzusichernden' oder in Zukunft zu verändernden Gesellschaftsordnung eingespannt zu werden. Hier wird die für die Wissenschaft konstitutive Dialektik von politisch-weltanschaulich-wertorientierter Strategie und logischer Systematik entpolarisiert und auf eine bloße Ziel-Mittel-Relation reduziert. Wenngleich in der Pädagogik der DDR das Verhältnis zwischen Wissenschaftlichkeit und Parteilichkeit auch nicht als ein solches beschrieben wird, bei dem die Politik als das logisch Erste der Wissenschaft als dem daraus abgeleiteten Zweiten gegenübersteht, wenn vielmehr ausdrücklich die Einheit von Wissenschaftlichkeit und Parteilichkeit hervorgehoben wird, so ist dennoch klar, daß diese Einheit nicht im Sinne des dialektischen Denkens als eine solche der wechselseitigen Bedingtheit verstanden, sondern mit der weltanschaulich zum Primat erhobenen Parteilichkeit begründet wird: Eine subjektiv wissenschaftlich gemeinte Aussage ist nur dann objektiv wissenschaftlich, wenn sie parteilich ist, d. h. genauer: wenn sie in ihrer politisch-ideologischen Wertorientierung für den in seiner jeweils historischen Ausprägung durch die jeweilige politische Führung festgelegten Marxismus-Leninismus Partei ergreift, für jenen Klassenstandpunkt also, der, prinzipiell gesehen, als *einer* der *beiden* vom Marxismus-Leninismus unterschiedenen Klassenstandpunkte *allein* allgemeinmenschliche Ziele verfolgt und damit auch *allein* historisch wahr und objektiv richtig ist.

Eine derartige Verabsolutierung der eigenen politisch-ideologischen Überzeugungen mag, wie in der Tat festgestellt wird, den „revolutionären Charakter des Marxismus-Leninismus als einer Wissenschaft des Kampfes, *des Klassenkampfes*" (*Buhr* 1972, S. 5), erweisen, nicht aber den scientifischen Charakter dieser Weltanschauung als einer Metatheorie und Methodologie der Wissenschaft, *der Erziehungswissenschaft* und damit auch *der Didaktik*. So gesehen, sagt das aus politisch-ideologischen Überzeugungen stammende Werturteil *F. Hofmanns* über die kritisch-konstruktive Theorie schlechterdings nichts über den wissenschaftlichen Charakter dieses Versuches einer „wissenschaftstheoretischen Ortsbestimmung" der modernen Erziehungswissenschaft (und Didaktik) aus. Das darin behandelte Thema ist verfehlt worden, der Autor hat an der von ihm gemeinten Theorie vorbeigeredet.

IV. Schlußbemerkung

Die verallgemeinerungsfähige Erkenntnis, daß das zuletzt charakterisierte Diskussionsverfahren von *F. Hofmann* zielstrebig und aus der Überzeugung von seiner Richtigkeit angewendet wurde, eröffnet keine guten Aussichten, daß die in der kritisch-konstruktiven Theorie historisch-systematisch begründeten Forderungen an die Erziehungswissenschaftler generell und die Didaktiker speziell von diesen bereitwillig erfüllt werden, nämlich die Forderung nach selbstkritischer Überprüfung der jeweils eigenen Wissenschaftsposition in ihrer zweifachen (weltanschaulichen *und* logisch-systematischen) Bedingtheit und die mit ihr korrespondierende Forderung nach Korrekturen der „Mißverständnisse hinsichtlich der jeweils anderen Positionen“ (*Klafki* 1971, S. 385). Denn es stehen der Erfüllung dieser Forderungen offensichtlich nicht nur historisch-biographisch bedingte „Bewußtseinssperren“ oder philosophisch-weltanschaulich standortgebundene „Blickverengungen“ und Verabsolutierungen im Wege (S. 380, 363; vgl. S. 378), sondern auch psychische Hindernisse, vor allem in Form von Angst- und Haßgefühlen, die durch wissenschaftlich-theoretische Diskurse allein sicherlich nicht zu überwinden sind.

So gesehen, berührt der vorliegende Beitrag mehr ein Problem der Wissenschaftler als ein solches der wissenschaftstheoretischen Grundlegung der Erziehungswissenschaft im allgemeinen und der Didaktik im besonderen. Doch sind Wissenschaftstheorie und Wissenschaftspraxis ja nicht voneinander zu trennen, und so verwundert es nicht, daß die kritisch-konstruktive Theorie als „‚dialektische Erziehungstheorie‘“ gerade dadurch, daß sie die Gegensätze, die zwischen den verschiedenen Pädagogik-Ansätzen bestehen, im Sinne dialektischen Denkens zu einer qualitativ neuen Einheit ‚synthetisieren‘ will, in den Gegensatz zu jedem einzelnen dieser Ansätze gerät, – vergleichbar demjenigen, der wegen seines Versuches, streitende Parteien durch Argumente zur Räson zu bringen, schließlich von allen Seiten Prügel bezieht. Das aber ist nichts anderes als die historische Gesetzmäßigkeit, die durch jede Theorie ausgelöst wird, die sich aus der antagonistischen, den jeweils eigenen Theorieansatz mehr oder weniger unreflektiert und leidenschaftlich verabsolutierenden Praxis erhebt, um auf eben diese Praxis klärend einzuwirken. Um so angebrachter ist es, so oft wie möglich wenigstens *darauf* hinzuweisen, daß immer beide ‚Pole‘ der Wissenschaft, jedenfalls der Erziehungswissenschaft einschließlich der Didaktik, berücksichtigt werden müssen, wenn die Wissenschaftler nicht das falsche Bewußtsein propagieren wollen, wonach Erziehungswissenschaft generell und Didaktik speziell entweder, wie es in der „positivistisch-empirischen Forschung“ (S. 381) der Fall ist, als politisch-weltanschaulich völlig voraussetzungslos oder, wie es bei *F. Hofmann* geschieht, als letzten Endes völlig abhängig von politisch-ideologischen Voraussetzungen gedacht und dementsprechend praktiziert werden kann.

Anmerkungen

1 Vgl. in diesem Zusammenhang auch: *F. Hofmann* 1973 b, S. 162; *Wettstädt* 1973; *Müller/Korn* 1974, bes. S. 68; *H.-G. Hofmann* 1974 a, bes. S. 283; *F. Hofmann* 1975, bes. S. 40–43; *Kroh* 1976; *Becker/Beyer* 1976, bes. S. 358.

2 Siehe hierzu auch seine den tatsächlichen Sinn ins Gegenteil verkehrende Interpretation von *W. Klafkis* Auffassung des Problems der Allgemeinbildung, wonach *Klafki* unter

„Allgemeinbildung" die „volkstümliche" Bildung für die „Massen" im Gegensatz zur „‚gelehrten' Grundbildung" für die *Klafki* eigentlich interessierende „Elite der Klassengesellschaft" versteht (*F. Hofmann* 1973 b, S. 121).

3 Das hindert nicht, daß gelegentlich vom offiziellen Standpunkt der DDR-Pädagogik abweichende Auffassungen vertreten werden, wie es z.B. *Jürgen Kuczynski* in wissenschaftsmethodologischer Hinsicht tut (vgl. *Kuczynski* 1972). Doch werden solche Abweichungen (wie auch in diesem Fall) von offizieller Seite in der Regel prompt als falsch zurückgewiesen.

4 Siehe z.B. *Meves* 1976: Hier werden die natürlich nur „sogenannten Progressiven" (S. 2271), allen voran *Heinrich Roth* (S. 2268), als Vertreter der „unhaltbaren, wissenschaftlich absolut unbegründeten, in der Ideologie von Marx aufgefrischten Gesellschaftskritik des 18. Jahrhunderts" vorgestellt, „nämlich der anthropologisch unzutreffenden Theorie Rousseaus, daß der Mensch bei seiner Geburt ein ‚unbeschriebenes Blatt', eine Tabula rasa sei" (S. 2270). Als wäre das die Theorie *Rousseaus*, als wäre der tatsächlich charakterisierte materialistische Sensualismus mit dem Marxismus identisch, als hätten diese Verwirrungen auch nur das geringste mit *H. Roth* und den anderen Befürwortern jener „‚Reform' des Schul- und Erziehungswesens und der Kindererziehung" zu tun, die – wie es heißt – „heute unter dem Vorwand Fortschrittlichkeit ganz offiziell betrieben wird" (S. 2266).

5 So besteht etwa für *H.-G. Hofmann* (Leiter der Arbeitsstelle für Auslandspädagogik an der APW der DDR) nicht der geringste Zweifel am „unwissenschaftlichen Charakter derartiger Thesen", wie sie u.a. von *W. Klafki* aufgestellt worden sind (*H.-G. Hofmann* 1974 b, S. 663, 665).

6 Diese Äußerung ist wiedergegeben in *Wilske* 1974, S. 471.

7 In diesem Zusammenhang muß festgestellt werden, daß sich *Max Liedtke* (1974, S. 477 f., 482) in seiner Besprechung der „Allgemeinen Grundlagen der Pädagogik" (als Lizenzausgabe) von den beiden Seiten seines Gesamturteils, daß dieses Buch nämlich „trotz eines durchweg beachtenswerten Reflexionsniveaus ... nicht von engen Dogmatismen und einer peinlich herausgestrichenen Parteihörigkeit" frei ist, überwiegend jener Seite zuwendet, die nicht zu erwarten er selber als „naiv" bezeichnet. Dabei gehen die von den häufig festzustellenden Selbstbelobigungen und Fremdverunglimpfungen abweichenden Nuancen unter, die sich gerade in dem von *R. G. Gurowa* verfaßten Kapitel finden. Darin wird nämlich auch ausdrücklich konzediert, daß es in der sowjetischen Erziehungswissenschaft noch immer zumindest vereinzelte Fälle gibt, in denen „theoretische Analyse durch allgemeine Phrasen und abstrakte philosophische Formeln" ersetzt werden, und daß es (umgekehrt gesehen) unter den „bürgerlichen Wissenschaftlern" auch in der BRD einige gibt, die als „schöpferisch denkende Forscher" charakterisiert werden (*Gurowa* 1972, S. 210, 197 f.). – Überhaupt scheint in der UdSSR eine etwas entkrampftere Einstellung den sogenannten bürgerlichen Wissenschaftlern gegenüber zu bestehen als es derzeit in der Pädagogik der DDR der Fall ist. Vgl. hierzu insbesondere den Präsidenten der APW der UdSSR, *W. N. Stoletow*, für den es (gleich zweimal so charakterisierte) „ernst zu nehmende westliche bürgerliche Intellektuelle" und nicht – wie es bei *F. Hofmann* und anderen Erziehungswissenschaftlern der DDR heißt – unwissenschaftliche Imperialisten sind, die angesichts der westeuropäischen Bildungskrise „zu dem Schluß (kommen): Die Gegenwart erfordert eine Umstrukturierung der Bildung auf der Grundlage von drei Prinzipien – die Demokratisierung der Schule, die Kontinuität der Bildung, die Flexibilität des Bildungswesens" (*Stoletow* 1973, S. 617).

8 Vielleicht ist es angebracht, ausdrücklich darauf hinzuweisen, daß die zuletzt getroffene

Feststellung nicht im Sinne der fragwürdigen Konvergenztheorie verstanden werden kann: Es ist eines, die durch angebliche Sachzwänge der Technik und Hochindustrialisierung bedingte Annäherung von Kapitalismus und Kommunismus zu postulieren, und es ist etwas ganz anderes, auf den historisch-überhistorischen Charakter der dialektischen Logik aufmerksam zu machen, die als solche sowohl in der einen wie in der anderen Wirtschafts- und Gesellschaftsordnung mit sich selbst identisch oder nicht das ist, als was sie ausgegeben wird.

Literatur

Becker, H./Beyer, R.: Gegenwärtige Tendenzen und Bestrebungen staatsmonopolistischer Bildungspolitik und Pädagogik in der BRD. In: Pädagogik 31 (1976) 4, S. 352–362.
Buhr, M.: Vorbemerkung (zu *Wettstädt* 1972), S. 5–6.

Finckh, H. J.: Der Begriff der „Deutschen Bewegung" und seine Bedeutung für die Pädagogik Herman Nohls. (Europäische Hochschulschriften. R. XI. Pädagogik.) Frankfurt a. M. 1977.

Gurowa, R. G.: Die Pädagogik und die anderen Wissenschaften. In: *Koroljow, F. F./Gmurman, W. J.* (Hrsg.): Allgemeine Grundlagen der Pädagogik. Berlin-Ost 1972, S. 183–226.

Havemann, R.: Unfreiheit – der Klotz am Bein des Kommunismus. In: Die Zeit, Nr. 45 vom 29. 10. 1976, S. 10–11.
Hofmann, F.: Zur Situation der pädagogischen Wissenschaft in der BRD. In: Pädagogik 28 (1973) 3, S. 273–281 (a).
ders.: Allgemeinbildung. Eine problemgeschichtliche Studie. Köln 1973 (Lizenzausgabe) (b).
ders.: Krisenbewußtsein und illusionäre Krisenüberwindung in der spätbürgerlich-imperialistischen Pädagogik. In: Vergleichende Pädagogik 11 (1975) 1, S. 34–43.
Hofmann, H.-G.: Neue Tendenzen in der Entwicklung der bürgerlichen Pädagogik in den 70er Jahren. In: Pädagogik 29 (1974) 3, S. 282–293 (a).
ders.: Der Antikommunismus in den bürgerlichen reformistischen und anarchistischen pädagogischen Lehren der Gegenwart. In: Pädagogik 29 (1974) 7, S. 663–676 (b).

Klafki, W.: Erziehungswissenschaft als kritisch-konstruktive Theorie: Hermeneutik, Empirie, Ideologiekritik. In: Z. f. Päd. 17 (1971) 3, S. 351–385.
ders.: Zum Verhältnis von Didaktik und Methodik. In: Z. f. Päd. 22 (1976) 1, S. 77–94.
Kroh, H.: Kritische Analyse moderner bürgerlicher Persönlichkeitsauffassungen und Erziehungskonzeptionen. In: Pädagogik 31 (1976) 4, S. 384–387.
Kuczynski, J.: Studien zur Wissenschaft von den Gesellschaftswissenschaften. Erinnerungen, Erfahrungen, Probleme. Berlin-Ost 1972.

Liedtke, M.: Vor schwierigen Gesprächen mit der marxistischen Pädagogik. In: Z. f. Päd. 20 (1974) 3, S. 477–483.

Meves, C.: Das Kind – ein Objekt von Erziehungsexperimenten? In: Deutsches Ärzteblatt, Heft 36 (vom 2. 9. 1976), S. 2266–2273.

Müller, W./Korn, K.: Bericht „XV. Weltkongreß für Philosophie". In: Pädagogik 29 (1974) 1, S. 63–70.

Neubert, W.: Bericht „Beratung der Arbeitsgemeinschaft des Präsidiums der APW zur Führung der Auseinandersetzung mit der bürgerlichen Pädagogik". In: Pädagogik 29 (1974) 7, S. 677–681.

Stoletow, W. N.: Aktuelle Probleme der pädagogischen Wissenschaft und sozialistischen Persönlichkeitsentwicklung. In: Pädadogik 28 (1973) 7, S. 617–623.

Wettstädt, G.: „Industriegesellschaft" – „Ostpädagogik" – Antikommunismus. Frankfurt a. M. 1972 (Lizenzausgabe).
ders.: Bericht „Kolloquium an der APW der DDR zur Auseinandersetzung mit neuen Entwicklungstendenzen in der bürgerlichen Ideologie und Pädagogik". In: Pädagogik 28 (1973) 9, S. 853–857.
Wilske, A.: Bericht „13. Tagung des Wissenschaftlichen Rates des Instituts für pädagogische Theorie der APW der DDR". In: Pädagogik 29 (1974) 5, S. 471–474.

Autoren- und Teilnehmerverzeichnis

Binneberg, Doz. Dr., Karl
Pädagogische Hochschule Niedersachsen, Abt. Braunschweig, Konstantin-Uhde-Str. 16, 3300 Braunschweig, (Allgemeine Pädagogik, Didaktik, Literaturdidaktik)

Diederich, Prof. Dr., Jürgen
Universität Frankfurt, Institut für Schulpädagogik der Sekundarstufen, Kapellenweg 23, 3571 Amöneburg 2, (Allgemeine Didaktik)

Finckh, Dr., Hans Jürgen
Gesamthochschule Siegen, Mühlenstr. 98, 4618 Kamen-Methler, (Erziehungswissenschaft/Allgemeine Pädagogik)

Friedrich, Prof. Dr., Leonhard
Pädagogische Hochschule Rheinland, Abt. Neuß, Rehschneise 11, 6300 Gießen, (Erziehungswissenschaft)

Heinen, Doz. Dr., Klaus
Richthofenstr. 69, 5300 Bonn, (Schulpädagogik)

Hendricks, Prof. Dr., Wilfried
Pädagogische Hochschule Berlin, Zadekstr. 5, 1000 Berlin 47, (Didaktik der Arbeitslehre)

Hoffmann, StD Dr., Walter
Studienseminar für das Lehramt an Gymnasien I, Kassel, Höhenweg 12, 3508 Melsungen, (Gemeinschaftskunde, Deutsch)

Klafki, Prof. Dr., Wolfgang
Universität Marburg, Fachbereich Erziehungswissenschaften, Erfurter Straße 1, 3550 Marburg, (Erziehungswissenschaft)

Müller-Kohlenberg, Prof. Dr., Hildegard
Universität Osnabrück, Süsterstraße 22, 4500 Osnabrück, (Sozialpädagogik)

Neumann, Dr., Günther
Gesamthochschule Duisburg, Lotharstraße 65, 4100 Duisburg, (Politische Wissenschaft)

Schulte, Wiss. Ass. Dr., Herbert
Pädagogische Hochschule Westfalen-Lippe, Abt. Münster, Platz der Weißen Rose, 4400 Münster, (Allgemeine Didaktik, Curriculumentwicklung, Unterrichts- und Schulorganisation)

Sperber, StR Dr., Jochen
Gymnasium Mellendorf, Hellendorfer Kirchweg, 3002 Wedemark 1, (Geschichte, Gemeinschaftskunde, Englisch)

Stübig, StRn Dr., Frauke
Birkenweg 3, 3550 Marburg 1, (Geschichte, Französisch, Fachdidaktik)

Stübig, Akad. OR Dr., Heinz
Forschungsstelle für Vergleichende Erziehungswissenschaft, Universität Marburg, Ernst-Giller-Str. 5, 3550 Marburg 1, (Vergleichende Erziehungswissenschaft, Historische Pädagogik)

Wessler, OStR Dr., Robert
Sudetenstraße 25, 6415 Petersberg 1, (Mathematik, Sport, Erziehungswissenschaft)

Willand, Prof. Dr., Hartmut
Institut für Heil- und Sonderpädagogik der Universität Gießen, Karl-Glöckner-Str. 21 B, 6300 Gießen, (Lernbehindertenpädagogik und -didaktik)

Wolf, Prof. Dr., Willi
Universität Marburg, Fachbereich Erziehungswissenschaften, Zwickauer Straße 33, 3570 Kirchhain, (Erziehungswissenschaft)

Wulf, Prof. Dr., Christoph
Gesamthochschule Siegen, Adolf-Reichwein-Str. 2, 5900 Siegen, (Erziehungswissenschaft)